犯罪心理分析与矫正

邵晓顺　著

ZHEJIANG UNIVERSITY PRESS
浙江大学出版社

前　言

　　个体内在的犯罪心理是引发个体犯罪行为的内在原因与动力,然而犯罪心理的形成并非一日之功,它既与犯罪人早年经历有关,也与其经历的家庭教育、学校教育等紧密相关。家庭养育方式不良是促发个体犯罪心理产生与发展的极为重要的因素,而学校教育的偏差则不仅未能弥补个体因早年家庭教育不良所产生的不良心理,而且还成为推动犯罪心理形成与发展的催化剂。这些结论是国内外犯罪学研究中的共识,也在作者的研究中得以实证并得到进一步的细化与拓展。

　　犯罪人被判决而进入监狱、社区矫正等矫正机构服刑,矫正工作人员有责任与义务对他们进行有效的教育矫治。犯罪心理是矫正工作人员欲以改善的工作内容。那么,如何分析服刑人员的犯罪心理? 运用什么手段对他们进行矫正? 矫正服刑人员时应当具有怎样的指导思想、工作流程? 这些都是矫正机构及其工作人员需要清晰且明确的。然而,由于我国矫正机构及其工作人员总体上不够专业化与职业化,上述问题的现实解答并不令人乐观。因此,作者试图尽量程式化地提供解决之策,以便于矫正工作人员掌握、运用,从而希望能对我国矫正工作的科学化有所帮助。

　　本书分为三个部分。第一部分是对犯罪心理及犯罪现象的实证研究;第二部分是对犯罪人,主要是监狱服刑人员认知、行为等方面的调查研究;第三部分是对犯罪人教育矫治方法、手段、指导思想、工作模式、评估技术等的研究。这些成果都是作者2010年以来所做研究取得的,有的已经在杂志上公开发表,有的在作者参与编写的教科书中已有阐述。现在把这些成果汇总出版,是希望能够更全面深入地阐述犯罪人的犯罪心理,并希冀找到矫正他们的有效之策,为我国的矫正学科建设和矫正事业服务。

　　作者在开展犯罪心理研究以及犯罪人调查过程中,得到了国内相关司法行政机构及其工作人员的大力支持;同行们也给作者提出了许多有价值的意见和建议;研究成果中也引用了国内外许多学者的观点;同时,本书的出版还得到浙江警官职业学院的资助,在此一并表示衷心感谢。

　　限于作者的水平,书中错误、不足之处肯定存在,恳请读者批评指正。

作　者

2015 年 5 月

目　录

违法犯罪人员家庭学校教育与
早年不良行为关系研究*

犯罪人所经历的家庭教育、所接受的学校教育怎样？他们早年有些什么样的不良行为？家庭、学校教育与早年不良行为之间关系如何？对这些问题的探究，有其重要性与必要性。本研究采用问卷调查与数理统计相结合的方式，对此作了探讨。

一、研究对象与方法

(一)研究对象

在浙江省监狱、劳教所、未成年犯管教所以及河北省邯郸监狱随机抽取违法人员 1100 人作问卷调查。取样时考虑了男女与年龄两个维度的分层，即成年犯与未成年犯，男女服刑人员与劳教人员各占一定比例；同时限定被调查人员年龄 45 周岁以下，能看懂报纸。年龄限制是考虑到问卷中有早年不良行为项目。获有效问卷 1068 份，其中监狱服刑人员 736 人，占 68.9%；未成年犯193 人，占 18.1%；劳动教养人员 139 人，占 13.0%。女性违法犯罪人 361 人，占 33.8%；男性违法犯罪人 707 人，占 66.2%。

被调查违法人员年龄最小 13.75 岁，最大 44.83 岁[①]，平均年龄 27.80±7.97岁。刑期最短 11 个月，最长 288 个月(无期徒刑以 2 年从无期改 20 年共22 年来计算，计 264 个月，共有 73 人；死缓犯以 2 年从死缓改无期，再 2 年从无期改 20 年共 24 年来计算，计 288 个月，共有 55 人)；平均刑期 115.22±81.73月。劳教期最短 12 个月，最长 24.50 个月，平均劳教期 17.30±5.30 月。学习

---

* 本文原载于《犯罪与改造研究》2012 年第 3 期。
①最小、最大年龄按月份计算，并保留小数后两位。

年限最少 3 年,最长 16.50 年(以小学毕业 5.50 年计,因为农村小学 5 年,城市小学 6 年,故小学毕业取 5.50 年,初中一年级学习年限为 6.50 年,以此类推,16.50 年为大学毕业);初中阶段即学习年限在 6.50 年至 8.50 年的占 48.30%;平均学习年限 6.90±2.63 年。被调查人员中 64 人曾多次劳教,其中劳教次数最多的为 4 次;141 人被多次判刑,其中判刑次数最多的为 5 次。已婚 302 人,占 28.3%;未婚 595 人,占 55.7%;离婚 121 人,占 11.3%。有子女 419 人,占 39.2%;无子女 638 人,占 59.7%。农村户籍 847 人,占 79.3%;居民户口 208 人,占 19.5%。被捕前住农村的 305 人,占 28.6%;乡镇的 250 人,占 23.4%;县城的 263 人,占 24.6%;(大)城市的 228 人,占 21.3%。有兄妹的 936 人,占 87.6%;无兄妹的 125 人,占 11.7%。

调查对象出生地有浙江、贵州、河北、安徽、四川、北京、上海、天津、重庆、新疆、海南、广东、黑龙江等 28 个省市自治区,浙江籍占 28.6%,贵州 12.4%,河北 8.5%,安徽 7.8%,四川 6.9%。民族有汉族、苗族、满族、蒙古族、维吾尔族、侗族、白族、回族、壮族等 19 个,汉族占 91.4%。案由(罪错)包括盗窃、抢劫、诈骗、故意杀人、强奸、聚众斗殴、打架、贩卖毒品、运输毒品、绑架、抢夺、走私、贪污受贿等 53 个。

本次研究还设置了对照组,选取杭州三所高校大学生 400 人参加调查,获有效问卷 390 份,其中大学一年级 251 人,二年级 109 人,三年级 30 人。男学生 275 人,占 70.7%;女学生 114 人,占 29.3%。年龄最小 18.25 岁,最大 26.42 岁,平均年龄 21.01±1.88 岁。农村户籍 229 人,占 58.9%;居民户口 160 人,占 41.1%。上学前住农村的 189 人,占 48.6%;乡镇的 55 人,占 14.1%;县城的 75 人,占 19.3%;(大)城市的 70 人,占 18.0%。有兄妹的 184 人,占 47.4%;无兄妹的 204 人,占 52.6%。

对照组出生地有浙江、北京、重庆、新疆、广东、黑龙江、贵州、四川、福建、山东等 21 个省市自治区,浙江籍占 69.2%。民族有汉族、苗族、满族、蒙古族、侗族、回族、壮族、土家族、布依族、瑶族、畲族共 11 个,汉族占 95.4%。所学专业有法学、刑事执行、安全防范、工程测量、电信、建筑设备、监狱管理信息化、监狱管理、安全技术管理等 16 个专业。

(二)测量工具

测量工具为自编调查问卷。在访谈成年犯、未成年犯、劳教人员、社区矫正人员共 25 人的基础上,结合犯罪学、犯罪心理学的相关理论研究编制问卷。问卷内容包括:人口统计学信息、工作情况、婚姻家庭、学习、交友、抚养人、父母文化程度与工作、家庭养育方式、家庭教育与经济情况、学校教育、早年不良行为、判刑(劳教)次数等,共计 40 个项目。

（三）测量的实施

采用一个监区或分监区整群随机抽样方式，实施团体测验，主要由研究者本人做主试。测验一般安排在晚上进行，以不影响监狱生产劳动；但入监或出监监区服刑人员的测验，安排在白天测量。对劳教人员与未成犯的测验都在白天进行。

对照组采用整班随机抽样方式，实施团体测验，主要由研究者本人做主试。测验一般都在上午进行。

（四）数据处理

将有效问卷的数据输入 SPSS17.0 软件中作描述统计、相关分析与统计检验。

二、结果与分析

（一）描述统计结果与分析

1. 违法犯罪人家庭教育情况

（1）父母养育方式分为放任不管型、打骂型、溺爱型、专制型，以及民主型与朋友型六种。从对1041名违法人员的调查结果看，民主型最多，占28.5%；朋友型最少，占3.1%；而放任、打骂、溺爱、专制四种不良的家庭养育方式合起来占68.4%，具体见表1.1。

表 1.1 父母养育方式统计

父母养育方式		频数（人）	百分比（%）	有效百分比（%）	累积百分比（%）
有效	放任	184	17.2	17.7	17.7
	打骂	111	10.4	10.7	28.3
	专制	248	23.2	23.8	52.2
	溺爱	169	15.8	16.2	68.4
	民主	297	27.8	28.5	96.9
	朋友	32	3.0	3.1	100.0
	小计	1041	97.5	100.0	
缺失	系统	27	2.5		
合计		1068	100.0		

（2）父母或抚养人在日常生活中相处情况会影响到子女的心理发展状况，经常吵架或相互关系冷淡的父母关系，会造成子女缺乏安全感，有的小孩因此离家出走或离家躲避，并可能破坏亲子关系或影响家庭功能的发挥，两种情况

都可能会造成小孩加入社会不良群体。对 1048 名违法人员的调查表明,父母关系不良的占 33.8%,具体见表 1.2。

表 1.2　父母相处关系统计

父母相处关系		频数(人)	百分比(%)	有效百分比(%)	累积百分比(%)
有效	吵架	247	23.1	23.6	23.6
	冷淡	55	5.1	5.2	28.8
	分居	52	4.9	5.0	33.8
	和睦	694	65.0	66.2	100.0
	小计	1048	98.1	100.0	
缺失	系统	20	1.9		
合计		1068	100.0		

(3)在调查问卷中,还设置了题目:父母或其中一方当你犯错误时非打即骂。1046 名违法人员中表示同意的有 510 人,占 48.8%,具体见表 1.3。虽然在家庭养育方式调查中认为打骂型的只占 10.7%(表 1.1),但是从对 25 名违法人员的访谈情况看,认为父母在他们犯错误时打骂情况相当普遍,这是设置这个项目的初衷。从调查结果看,这一情况得到证实。

表 1.3　犯错时父母打骂情况统计

犯错时父母打骂情况		频数(人)	百分比(%)	有效百分比(%)	累积百分比(%)
有效	是	510	47.8	48.8	48.8
	否	536	50.2	51.2	100.0
	小计	1046	97.9	100.0	
缺失	系统	22	2.1		
合计		1068	100.0		

(4)家庭如果有思想教育,对违法人员来说有没有用?为此设置了题目:小时候父母即使说很多做人的道理,仍然会去做违法犯罪的事。1040 名违法人员中在该项目上表示同意的有 332 人,占 31.9%;认为父母说不了什么道理,不能有效教育的 146 人,占 14.0%,具体见表 1.4。

表 1.4　父母讲做人道理但仍会犯罪情况统计

父母说理情况		频数(人)	百分比(%)	有效百分比(%)	累积百分比(%)
有效	是	332	31.1	31.9	31.9
	否	562	52.6	54.0	85.9
	父母说不了什么道理	146	13.7	14.0	99.9
	小计	1040	97.4	99.9	
缺失	系统	28	2.6		
合计		1068	100.0		

2. 违法犯罪人学校教育情况

(1)学校教育是人生成长中重要的一环,特别是当一个人犯错误时,老师能够给予及时有效的教育,是极为重要的。因为学校教育工作者是经过专门训练的专业教育者,不管是知识,还是教育技能,一般都优于父母等抚养人。这也是他们的职责所在。然而,从调查结果看,学校教育功能的发挥还存在较大差距。犯罪人认为,学校"没什么思想教育",或者学生犯错误后"只有批评",又或者学校"管几次后不管了"的情况较多存在,这三种情况占1051名被调查犯罪人的52.1%,具体见表1.5。

表 1.5 学校教育情况统计

学校教育情况		频数(人)	百分比(%)	有效百分比(%)	累积百分比(%)
有效	没什么思想教育	306	28.7	29.1	29.1
	只有批评	129	12.1	12.3	41.4
	管几次后不管了	112	10.5	10.7	52.1
	讲道理	172	16.1	16.4	68.5
	有思想与知识教育	332	31.1	31.6	100.1
	小计	1051	98.4	100.1	
缺失	系统	28	2.6		
合计		1068	100.0		

(2)学校教育对违法犯罪人来说究竟有多大作用?为此设置题目:学校老师即使说很多做人的道理,你也听不进去。1044名违法人员中表示同意的有311人,占29.80%,具体见表1.6。

表 1.6 "听不进老师说道理"的情况统计

教育效果		频数(人)	百分比(%)	有效百分比(%)	累积百分比(%)
有效	是	311	29.1	29.8	29.8
	否	733	68.6	70.2	100.0
	小计	1044	97.8	100.0	
缺失	系统	24	2.2		
合计		1068	100.0		

3. 违法犯罪人早年不良行为

本次研究调查了犯罪人在小学或者7岁至12、13岁,中学或者13、14岁至16、17岁期间的不良行为情况。不良行为包括:经常抽烟、偷窃、考试作弊、经常撒谎、经常上网、曾多次通宵上网、多次打架、有过性行为、赌博、多次逃学、酗酒、欺负同级或低年级同学、离家出走、吸毒、破坏公共财物、其他不良行为(由被调查人填写)等16种。1039名违法人员中认为自己在小学或7岁至12、13岁期间有不良行为的719人,占69.2%。991名违法人员中认为自己在中学或13、14岁至16、17岁期间有不良行为的734人,占74.1%,结果见表1.7。各种不良行为的分布情况见表1.8。

表 1.7　中小学不良行为频数分析

小学不良行为情况		频数（人）	百分比（%）	中学不良行为情况		频数（人）	百分比（%）
小学不良行为	有	719	69.2	中学不良行为	有	734	74.1
	没有	320	30.8		没有	257	25.9
	小计	1039	100.0		小计	991	100.0
缺失	系统	29		缺失	系统	77	
合计		1068		合计		1068	

表 1.8　早年各种不良行为频数分析（括号中数字为百分数）　　单位：人（%）

不良行为	小学抽烟	小学偷窃	小学考试作弊	小学撒谎	小学经常上网	小学通宵上网	小学打架
有	263(25.3)	79(7.6)	256(24.6)	181(17.4)	153(14.7)	98(9.4)	230(22.1)
没有	776(74.7)	960(92.4)	783(75.4)	858(82.6)	886(85.3)	941(90.6)	809(77.9)
合计	1039	1039	1039	1039	1039	1039	1039
	小学性行为	小学赌博	小学逃学	小学酗酒	小学欺负同学	小学离家出走	小学吸毒
有	47(4.5)	124(11.9)	371(35.7)	62(6.0)	81(7.8)	187(18.0)	8(0.8)
没有	992(95.5)	915(88.1)	668(64.3)	977(94.0)	958(92.2)	852(82.0)	1031(99.2)
合计	1039	1039	1039	1039	1039	1039	1039
	小学破坏公物	小学其他不良行为	中学抽烟	中学偷窃	中学考试作弊	中学撒谎	中学经常上网
有	27(2.6)	2(0.2)	392(39.6)	88(8.9)	197(19.9)	169(17.1)	249(25.1)
没有	1012(97.4)	1037(99.8)	599(60.4)	903(91.1)	794(80.1)	822(82.9)	742(74.9)
合计	1039	1039	991	991	991	991	991
	中学通宵上网	中学打架	中学性行为	中学赌博	中学逃学	中学酗酒	中学欺负同学
有	168(17.0)	260(26.2)	182(18.4)	155(15.6)	302(30.5)	135(13.6)	70(7.1)
没有	823(83.0)	731(73.8)	809(81.6)	836(84.4)	689(69.5)	856(86.4)	921(92.9)
合计	991	991	991	991	991	991	991
	中学离家出走		中学吸毒		中学破坏公物		中学其他不良行为
有	201(20.3)		25(2.5)		28(2.8)		9(0.9)
没有	790(79.7)		966(97.5)		963(97.2)		982(99.1)
合计	991		991		991		991

从表 1.8 可知，对 1039 名犯罪人的调查表明，小学阶段出现最多的不良行为是多次逃学（35.7%），其次是经常抽烟（25.3%），排第三位的是考试作弊（24.6%），除此，各种不良行为的排序是：多次打架（22.1%），离家出走（18.0%），经常撒谎（17.4%），经常上网（14.7%），赌博（11.9%），通宵上网（9.4%），欺负同学（7.8%），偷窃（7.6%），酗酒（6.0%），有过性行为（4.5%），破坏公物（2.6%），吸毒（0.8%），其他不良行为（0.2%）。

对 991 名犯罪人的调查表明，中学阶段或 13、14 岁至 16、17 岁期间，出现最多的不良行为是经常抽烟（39.6%），其次是多次逃学（30.5%），第三是多次打架（26.2%），除此，各种不良行为的排序是：经常上网（25.1%），离家出走（20.3%），考试作弊（19.9%），有过性行为（18.4%），经常撒谎（17.1%），通宵上网（17.0%），赌博（15.6%），酗酒（13.6%），偷窃（8.9%），欺负同学（7.1%），破坏公物（2.8%），吸毒（2.5%），其他不良不为（0.9%）。

从调查结果看，犯罪人从小学到中学，不良行为越来越多。这表现为三种情形：一是不良行为的选择比例提高了，如小学阶段不良行为最高比例是逃学，为35.7%，而中学阶段最高比例的抽烟达39.6%；二是有不良行为的人数比例从小学的69.2%，上升到中学的74.1%；三是不良行为平均数，小学为2个，中学接近3个，结果见表1.9。

表 1.9　中小学不良行为均值

不良行为分析		小学有不良行为	中学有不良行为
N	有效	1039	991
	缺失	29	77
统计分析	均值	2.09	2.65
	标准差	2.36	2.82
	极小值	0.00	0.00
	极大值	14.00	15.00

4.违法犯罪人交友情况

犯罪人认为自己没朋友的很少，仅占4.0%；既有知心朋友又有一般朋友的最多，占49.4%；而朋友中有违法犯罪的占36.7%，结果见表1.10、表1.11。

表 1.10　犯罪人交友情况

犯罪人交友情况		频数（人）	百分比（%）	有效百分比（%）	累积百分比（%）
有效	无朋友	43	4.0	4.0	4.0
	来往较多的人	188	17.6	17.7	21.7
	一般朋友	249	23.3	23.4	45.1
	知心朋友	57	5.3	5.4	50.5
	一般与知心朋友都有	525	49.2	49.4	99.9
	小计	1062	99.4	99.9	
缺失	系统	6	0.6		
合计		1068	100.0		

表 1.11　朋友中违法犯罪情况

朋友中违法犯罪情况		频数（人）	百分比（%）	有效百分比（%）	累积百分比（%）
有效	没有	648	60.7	63.3	63.3
	有	375	35.1	36.7	100.0
	小计	1023	95.8	100.0	
缺失	系统	45	4.2		
合计		1068	100.0		

（二）实验组与对照组统计检验结果与分析

运用 t 检验对实验组与对照组在早年不良行为方面作统计检验，结果见表 1.12。

表 1.12　早年不良行为统计检验结果

不良行为	实验对照	人数	均值	标准差	t
小学抽烟	实验组	1039	0.25	0.435	10.981***
	对照组	385	0.01	0.088	
小学偷窃	实验组	1039	0.08	0.265	3.883***
	对照组	385	0.02	0.143	
小学考试作弊	实验组	1039	0.25	0.431	6.922***
	对照组	385	0.08	0.276	
小学撒谎	实验组	1039	0.17	0.379	5.954***
	对照组	385	0.05	0.222	
小学经常上网	实验组	1039	0.15	0.355	4.928***
	对照组	385	0.05	0.222	
小学通宵上网	实验组	1039	0.09	0.292	4.921***
	对照组	385	0.02	0.134	
小学打架	实验组	1039	0.22	0.415	8.150***
	对照组	385	0.04	0.200	
小学性行为	实验组	1039	0.22	0.415	3.697***
	对照组	385	0.01	0.072	
小学赌博	实验组	1039	0.12	0.324	5.070***
	对照组	385	0.03	0.174	
小学逃学	实验组	1039	0.36	0.479	13.938***
	对照组	385	0.01	0.113	
小学酗酒	实验组	1039	0.06	0.237	4.434***
	对照组	385	0.01	0.072	
小学欺负同学	实验组	1039	0.06	0.237	2.990**
	对照组	385	0.03	0.181	
小学离家出走	实验组	1039	0.18	0.384	7.773***
	对照组	385	0.02	0.151	
小学吸毒	实验组	1039	0.01	0.087	2.838**
	对照组	385	0.00	0.000	
小学破坏公物	实验组	1039	0.03	0.159	−0.789
	对照组	385	0.03	0.181	
中学抽烟	实验组	991	0.40	0.489	14.547***
	对照组	380	0.02	0.152	

不良行为	实验对照	人数	均值	标准差	t
中学偷窃	实验组	991	0.09	0.285	5.864***
	对照组	380	0.00	0.051	
中学考试作弊	实验组	991	0.20	0.399	1.967*
	对照组	380	0.15	0.360	
中学撒谎	实验组	991	0.17	0.376	6.464***
	对照组	380	0.04	0.195	
中学经常上网	实验组	991	0.25	0.434	4.841***
	对照组	380	0.13	0.338	
中学通宵上网	实验组	991	0.17	0.375	5.694***
	对照组	380	0.05	0.224	
中学打架	实验组	991	0.26	0.440	10.059***
	对照组	380	0.03	0.168	
中学性行为	实验组	991	0.18	0.387	8.438***
	对照组	380	0.01	0.114	
中学赌博	实验组	991	0.16	0.363	6.105***
	对照组	380	0.04	0.189	
中学逃学	实验组	991	0.30	0.461	11.788***
	对照组	380	0.02	0.144	
中学酗酒	实验组	991	0.14	0.343	6.845***
	对照组	380	0.01	0.114	
中学欺负同学	实验组	991	0.07	0.256	2.735**
	对照组	380	0.03	0.175	
中学离家出走	实验组	991	0.20	0.402	8.748***
	对照组	380	0.02	0.135	
中学吸毒	实验组	991	0.03	0.157	3.134***
	对照组	380	0.00	0.000	
中学破坏公物	实验组	991	0.03	0.166	−1.066
	对照组	380	0.04	0.95	

注：*** 表示 $p < 0.001$，** 表示 $p < 0.01$，* 表示 $p < 0.05$。

从表 1.12 统计检验结果可知，犯罪人与大学生在小学、中学的不良行为如经常抽烟、偷窃、考试作弊、经常撒谎、经常上网、曾多次通宵上网、多次打架、有过性行为、赌博、多次逃学、酗酒、欺负同级或低年级同学、离家出走、吸毒 14 项上都存在显著差异，而在破坏公共财物行为上没有显著差异，因而，调查数据表明，"破坏公共财物"行为在犯罪人与非犯罪人之间不能作出区分，不能算是早年不良行为。

（三）违法犯罪人家庭教育、学校教育与早年不良行为关系分析

1. 不同家庭教养方式与早年不良行为方差分析

经上述统计检验,实验组与对照组之间存在显著差异的 14 项早年不良行为,分别按小学、中学在每个犯罪人身上的存在状况进行汇总,然后以家庭教养方式作单因素方差分析,结果见表 1.13。

表 1.13　家庭教养方式与早年不良行为方差分析

早年不良行为	家庭教养方式	人数（人）	均值	标准差	F 值
小学不良行为数	放任	178	2.5225	2.53608	10.366***
	打骂	109	3.0550	2.59570	
	专制	244	2.0779	2.29826	
	溺爱	168	2.1369	2.46393	
	民主	291	1.4227	1.85418	
	朋友	31	1.6774	2.00644	
	总数	1021	2.0705	2.33283	
中学不良行为数	放任	163	2.8773	2.77950	14.799***
	打骂	102	4.2843	3.28024	
	专制	239	2.6862	2.77706	
	溺爱	163	2.5160	2.78718	
	民主	278	1.7122	2.8742	
	朋友	32	2.6875	3.17691	
	总数	977	2.6295	2.76873	

注：*** 表示 $p < 0.001$。

表 1.13 结果表明,不同的家庭教养方式,对早年不良行为的影响存在极其显著的差异。对这种差异作 LSD 后溯检验,结果是:民主的家庭养育方式与朋友式的家庭教养方式间没有差异,但与打骂、放任、专制与溺爱之间都存在显著差异;朋友式的家庭养育方式与打骂式之间存在差异,但与其他养育方式间无差异;打骂与放任教育方式间无差异,与其他各种教养方式间都有差异;溺爱与放任、专制教养方式无差异,但与打骂、民主间有差异等。因而,家庭教养方式与早年不良行为之间存在较为复杂的关系,但明显地表现出两个特征,一是民主或朋友式的家庭教养方式与打骂、放任、专制、溺爱四种不良教育方式对早年不良行为的影响上确实存在显著性差异;二是打骂的家庭养育方式,与其他不良的养育方式相比,对早年不良行为的影响更大。

2. 教师不同教育方式和内容与早年不良行为方差分析

学校教师平时对学生教育状况以及学生犯错误后的教育状况与早年不良行为之间作单因素方差分析,结果见表 1.14。

表 1.14　教师教育方式与早年不良行为方差分析

早年不良行为	教师教育方式	人数（人）	均值	标准差	F 值
小学不良行为数	没什么思想教育	299	1.8361	2.01918	26.177***
	只有批评	127	3.0315	2.80288	
	管几次后不管了	111	3.5766	2.83340	
	讲道理	170	2.0000	2.08970	
	有思想与知识教育	323	1.4241	1.99136	
	总数	1030	2.0689	2.33786	
中学不良行为数	没什么思想教育	279	2.4480	2.54103	21.375***
	只有批评	119	3.8403	3.17560	
	管几次后不管了	110	4.1091	3.11947	
	讲道理	158	2.5316	2.79825	
	思想与知识教育	316	1.8734	2.29349	
	总数	982	2.6314	2.77210	

注：*** 表示 $p < 0.001$。

表 1.14 结果表明，不同的教师教育方式，对早年不良行为的影响存在极其显著的差异。对这种差异作 LSD 后溯检验，结果是：对学生思想教育与知识传授两者都具备的教育，与其他四种，即"没什么思想教育"、学生犯错误"只有批评"、学生犯错后"管几次就不管了"或学生犯错误都会"讲道理"在早年不良行为的影响上存在显著差异；学生犯错误后"讲道理"与"没什么思想教育"在早年不良行为的影响上没有显著差异，但与其他老师教育方式之间存在显著差异；"只有批评"与"管几次后不管了"在早年不良行为的影响上没有显著差异，但与其他教育方式之间存在显著差异等。这些结果表明，一是只有教师在传授学生知识的同时，又开展思想教育，才能够减少学生早年不良行为；二是学生犯错误后"讲道理"与"没什么思想教育"对学生早年不良行为的影响无差异，这表明老师在学生犯错误后讲的道理空洞无物，跟没讲什么道理差不多；三是学生犯错误后，老师"只有批评"与"管几次"两种方式对早年不良行为的影响没什么差异，似乎表明老师的"管几次后不管了"，就是批评几次。

三、讨论

（一）不良家庭关系、家庭教育方式与违法犯罪

家庭是个体生活环境中最基本、最重要的社会环境，每个人都是在一定的家庭环境中生活的。家庭对于个体心理发展以及犯罪心理的形成影响作用巨大。家庭的功能是多方面的，从对个体心理发展起影响作用角度来说，主要是教育功能、抚养功能以及情感交流功能，其中教育功能尤其重要。通过家庭的

抚养与情感交流功能,年幼个体得到爱护,建立起良好的亲子关系,体会到关爱之情。这是个体走上社会后能够信任、互助的最基本的内心基础。而家庭的教育功能,使得个体初步建立起规则意识,获得感恩的优良品质,为今后良好人格形成打下基础。然而不良的家庭关系直接破坏家庭功能,本次调查表明,违法犯罪人员的家庭中父母或抚养人之间吵架、冷淡、分居的情况,即父母关系不良的占33.8%。这种不良的家庭关系对子女的心理带来创伤,对他们的健康成长造成障碍,对人际信任与互助关系产生怀疑,不仅对子女今后家庭关系能力产生不良影响,而且是造成个体违法犯罪的原因之一。

个体成长从自然人转变为社会人,需要教化,"家庭是孩子的第一任老师"、"父母是孩子最早的教师"。然而,父母的教育应当讲求方式方法,"一切听父母的安排"这样的专制型养育方式是不可取的;而小孩犯了错误只有打骂更不可取;从人格发展偏差以及犯罪心理形成角度分析,溺爱型的家庭养育方式是更为影响严重的,它会使个体形成缺陷人格,这是造成个体违法犯罪的主要内在心理特质之一。还有的家庭对子女放任不管,从而丧失了家庭教育的功能,特别是有的家庭父母放任不管,爷爷奶奶或外公外婆又溺爱、宠爱,这在违法犯罪人家庭中常可见到,两种不良养育方式共同作用于个体身上,对人格缺陷或犯罪心理的形成起到推波助澜的作用。从本次调查情况看,违法人员家庭养育方式不良的占68.4%。方差分析结果表明,不良的家庭养育方式与个体早年不良行为之间存在紧密关系,而早年不良行为与一个人成年后走上犯罪道路高度相关,因此,如何改善父母教育子女的方式方法,使每个家庭对子女的教育是民主的,与子女的关系是朋友式的,显得尤为重要。

(二)学校教育缺失与违法犯罪

个体成长需要教化,除了家庭教育,学校教育更为重要。李·罗宾斯认为,在家庭中严重缺乏管教造成逃学和学业成绩差而需要治疗的儿童,可以尝试用学校管教取代缺乏的父母管教,从而预防逃学和学校失败。戈特弗里德森和赫希则认为,甚至在没有父母支持的情况下,学校也可以发挥积极的影响作用。由于在学校的经历,一些学生学会了更好地鉴别与自我控制有关的情形和机会,从而可以有效地得到社会化,不管家庭经历如何,都能产生这样的结果。

我国的中小学教育在取得巨大成绩的同时亦存在许多问题。首先是教育内容的缺陷。专家学者给予广泛诟病的是"重智育轻德育"的情形。只注重发展学生的智力成分,而忽视非智力因素的培养,道德教育也被排除在外,造成了一批在知识、智力上高能者,但在人格、品德上却是低下者的情形。其次是学校教育方法和态度偏差对青少年的发展产生了不良影响。一些教师不愿意对做学生细致的思想教育工作,当学生犯了错误,以要求学生写检讨书代替思想教育,或是简单、生硬地处罚了事。在访谈中有一名未成年服刑人员告诉笔者,他读初三时开始在学校犯错误(打架),记得第一次是责令写检讨书,第二次就要求回家思过一星期并交检讨书,第三次就直接要求他休学,然后到学期末时再参加考试拿到了初中毕业证。对犯罪人的问卷调查,更明确地得到了学校教育在内容、方法与态度上的偏差状况,违法人员认为学校"没什么思想教育"或者是思想教育不到位的占一半以上;而且调查结果表明,老师在学生犯错误时给予的教育大多是空洞说教,起不到教育作用。凡此种种情形确实令人担忧。如何使学校教育在传授学生知识的同时加强思想教育,从而减少学生不良行为的发生,是值得每一位老师都应当认真思考的问题;而改变以单纯的升学率作为评价教师与学校工作优劣的状况很重要。如何将素质教育真正落到实处,值得教育主管部门深思。

（三）关于早年不良行为

犯罪学研究表明,个体之所以犯罪与其早年时期的不良行为存在高度相关性。桑普森和劳布认为,儿童时期的不良行为以及违法行为与成年时期的违法犯罪行为之间存在着重要的实质性的联系。帕特森等人认为,早年不良行为者具有反社会行为的持续性,他们的反社会行为会一直持续到青年和成年期。因而,违法犯罪行为具有持续性。本研究探索了早年不良行为的特征,与对照组的比较分析表明,犯罪人早年不良行为主要有:经常抽烟、偷窃、考试作弊、经常撒谎、经常上网、曾多次通宵上网、多次打架、有过性行为、赌博、多次逃学、酗酒、欺负同级或低年级同学、离家出走、吸毒 14 项,而破坏公共财物不是早年不良行为。这些早年不良行为的存在,持续影响他们成年后的行为,并可能引发他们去实施违法犯罪行为。因此,中小学生身上不良行为的发生状况,值得家庭、学校和社会相关管理部门的高度关注。

犯罪人家庭学校教育差异性研究 *

一、问题的提出

国内外关于家庭学校教育偏差与犯罪行为关系的研究不少。近期有研究指出,我国青少年犯罪的家庭成因主要有五种:残缺型家庭、盲目溺爱与放纵型家庭、打骂型家庭、父母有不良恶习型家庭和贪欲型家庭。[1]另有研究指出,青少年犯罪的家庭学校教育因素主要是失和家庭与失教家庭以及教育管理失重与素质教育形式化。[2]还有学者研究认为,不良的家庭教育是未成年人犯罪的基础性因素,学校教育不作为是犯罪的教育性因素,辍学、无业、交往是犯罪的个体性因素。[3]桑普森与劳布研究认为,家庭过程变量与青少年违法犯罪状况有非常强的直接关联,父母子女关系方面的变量对青少年违法犯罪行为和其他行为问题有最强的预测力;而孩子对学校的低依恋程度以及糟糕的学业表现会增加犯罪概率。[4]戈特弗里德森和赫希认为,自我控制程度低的人,犯罪的可能性就高,而儿童的不良养育模式是造成个体自我控制力低的重要因素;那些不做家庭作业、不喜欢学校和学校表现不良的学生,容易卷入违法犯罪活动。[5]博格等人认为,如果孩子在不稳定的管教环境中成长,或者管教过于宽松或严厉,特别是虐待或者忽视孩子,那么今后这些孩子就很可能实施犯罪行为。[6]Bartol等研究认为,父母教养方式不一致、亲子互动缺乏、亲子间缺少温暖、严厉体罚等是青少年违法犯罪发生的重要因素;早年学校失败经验与反社会行为的发展及犯罪行为有关。[7]诸多研究揭示了家庭与学校变量与青少年犯罪行为之间的紧密关系,然而通过对不同年龄阶段犯罪人家庭、学校诸变量的差异性研究不多。而这种差异性作用研究将能够在一定程度上揭示我国家庭、学校内在功能的变迁与犯罪行为的关系,从而给如何更好发挥家庭学校教育来促进青少年健康成长以启示。

---

* 本文原载于《公安学刊》2013 年第 1 期。

二、研究对象与方法

（一）研究对象

在浙江省监狱、劳教所、未成年犯管教所及河北省邯郸监狱随机抽取违法犯罪人员 1100 人作问卷调查。获有效问卷 1068 份，其中监狱服刑人员 736 人，占 68.9％；未成年犯 193 人，占 18.1％；劳动教养人员 139 人，占 13.0％。女性违法犯罪人 361 人，占 33.8％；男性违法犯罪人 707 人，占 66.2％。

（二）测量工具

测量工具为自编调查问卷，内容包括：人口统计学信息、工作情况、婚姻家庭、学习、交友、抚养人、父母文化程度与工作、家庭养育方式、家庭教育与经济情况、学校教育、早年不良行为、判刑（劳教）次数等，共计 40 个项目。

（三）数据处理

将 1068 份有效问卷的数据输入 SPSS17.0 软件中作列联表分析和方差分析。将 1068 名违法犯罪人员分为三组，18 岁及以下、18 岁至 30 岁（含）、30 岁至 45 岁，对三组犯罪人作卡方检验和方差分析以确定家庭学校等变量对他们的差异性影响。

三、结果与分析

（一）违法犯罪人家庭变量差异性分析

1. 家庭教养方式差异性分析

父母养育方式分为放任不管型、打骂型、溺爱型、专制型，以及民主型与朋友型六种，前四种定义为不良的教养方式，而民主与朋友型规定为良好的教养方式。三个年龄段犯罪人在两类家庭教养方式上卡方检验结果如表 1.15 所示。卡方值为 25.524，达 0.001 的显著水平。

合计栏的数据显示，在全部样本中，教养方式良好与不良的比例分别为 31.6％与 68.4％，但不同年龄段数据显示，小于 18 岁的犯罪人家庭教养方式良好的比例为 15.2％，显著低于平均比例 31.6％，而教养方式不良的比例为 84.8％，显著高于平均比例 68.4％。此结果显示，教养方式与年龄阶段有关联，年龄越小家庭教养方式不良的比例越高。

表 1.15　教养方式交叉分析

教养方式		年龄阶段			合计
		小于 18 岁	18～30 岁	30～45 岁	
良好	人数	22	157	150	329
	占比(%)	15.2	31.4	38.0	31.6
不良	人数	123	343	245	711
	占比(%)	84.8	68.6	62.0	68.4
合计	人数	145	500	395	1040
	占比(%)	100.0	100.0	100.0	100.0

注：$\chi^2=25.524,p<0.000$。

2. 家庭教育意见是否一致的差异性分析

父母之间及父母与上辈人之间在教育小孩时意见是否一致,对小孩的成长会产生一定的影响。父母之间或父母与祖父母、外祖父母之间教育意见不一致,会造成子女无所适从,或者使小孩学会投机取巧、察言观色,形成不良的人格特征。三个年龄段犯罪人在家庭教育意见一致性的卡方检验结果如表 1.16 所示。卡方值为 15.768,达 0.001 的显著水平。

表 1.16　家庭教育意见是否一致交叉分析

家庭教育意见是否一致		年龄阶段			合计
		小于 18 岁	18～30 岁	30～45 岁	
一致	人数(人)	81	331	293	705
	占比(%)	55.5	66.9	73.3	67.7
不一致	人数(人)	65	164	107	336
	占比(%)	44.5	33.1	26.7	32.3
合计	人数(人)	146	495	400	1041
	占比(%)	100.0	100.0	100.0	100.0

注：$\chi^2=15.768,p<0.000$。

合计栏的数据显示,在全部样本中,家庭教育意见一致与不一致的比例分别为 67.7% 与 32.3%,但不同年龄阶段的比例显示,小于 18 岁的犯罪人家庭教育意见一致比例为 55.5%,显著低于平均比率 67.7%,30～45 岁组的比例为 73.3%,高于平均比率 67.7%;而家庭教育意见不一致的情况,小于 18 岁组犯罪人的比例为 44.5%,显著高于平均比率 32.3%,30～45 岁的比例为 26.7%,低于平均比率 32.3%。此结果显示,家庭教育意见是否一致与犯罪人年龄阶段有关联,年龄越小家庭教育意见不一致的情况越多。

3. 家庭是否和睦的差异性分析

父母或抚养人在日常生活中经常吵架或相互关系冷淡,会造成子女缺乏安全感,有的小孩因此离家出走,亦可能破坏亲子关系或影响了家庭功能的发挥,两种情况都可能会使小孩加入到不良社会群体中去。三个年龄段犯罪人在家庭和睦因子上的卡方检验结果见表 1.17。卡方值为 16.418，达 0.001 的显著水平。

表 1.17　家庭是否和睦交叉分析

家庭是否和睦		年龄阶段			合计
		小于 18 岁	18～30 岁	30～45 岁	
和睦	人数（人）	81	322	290	693
	占比（%）	54.7	64.5	72.5	66.2
吵架	人数（人）	67	177	110	354
	占比（%）	45.3	35.5	27.5	33.8
合计	人数（人）	148	499	400	1047
	占比（%）	100.0	100.0	100.0	100.0

注：$\chi^2=16.418$，$p\leqslant 0.000$。

合计栏的数据显示，在全部样本中，家庭和睦和吵架的比例分别为66.20%与 33.80%，但不同年龄阶段的比例显示，小于 18 岁的犯罪人家庭和睦一致比例为 54.70%，显著低于平均比率 66.20%，30～45 岁组的比例为 72.50%，高于平均比率 66.20%；而家庭争吵的情况，小于 18 岁组犯罪人的比例为 45.30%，显著高于平均比率 33.80%，30～45 岁的比例为 27.50%，低于平均比率 33.80%。此结果显示，家庭是否和睦与犯罪人年龄阶段有关联，年龄越小家庭不和睦的情况越多。

4. 父母有无打骂的差异性分析

子女犯错误，父母或其中一方非打即骂，这种粗暴型的教育方式与青少年犯罪行为有关。三个年龄段犯罪人在犯错后是否被打骂上的卡方检验结果见表 1.18。卡方值为 26.075，达 0.001 的显著水平。

表 1.18　父母有无打骂交叉分析

父母有无打骂		年龄阶段			合计
		小于 18 岁	18～30 岁	30～45 岁	
无	人数（人）	52	244	239	535
	占比（%）	36.1	48.7	59.8	51.2
有	人数（人）	92	257	161	510
	占比（%）	63.9	51.3	40.2	48.8
合计	人数（人）	144	501	400	1045
	占比（%）	100.0	100.0	100.0	100.0

注：$\chi^2=26.075$，$p\leqslant 0.000$。

合计栏的数据显示，在全部样本中，子女犯错父母无打骂与有打骂的比例分别为 51.2%与 48.8%，但不同年龄阶段的比例显示，小于 18 岁的犯罪人家庭有打骂的比例为 63.9%，显著高于平均比率 48.8%，30～45 岁组的比例为 40.2%，低于平均比率 48.8%；而父母对子女无打骂的情况，小于 18 岁组犯罪人的比例为 36.1%,显著低于平均比率 51.2%,30～45 岁的比例为 59.8%,高于平均比率 51.2%。此结果显示,父母是否打骂与犯罪人年龄阶段有关联,年龄越小子女犯错时父母打骂的情况越多。

5. 家庭经济状况的差异性分析

违法犯罪人的家庭经济状况在不同年龄阶段犯罪人中是否有差异,所作的卡方检验结果如表 1.19 所示。卡方值为 0.774,没有达到显著性差异。这表明家庭经济状况在不同年龄组犯罪人身上中没有差异,不管是中年犯罪人还是少年犯罪人,他们认为自己家庭的经济状况差不多,因而家庭经济差也许不是造成他们去犯罪的影响因素。

表 1.19　家庭经济状况交叉分析

家庭经济状况		年龄阶段			合计
		小于 18 岁	18～30 岁	30～45 岁	
好+温饱	人数(人)	135	474	377	986
	占比(%)	92.5	94.4	93.8	93.9
差	人数(人)	11	28	25	64
	占比(%)	7.5	5.6	6.2	6.1
合计	人数(人)	146	503	402	1051
	占比(%)	100.0	100.0	100.0	100.0

注:$\chi^2 = 0.774$,$p <$ 值 0.679。

6. 父亲文化程度的差异性分析

不同年龄段犯罪人其父亲的文化程度有何差异,作卡方检验结果如表 1.20 所示。卡方值为 8.753,达 0.05 的显著性水平。

表 1.20　父亲文化程度交叉分析

父亲文化程度		年龄阶段			合计
		小于 18 岁	18～30 岁	30～45 岁	
初中(含)以下	人数(人)	143	441	360	944
	占比(%)	96.6	88.4	89.6	90.0
初中以上	人数(人)	5	58	42	105
	占比(%)	3.4	11.6	10.4	10.0
合计	人数(人)	148	499	402	1049
	占比(%)	100.0	100.0	100.0	100.0

注:$\chi^2 = 8.753$,$p \leqslant 0.013$。

合计栏的数据显示,在全部样本中,父亲文化程度初中以上与初中(含)以下的比例分别为 90.0% 与 10.0%,但不同年龄阶段的比例显示,小于 18 岁的犯罪人父亲初中(含)文化以下的比例为 96.6%,显著高于平均比率 90.0%,而 18～30 岁组与 30～45 岁组的比例分别为 88.4% 与 89.6%,略低于平均比率

90.0％；父亲文化程度初中以上的情况，小于 18 岁组犯罪人的比例为 3.4％，显著低于平均比率 10.0％，而 18～30 岁组与 30～45 岁组的比例分别为 11.6％与 10.4％，略高于平均比率 10.0％。此结果显示，父亲文化程度高低与犯罪人年龄阶段有关联，小于 18 岁的犯罪人其父亲文化程度低的情况显著多于其他年龄段。

7. 母亲文化程度的差异性分析

不同年龄段犯罪人其母亲的文化程度有何差异，作卡方检验结果如表 1.21 所示。卡方值为 4.970，没有达到显著性差异。这表明不同年龄犯罪人其母亲的文化程度差不太多，或者说母亲的文化程度对子女是否会犯罪影响不显著。

表 1.21　母亲文化程度交叉分析

母亲文化程度		年龄阶段			合计
		小于 18 岁	18～30 岁	30～45 岁	
初中（含）以下	人数（人）	133	438	349	920
	占比（％）	97.1	92.2	94.6	93.8
初中以上	人数（人）	4	37	20	61
	占比（％）	2.9	7.8	5.4	6.2
合计	人数（人）	137	475	369	981
	占比（％）	100.0	100.0	100.0	100.0

注：$\chi^2 = 4.970$，$p \leqslant 0.083$。

8. 父母有无犯罪的差异性分析

父母犯罪会由于其犯罪性而使子女更容易去实施犯罪行为。不同年龄组犯罪人在父母有无犯罪的卡方检验结果如表 1.22 所示。卡方值为 24.147，达 0.001 的显著水平。

表 1.22　父母有无犯罪交叉分析

父母有无犯罪记录		年龄阶段			合计
		小于 18 岁	18～30 岁	30～45 岁	
无	人数（人）	133	475	399	1007
	占比（％）	89.9	94.1	99.0	95.4
有	人数（人）	15	30	4	49
	占比（％）	10.1	5.9	1.0	4.6
合计	人数（人）	148	505	403	1056
	占比（％）	100.0	100.0	100.0	100.0

注：$\chi^2 = 24.147$，$p \leqslant$ 值 0.000。

合计栏的数据显示，在全部样本中，父母无犯罪与有犯罪的比例分别为 95.4％与 4.6％，但不同年龄阶段的比例显示，小于 18 岁的犯罪人父母没有犯罪的比例为 89.9％，显著低于平均比率 95.4％，30～45 岁组的比例为 99.0％，高于平均比率 95.4％；父母有犯罪的情况，小于 18 岁组犯罪人的比例为

10.1％,显著高于平均比率 4.6％,30～45 岁组的比例为 1.0％,显著低于平均比率4.6％。此结果显示,父母是否犯罪与犯罪人年龄阶段有关联,年龄越小其父母有犯罪的情况越多。

(二)违法犯罪人学校变量差异性分析

1.学校教育的差异性分析

学校教育是人生成长中的重要一环,特别是当一个人犯错误时,老师能够给予及时有效的学校教育,是极为重要的。因为学校教育工作者是经过专门训练的专业教育者,不管是知识,还是教育技能,一般都优于父母等抚养人。这也是他们的职责所在。那么,随着时间的推移,学校教育从犯罪人角度看是怎么一个发展变化的状况呢? 卡方检验结果如表 1.23 所示。$\chi^2 = 12.021, p < 0.01$,达显著性差异。

表 1.23　学校教育情况交叉分析

学校教育情况		年龄阶段			合计
		小于 18 岁	18～30 岁	30～45 岁	
有思想与知识教育	人数(人)	34	148	150	332
	占比(%)	23.3	29.4	37.4	31.6
没什么教育和讲道理	人数(人)	112	355	251	718
	占比(%)	76.7	70.6	62.6	68.4
合计	人数(人)	146	503	401	1050
	占比(%)	100.0	100.0	100.0	100.0

注:$\chi^2 = 12.021, p \leq 0.002$。

合计栏的数据显示,在全部样本中,老师"有思想与知识教育"与"没什么教育和讲道理"[1]的比例分别为 31.6％与 68.4％,但不同年龄阶段的比例显示,小于 18 岁的犯罪人认为老师"有思想与教育"的比例为 23.3％,显著低于平均比率 31.6％,30～45 岁组的比例为 37.4％,高于平均比率 31.6％;老师"没什么教育和讲道理",小于 18 岁组犯罪人的比例为 76.7％,显著高于平均比率 68.4％,30～45 岁组的比例为 62.6％,低于平均比率68.4％。此结果显示,学校教育状况与犯罪人年龄阶段有关联,犯罪人年龄越小认为学校有文化思想教育的比例越低,认为学校没什么思想教育的比例越高。

2.违法犯罪人成绩变化的差异性分析

违法犯罪人员在校学习期间成绩变化有三种情况:好变差、差变好与一直

---

[1]　对犯罪人调查结果显示,老师在学生犯错误后的"讲道理"跟"没什么思想教育"差不多,因此把两种情况合并一起统计。具体见笔者文章《违法犯罪人员家庭学校教育与早年不良行为关系研究》,载《犯罪与改造研究》2012 年第 3 期,第 4—8 页。

没多大变化。对前两种情况的卡方检验结果如表 1.24 所示。$\chi^2 = 23.947, p <$ 0.001，达显著性水平。

表 1.24　犯罪人成绩变化的交叉分析

犯罪人成绩变化		年龄阶段			合计
		小于 18 岁	18～30 岁	30～45 岁	
差变好	人数（人）	69	250	254	573
	占比（%）	47.9	50.5	65.5	55.8
好变差	人数（人）	75	245	134	454
	占比（%）	52.1	49.5	34.5	44.2
合计	人数（人）	144	495	388	1027
	占比（%）	100.0	100.0	100.0	100.0

注：$\chi^2 = 23.947, p \leqslant 0.000$。

合计栏的数据显示，在全部样本中，学习成绩由差变好的平均比例为 55.8%，由好变差的平均比例为 44.2%，但不同年龄阶段的比例显示，小于 18 岁的犯罪人成绩由差变好的比例为 47.8%，显著低于平均比率 55.8%，30～45 岁组的比例为 65.5%，高于平均比率 55.8%；成绩由好变差，小于 18 岁组犯罪人的比例为 52.1%，显著高于平均比率 44.2%，30～45 岁组的比例为 34.5%，显著低于平均比率 44.2%。此结果显示，犯罪人学习成绩变化与犯罪人年龄阶段有关联，年龄越小其成绩由好变差的情况越多。

（三）违法犯罪人交友情况差异性分析

1. 有无犯罪朋友的差异性分析

一个人交往的朋友中有没有犯罪的，对该个体是否会犯罪影响作用巨大。对不同年龄阶段犯罪人在未犯罪之前交往的朋友中是否有犯罪朋友的卡方检验结果如表 1.25 所示。$\chi^2 = 14.588, p \leqslant 0.001$，达显著性水平。

表 1.25　有无犯罪朋友交叉分析

有无犯罪朋友		年龄阶段			合计
		小于 18 岁	18～30 岁	30～45 岁	
无	人数（人）	72	313	263	648
	占比（%）	51.1	62.6	69.0	63.4
有	人数（人）	69	187	118	374
	占比（%）	48.9	37.4	31.0	36.6
合计	人数（人）	141	500	381	1022
	占比（%）	100.0	100.0	100.0	100.0

注：$\chi^2 = 14.588, p \leqslant 0.001$。

合计栏的数据显示,在全部样本中,犯罪人犯罪之前没有犯罪朋友的平均比例为63.4%,有犯罪朋友的平均比例为36.6%,但不同年龄阶段的比例显示,小于18岁的犯罪人无犯罪朋友的比例为51.1%,显著低于平均比率63.4%,30~45岁组的比例为69.0%,高于平均比率63.4%;有犯罪朋友的,小于18岁组犯罪人的比例为48.9%,显著高于平均比率36.6%,30~45岁组的比例为31.0%,低于平均比率36.6%。此结果显示,犯罪人在未犯罪前是否有犯罪朋友与犯罪人年龄阶段有关联,年龄越小其朋友中有犯罪朋友的比例越高。

2. 是否有知心朋友的差异性分析

不同年龄段犯罪人在是否有知心朋友上有何差异,作卡方检验结果如表1.26所示。$\chi^2=3.653$,没有显著性差异。这表明不同年龄犯罪人其知心朋友情况差不太多,或者说是否有知心朋友对他们是否犯罪影响不显著。

表 1.26　是否有知心朋友交叉分析

有无知心朋友		年龄阶段			合计
		小于 18 岁	18~30 岁	30~45 岁	
无	人数(人)	77	216	186	479
	占比(%)	51.3	42.7	45.9	45.1
有	人数(人)	73	290	219	582
	占比(%)	48.7	57.3	54.1	54.9
合计	人数(人)	150	505	405	1060
	占比(%)	100.0	100.0	100.0	100.0

注:$\chi^2=3.653$,$p\leqslant0.161$。

(四)早年不良行为数的差异性分析

犯罪人早年(中小学或相当于中小学阶段的年龄段)不良行为(经常抽烟、偷窃、考试作弊、经常撒谎、经常上网、曾多次通宵上网、多次打架、有过性行为、赌博、多次逃学、酗酒、欺负同级或低年龄同学、离家出走、吸毒14项)在三个年龄阶段的状况如表1.27所示。

表 1.27　不同年龄段犯罪人早年不良行为数方差分析

早年不良行为	年龄段	人数	均值	标准差	F 值
小学不良行为数	小于 18 岁	147	3.9456	2.65294	104.458***
	18~30 岁(含)	500	2.2960	2.38238	
	30~45 岁	391	1.0512	1.46670	
	总数	1038	2.0607	2.33360	
中学不良行为数	小于 18 岁	134	4.6791	2.93437	124.138***
	18~30 岁(含)	482	3.1784	2.86663	
	30~45 岁	375	1.1573	1.59689	
	总数	991	2.6165	2.76564	

注:***$P<0.001$。

表 1.27 结果表明,不同年龄段犯罪人在中小学阶段其不良行为存在状况有极其显著的差异。对这种差异作 LSD 后溯检验,结果是:不管是小学阶段还是中学阶段(或者是相当于这两个阶段的年龄期间),小于 18 岁组犯罪人的早年不良行为数显著多于 18～30 岁组,同时还显著多于 30～45 岁组,而 18～30 岁组的早年不良行为数又显著多于 30～45 岁组。换言之,随着犯罪人年龄组的减小,早年不良行为越来越多。

四、讨论

(一)家庭教育的历史变迁与犯罪现象

犯罪人年龄加上 20 岁大约是他们父母的年龄,那么三组父母的年龄分别是:18 岁以下组父母约在 38 岁以下,即出生于 1973 年后,是在改革开放时期成长起来的一代父母;18～30 岁组父母的年龄约在 38～50 岁之间,即出生于 1961 年至 1973 年之间,是"文化大革命"期间和改革开放初、中期成长起来的一代父母;30～45 岁组父母年龄在 50～65 岁之间,即出生于 1946 年至 1960 年之间,主要是新中国成立前后到"文化大革命"期间成长起来的一代父母。从犯罪人家庭与学校教育的差异性,是否可以进一步来推断他们父母所受教育的差别性。犯罪虽然是多因素作用的结果,但犯罪人家庭因素却是其中重要的影响因素。调查结果显示,犯罪人年龄越小,他们曾经受的家庭不良教养方式的比例越高,父母或(与)(外)祖父母之间教育意见不一致、家庭不和睦、对子女打骂以及父母也犯罪的情况越多。因此,一方面,从理论上分析,这种情形显示出犯罪现象的一种代标影响性;家庭教育技能的退步,增加了子女犯罪的可能性,呈现出犯罪的代际递增现象。另一方面,从犯罪人角度分析,随着时间的推移,从新中国成立到改革开放 30 多年以来,似乎越来越多的家庭出现了家庭教育技能的退行、家庭成长氛围与环境的不良,家庭作为孩子第一任教师的作用也就越来越差。这种情况让人担忧,需要政府与社会相关管理部门对家庭教育建设进行有效的指导。家庭教育规划应当提上议事日程。据报道,2012 年杭州市政府发布《杭州市家庭教育工作"十二五"规划》,这是一个面向杭州 200 余万户家庭和 110 万名儿童五年间的家庭教育方案。[①] 这次的调查数据表明,这样的工作确有其必要性。

---

① 参见《都市快报》2012 年 1 月 31 日。

（二）学校教育的发展变化

本次调查结果显示，犯罪人认为学校没什么思想教育的人数是认为学校有思想教育人数的两倍还多；而且犯罪人年龄越小认为学校有思想文化双教育的比例越低，认为学校没什么思想教育的比例越高。因此，从犯罪人角度分析，新中国成立以来特别是改革开放以来，我国基础教育在取得巨大成绩的同时，学校功能发挥不佳的问题越来越严重，呈现出成绩与问题两极分化现象。任何一个承担基础教育的学校，至少有两方面的功能：知识传授与思想品德教育。认为我国的学校没有思想品德教育，那是不客观、不准确的，但是对学校中的少部分人，特别是犯了错误、成绩又不佳的学生，学校可能就放弃了对他们深入细致的教育，而这部分人往往是最需要进行思想品德教育与专门的学习辅导的。放弃了他们，往往会把他们推向社会的对立面。严峻的情况是，从对犯罪人的调查数据看，这种现象却是越来越多地存在而不是相反。

（三）犯罪人早年不良行为的发展性

本次调查显示，随着犯罪人年龄组的减小，早年不良行为越来越多。家庭、学校教育的偏差，可能还有社会管理中的问题如网络与传媒的管理指导不到位等，可能是造成少年人越来越多不良行为的诱因。早年不良行为是成年后违法犯罪行为的预演或犯罪行为的种苗，不加以阻断或扶正，非常容易发展成为违法犯罪行为。而且不良行为的堆积具有累积与增大效应，使成长过程中以及成年后更易诱发犯罪行为。因此，这种不良行为增多的趋势是令人担忧的现象，需要引起家长、老师、社会的更多关注，从而更多地去监督与纠正，更好地去帮助那些有问题的少年人，以促使他们能够健康成长。

五、结论

1.从犯罪人角度看，从新中国成立到改革开放30多年以来，随着时间的推移越来越多的家庭出现了家庭教育技能的退步，家庭成长氛围与环境影响的不良现象更为多见。越来越严重的家庭教育偏差可能是我国犯罪现象增多的原因之一。

2.从犯罪人角度分析表明，对后进学生的思想教育不足现象不断增多。这可能是造成我国犯罪现象增多的又一个原因。

3.从新中国成立到现在，犯罪人早年不良行为越来越多。

参考文献：

［1］张传友.我国青少年犯罪的家庭成因探析［J］.法制与社会,2008(11):385.

［2］敖然.防止青少年犯罪的思想政治教育探析［J］.内蒙古师范大学学报(教育科学版),2010,23(6):35—37.

［3］项传军.未成年人犯罪的影响因素与对策探讨［J］.五邑大学学报(社会科学版),2011,13(3):89—92.

［4］［美］罗伯特·J.桑普森,约翰·H.劳布.犯罪之形成——人生道路及其转折点［M］.汪明亮等译.北京:北京大学出版社,2006.

［5］［美］迈克尔·戈特弗里德森,特拉维斯·赫希.犯罪的一般理论［M］.吴宗宪、苏明月译.北京:中国人民公安大学出版社,2009.

［6］［美］罗纳德·J.博格等.犯罪学导论——犯罪、司法与社会(第二版)［M］.刘仁文等译.北京:清华大学出版社,2009.

［7］［美］Curt R. Bartol, Anne M. Bartol.犯罪心理学(第七版)［M］.杨波等译.北京:中国轻工业出版社,2009.

［8］林震岩.多变量分析 SPSS 的操作与应用［M］.北京:北京大学出版社,2007.

职务犯罪心理内涵与犯罪模型建构

职务犯罪是古今中外都普遍存在的一种社会现象,因而治理职务犯罪成为全世界都面临的一个共同课题。近年来,我国职务犯罪现象日益严重。2003—2007 年,检察机关共立案侦查贪污贿赂、渎职侵权犯罪案件近 18 万件,比前五年上升 30.7%;2007 年有罪判决数与立案数比率比 2003 年提高 29.9 个百分点。立案侦查贪污受贿十万元以上、挪用公款百万元以上案件 35255 件,涉嫌犯罪的县处级以上国家工作人员 13929 人(其中厅局级 930 人、省部级以上 35 人)。大案、要案占立案数比例分别从 2003 年的 46.8% 和 6.3% 上升为 2007 年的 58.3% 和 6.6%。[①] 而 2008 年全年共立案侦查贪污贿赂、渎职侵权犯罪案件 33546 件 41179 人,分别比 2007 年增加 1% 和 10.1%。其中,立案侦查贪污贿赂大案 17594 件,重特大渎职侵权案件 3211 件;查办涉嫌犯罪的县处级以上国家工作人员 2687 人,其中厅局级 181 人、省部级 4 人。[②]

一、职务犯罪心理研究回顾

面对严峻的反腐败形势,在国家重视、社会关注的同时,心理学研究人员亦开展了诸多的调查研究与理论探讨。有学者认为,公职人员职务犯罪心理,是指支配公职人员利用职务之便实施犯罪行为的心理诱因;其犯罪心理有:错位心理、失衡心理、狂妄心理、从众心理、侥幸心理。[③] 另有学者认为,领导干部职务犯罪心理表现为:贪图享乐的心理、一味索取的贪婪心理、蔑视法制的侥幸心理、自认吃亏的补偿心理、按劳取酬的交易心理、小节无害的无所谓心理。[④] 有学者从需要与动机角度分析认为,职务犯罪主体需要的内容和取得方式偏离社会现实基础所产生的低级的、畸形的、层次颠倒的不合理需要,为需要偏离。需要偏离与社会要求背离的弧度越大,职务犯罪可能性就越高。需要偏离是职务犯罪的源泉。职务犯罪主体不符合社会利益和个性健康发展的低劣的、错误的

---

① 贾春旺:《2008 年最高人民检察院工作报告》。
② 曹建明:《2009 年最高人民检察院工作报告》。
③ 郝守则:《公职人员职务犯罪的犯罪心理》,载《检察实践》2000 年第 6 期。
④ 万涛:《领导干部职务犯罪心理探析》,载《中共成都市委党校学报》2003 年第 6 期。

和有较多消极因素的不合理的动机,为动机偏离。动机偏离面越广,动机偏离强度越大,职务犯罪主体发动犯罪行为的强度就越大、消极目标选择的坚定性越大。① 有学者把职务犯罪人的心理特征描述为:认知方面,变形的价值观念;犯罪动机,明显而强烈的贪利性;意志特征,极端的两极性;情绪与情感特征,隐蔽性与深刻体验性;以及消极的职业人格特征。② 而有学者进一步把公职人员职务犯罪心理归纳为:不正当的物质需要、蒙混过关的侥幸心理、心理不平衡寻找补偿的心理、贪图享乐的虚荣心理、按"劳"取"酬"的交易心理、孤注一掷的赌徒心理、捞了就跑的投机心理。③ 有研究者在限定职务犯罪心理主要为利用职务之便故意实施贪污、贿赂等犯罪心理后指出,其心理主要是因贪污、贿赂犯罪风险小而导致的侥幸心理、因社会和单位中不正之风而导致的失衡心理、因对法律知识匮乏而导致的错误心理、因贪图享乐而孤注一掷的赌徒心理。④ 有学者从职务犯罪心理的构成要素出发,提出职务犯罪心理要素有:①动力性要素,需要——满足享乐型的生理需要、获取财物的安全需要、逢场作戏的社交需要、争权夺利职务侵占的尊重需要、自尊降低失落增强的自我实现需要,价值观——利己主义价值观;②认知性要素,投机钻空、侥幸从众、吃亏补偿、攀比报复等;③调节性要素,扭曲的道德意识、歪曲的自我意识、人格发展不协调及与社会价值偏离。⑤ 有学者在探讨职务犯罪的人格与道德原因时指出,职务犯罪主体个人人格、品质低下,文化素质低下、法制观念淡薄,缺乏自始至终的敬业、献身精神;同时,职务犯罪人具有各种不良的心理状态,如攀比心理、投资回报心理、法不责众心理、侥幸过关心理、见钱眼开的贪婪心理、难以自控的矛盾心理、深感吃亏的补偿心理、按"劳"取"酬"的交易心理、孤注一掷的赌徒心理、捞了就跑的投机心理。⑥ 另有学者认为,职务犯罪心理轨迹很大程度上是由其自身社会经历和个性特点所决定,其心理类型主要有:蒙混过关的侥幸心理、难以自控的矛盾心理、深感吃亏的补偿心理、按"劳"取"酬"的交易心理、有恃无恐的攀比心理。⑦

以上按时间顺序对我国 10 年来有关职务犯罪心理的一些研究作了简要回顾。这些研究可归纳为三类:一是从心理现象构成角度所做的探讨,即从个体的认知、情感、意志以及个性心理来阐述。这一研究思路是普通心理学理论在

---

① 彭清燕:《职务犯罪心理研究》,载《河北法学》2004 年第 3 期。
② 刘建清:《论职务犯罪心理及其预防》,载《政法学刊》2005 年第 1 期。
③ 李硕:《浅探职务犯罪的心理及预防》,载《警官文苑》2006 年第 4 期。
④ 庄华民:《浅析职务犯罪的心理及其预防和矫正》,载《福建法学》2007 年第 3 期。
⑤ 赵晓风:《职务犯罪心理要素探析》,载《政法学刊》2007 年第 4 期。
⑥ 金波、梅传强主编:《公务员职务犯罪研究》,中国检察出版社 2008 年版,第 64—69 页。
⑦ 徐宏记:《关于职务犯罪及其心理预防的探讨》,载《太原城市职业技术学院学报》2009 年第 5 期。

职务犯罪中的应用,缺乏研究的深度,尚不能揭示出职务犯罪心理的独特性规律。二是从需要与动机角度所做的研究,认为需要与动机的偏离是公职人员犯罪的源泉与动力。而需要与动机的偏离,是绝大多数犯罪人实施犯罪行为的源泉与动力,非职务犯罪人所特有。三是纵观上述职务犯罪心理的研究,大多是关于职务犯罪心理的描述性分析。这些研究有较为一致的结论,即从触动与激发公职人员实施职务犯罪行为的内在心理分析,主要有贪婪心理、享乐心理、攀比嫉妒心理、冒险心理、权钱交易心理、补偿回报心理、侥幸心理、吃亏心理、从众心理等九个内容。这种描述性分析,加深了对职务犯罪心理的现象性认识,但是,职务犯罪心理如何触发职务犯罪行为,即职务犯罪心理的作用机制没有探讨,而且研究思路缺乏实证研究的构想与思维。

二、职务犯罪心理的内涵

(一)职务犯罪心理的含义

分析已有的研究,对职务犯罪心理内涵的探讨较少。从该概念的词义角度分析,它应当包括三层互为递进的内容:一是职务犯罪,二是犯罪心理,三是职务犯罪心理。

国内学者对职务犯罪的内涵界定存在较大分歧,争议的焦点主要在于职务犯罪的主体范围和所包括的具体犯罪行为。[①] 由于本文研究的关注点主要不是职务犯罪概念,因此,对这一争论不展开讨论。取其较宽泛的含义,即犯罪主体是国家工作人员或公务人员,利用职务上的便利所实施的职务犯罪行为。

关于犯罪心理的含义,国内犯罪心理学研究者的认识较为一致,一般是指影响和支配犯罪人实施犯罪行为的各种心理因素的总称。这些心理因素包括认识、情感、意志、性格、兴趣、需要、动机、理想、信念、世界观、价值观以及心理状态等。[②] 因此,关于职务犯罪心理,是指支配国家工作人员或公务人员实施职务犯罪行为的各种心理因素的组合,这些心理因素与前述相同,但主要指职务犯罪行为人的个性倾向性特征。公务人员职务犯罪既有故意又有过失,本文论述的职务犯罪心理,主要是指存在于公务人员主体的故意犯罪心理。

(二)职务犯罪心理形成模式

犯罪心理形成的基本模式有渐进式、突变式与机遇式,渐进式又可分为原

---

① 关于职务犯罪内涵分歧的相关内容可进一步参见金波、梅传强主编:《公务员职务犯罪研究》,中国检察出版社 2008 年版,第 7—13 页。

② 罗大华主编:《犯罪心理学》,中国政法大学出版社 2007 年修订四版,第 2 页。

发型与继发型。① 公务人员职务犯罪心理绝大多数表现为继发型的渐进模式。他们的社会化过程基本正常，无明显缺陷，是合格的社会成员，通过大学毕业分配、转干或公开选拔等途径成为公务人员。通常在从事职务工作的初期并无劣迹，许多人在工作上做出了成绩，被提拔重用，甚至担任了一定的领导职务。但是，在其人生经历的某一阶段，由于经不起诱惑，或者受到错误思想的腐蚀，渐渐腐化堕落，原有的隐而不现的心理品质缺陷，特别是个性倾向性方面存在的不良成分逐步显现、加强和扩大，成为渐变的突破口，最后蜕变为反社会力量，走上违法犯罪道路。

（三）职务犯罪心理特征

前述职务犯罪的九个心理特征，即贪婪心理、享乐心理、攀比嫉妒心理、冒险心理、权钱交易心理、补偿回报心理、侥幸心理、吃亏心理、从众心理，也是职务犯罪心理的具体表现形态，下面做简要分析。

1. 贪婪心理。职务犯罪行为人实施贪污贿赂犯罪的目的绝大多数并不是为了解决生活困难，而是为了满足膨胀的需要。生活需求的高层次与工资收入的低层次，促使其中的一些人对金钱具有极强的占有欲。而犯罪行为的一次次成功实施，使得他们从中得到了一种快乐的情绪体验，助长了贪欲，强化了贪婪的心理。

2. 享乐心理。一些公务人员把个人享乐当作人生的最大乐趣，把艰苦奋斗看成落后观念。正如职务犯罪人慕绥新所说：随着职务的不断上升，追求生活享受、追求生活现代化、追求生活高质量等思想也在我心中急剧发展蔓延……从最初接受他人礼物觉得理亏、心虚，到一次收受 10 万美元也觉得心安理得……

3. 攀比嫉妒心理。有的公务人员看到一些先富起来的人住别墅、开名车，穿金戴银，出手大方，便羡慕不已，想方设法利用职务之便捞钱。而有的公务人员看到周围人以权弄钱，过上了"好日子"，内心失去平衡，最后以身试法。

4. 冒险心理。有的职务犯罪人知晓犯罪的后果，但面对巨额财物，一夜可以暴富的诱惑怦然心动，不惜以身试法，铤而走险，冒险妄为。

5. 权钱交易心理。一些公务人员把党和人民赋予的权力当成自己的私有财产，在"我帮他的忙，他应感谢我"这种图报心理作用下，利用手中权力，未办事先谈酬劳，谈妥酬劳再办事。在他们眼里权力成了一种待价而沽的特殊商品。

6. 补偿回报心理。有的职务犯罪人之前大多兢兢业业，为国家、社会做出

---

① 罗大华、何为民著：《犯罪心理学》，浙江教育出版社 2002 年版，第 114 页。

过贡献,但其中一些人由于仕途梦破灭、政治上失意而心生怨气,决定以经济上的收获来补偿政治上的损失。有的想到新老交替势在必行,自己为党工作几十年,一心为公,两袖清风,再不趁最后机会为自己服务一下,那将"有权不用,过期作废",在这种补偿心理作用下,利用职权寻机攫取私利。

7.侥幸心理。任何职务犯罪人无不存在着侥幸心理。他们一是认为自己做事诡秘,天衣无缝,无人知晓,不会败露;二是认为自己是掌权者,有权威、有面子、有关系网,即使别人知晓,也不敢与自己作对,不敢揭发。

8.吃亏心理。某些公务人员工作初期,工作积极,热情很高,想"为官一任、造福一方",也想"淡泊名利"。但随着时间的推移,各种经济交往的频繁,渐渐发觉现实生活中不少人并非像自己这样"傻"。有的干部理论联系"实惠",密切联系"领导";还有的干部"平平稳稳占位子,忙忙碌碌装样子,吃吃喝喝混日子"。于是悟出一条道理:廉政勤政是僵化、是吃亏。社会现状就是如此,光靠自己一个是无法改变的。随之思想发生了动摇,精神节节溃退,渐渐步入歧途,走上了贪污受贿的道路。

9.从众心理。职务犯罪是一个社会顽症,由于受诸多社会因素的影响,一时还难以彻底根除。这一社会病症的久治不愈,诱使更多的人铤而走险。近年来,检察机关查处的贪污贿赂案件中窝案、串案不少。有的人原来能够廉洁从政,但是看到周围其他人的贪污贿赂犯罪行径总是屡次得逞,没有得到法律的应有制裁,久而久之,他们渐渐地对发生在自己周围的贪污贿赂犯罪产生了认同与从众。

三、职务犯罪心理作用机制

职务犯罪心理的九个方面特征,是对职务犯罪行为人犯罪心理的表征性描述。那么,职务犯罪心理的作用机制,或说职务犯罪行为的发生机制又如何呢?

个体的需要是其生存与发展的内在动力,个体需要的满足又是其作为种族的一员生存与发展的先决条件。但是,个体需要的满足必须与外部环境提供的现实可能性之间保持平衡,这是保证个体作为合格社会公民存在的必要条件,也是个体理性认识的必然结果。然而,人作为自然性与社会性共存一体的存在物,其需要的基本特征就是不满足性,这是人作为动物自然性的必然。然而,人作为社会性动物,其需要的满足又受社会性的制约。一方面,社会的发展,给个体需要的满足提供了无限可能性,从而激发起个体在满足基本需要——吃饱穿暖的基础上大大扩张了其需要的深度与广度;另一方面,作为社会人的个体在满足需要时不能仅仅服从自然性,而应当具有社会理性,即以符合社会规范的方式来实现自身需要的满足,这就要求个体具有平衡自身需要与社会规范的能力,这是一种自我意识范畴的自我调节能力,或者说是一种自我控制能力。从个体微观角度分析犯罪情形,需要与自我调节与控制能力的不平衡性,是个体犯罪发生的根本原因。

基于以上分析,以及对职务犯罪心理如贪婪心理、冒险心理等心理特征的分析可知,公务人员职务犯罪心理的作用机制可表述为:膨胀的需要(贪性心理)在权力缺乏监督的情形下具有可实现性,而其自我调节与控制机制又作用不足或者是作用虚空。

不过,公务人员职务犯罪还有区别于它类犯罪的特殊性。这种特殊性表现为职务犯罪人比一般犯罪人表现得更为突出的两个心理现象。首先,部分职务犯罪人的需要具有补偿性。这种补偿性表现为以下两个方面。一是有的公务人员年少时生活艰辛,这种艰辛给人以激励与奋发,促进个体勤奋学习,努力工作作出成绩。当其功成名就时,突然发现忽略了妻子,也没有照顾好孩子,自己本可以给家人创造良好生活条件却没有实现时,内疚感油然而生(产生内疚感表明公务人员权力观念存在问题),从而产生给家人以补偿的心理。二是过往为社会做出了较大的贡献,但在与周围人比较时,比如与富裕起来的曾经的同学,文化程度不高的富裕阶层等人们比较时,觉得自己的付出与回报不成比例,心理顿感失衡继而追求补偿。其次,职务犯罪人侥幸心理存在的普遍性。持续性职务犯罪人几乎人人存在侥幸心理。这种侥幸心理主要来自于三个方面。其一,成功的犯罪经历,如未被发现与侦查或者虽被怀疑但未侦破的贪污、受贿等行为。这是公务人员侥幸心理的最主要来源。其二,想象或事实存在的其他人的犯罪行为未获侦破与处罚的情形。其三,对自身权力或关系网"保护"作用的过分自信。

因此,公务人员职务犯罪心理的作用机制也许可归纳为:膨胀的需要(贪性心理),补偿回报心理的内在动力,在个体自我调控能力不足的背景下,加上侥幸心理的作用,最终引发职务犯罪行为。

四、职务犯罪心理模型构建

根据职务犯罪心理的表征性特征,以及职务犯罪心理引发职务犯罪行为的生成机制,可以进一步构建起各因素之间相互作用的结构模型。

职务犯罪心理九个表征性特征,可进一步归纳为三类。第一类包括贪婪心理、享乐心理、冒险心理、权钱交易心理、从众心理等五个心理特征,其心理内容都有实施职务犯罪行为的故意性特征,并表现出贪婪的特性,称之为贪性心理;第二类包括补偿回报心理、吃亏心理、攀比嫉妒心理,其心理共同具有与相应对象比较后产生嫉妒、吃亏等不平衡心态,心理失去平衡而追求补偿的特征,因此称之为补偿心理;第三类是侥幸心理,这是职务犯罪人所共有的心理。因此,职务犯罪心理存在两个层次,贪婪心理、享乐心理、冒险心理、权钱交易心理、从众心理、补偿回报心理、吃亏心理、攀比嫉妒心理为第一层次,贪性心理、补偿心理、侥幸心理构成第二层次。从职务犯罪心理到职务犯罪行为存在三个层级,除上述两个层次构成两个层级外,职务犯罪行为构成第三层级。由此可以得到两个层次、三个层级的结构模型,如图1.1所示。

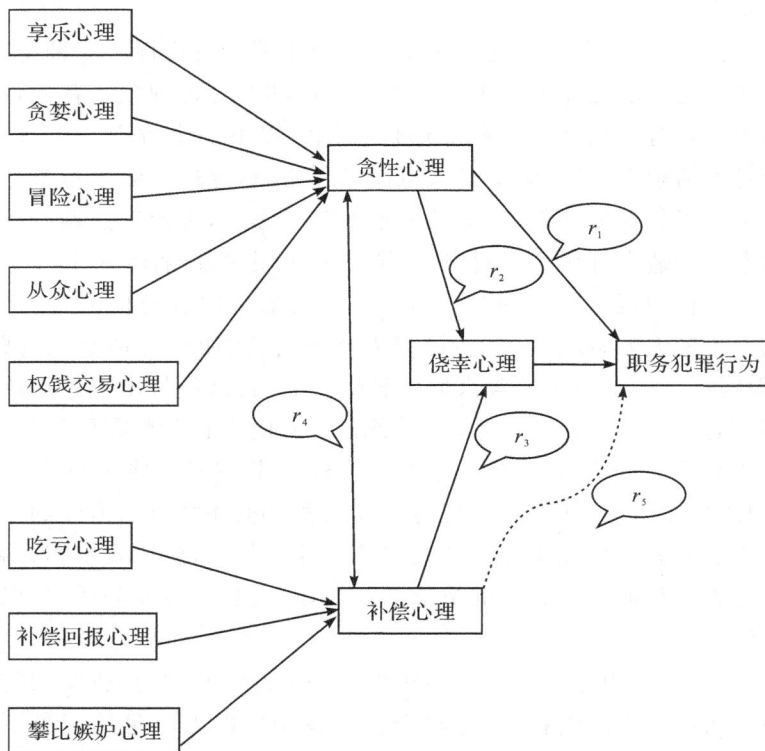

图1.1　职务犯罪心理作用机制结构模型

从上述结构模型可以得到六条作用途径,构成六个可能的职务犯罪行为生成模型。

模型一:补偿心理——→职务犯罪(补偿心理引发职务犯罪),可能性小。

该模型表示,当某一公务人员具有了补偿心理,这可能会引发其实施职务犯罪行为。但是,如果公务人员仅有补偿心理,产生职务犯罪行为的可能性小。

模型二:补偿心理+侥幸心理——→职务犯罪(补偿心理加上侥幸心理引发职务犯罪),可能性较小。

该模型表示,当公务人员具有补偿心理与侥幸心理时,可能会引发他们去实施职务犯罪行为,但是,具有这样两类职务犯罪心理的公务人员,产生职务犯罪行为的可能性较小。

模型三：贪性心理──→职务犯罪（贪性心理引发职务犯罪），可能性较大。

该模型表示，当公务人员具有贪性心理时，将会引发他们产生职务犯罪行为，而且具有贪性心理的公务人员实施职务犯罪的可能性较大。

模型四：贪性心理＋补偿心理──→职务犯罪（贪性心理加上补偿心理引发职务犯罪），可能性很大。

该模型表示，当公务人员具有贪性心理与补偿心理时，一般会促使他们实施职务犯罪行为，而且具有这样两类职务犯罪心理的公务人员，其产生职务犯罪行为的可能性很大。

模型五：贪性心理＋侥幸心理──→职务犯罪（贪性心理加上侥幸心理引发职务犯罪），可能性非常大或必然犯罪。

该模型表示，当公务人员具有贪性心理与侥幸心理时，将会促使他们实施职务犯罪行为，而且具有这两类职务犯罪心理的公务人员，其产生职务犯罪行为的可能性非常大，甚至可以说他们必然会实施职务犯罪行为。

模型六：贪性心理＋补偿心理＋侥幸心理──→职务犯罪（贪性心理加上补偿心理再加上侥幸心理引发职务犯罪），可能性极大或必然犯罪。

该模型表示，当公务人员具有贪性心理、补偿心理与侥幸心理时，将促使他们实施职务犯罪行为，而且具有这三类职务犯罪心理的公务人员，其产生职务犯罪行为的可能性极大，或者说他们必然会实施职务犯罪行为。

上述模型的建构，为进一步开展实证研究提供了理论基础。根据职务犯罪心理的九个表征性特征，以及职务犯罪心理机制等内容设计"职务犯罪心理调查问卷"，或者结合大样本结构性访谈，然后对调查结果进行统计分析，比如，r_5 不显著，则线路 5 不存在，等等，就能得到实际的职务犯罪行为生成机制模型，从而深化职务犯罪理论研究。

同时，通过对公务人员与职务犯罪行为人的数次测量，并运用统计分析技术与项目分析技术，可以研制出"职务犯罪心理调查表"，为职务犯罪心理预测与预防提供思路与手段。[①] 特别地，通过建立"公务人员职务犯罪可能性等级分"（一种危险性评估），让公务人员通过自测获得自身职务犯罪心理得分与具体不良心理表现，在明确自己心理状况基础上，通过调动公务人员尚存的积极心理成分，实现自纠式的自我犯罪预防，从而为我国的廉政建设服务。

参考文献：

[1]金波,梅传强.公务员职务犯罪研究[M].北京:中国检察出版社,2008:64-69.

---

① 周光权：《社会转型时期职务犯罪预防的新课题》，载《政治与法律》2007 年第 5 期。

[2]罗大华.犯罪心理学(修订四版)[M].北京:中国政法大学出版社,2007:2.

[3]罗大华,何为民.犯罪心理学[M].杭州:浙江教育出版社,2002:114.

[4]乐国安,管健,王恩界.公务员犯罪心理剖析[M].天津:南开大学出版社,2008:
   146-173.

职务犯罪人犯罪心理调查分析*

一、研究对象与方法

(一)研究对象

在某省监狱系统职务犯罪人中随机抽取贪污、受贿、挪用公款、职务侵占等类职务犯 255 人作问卷调查,获有效问卷 253 份。受调查职务犯年龄最小 21.58 岁,最大 69.42 岁,平均年龄 46.41±9.66 岁。男性职务犯 206 人,占 81.4%,女性职务犯 47 人,占 18.6%。被调查职务犯刑期最短 2 年,最长 20 年,平均刑期 8.5 年;此外有 5 名无期徒刑、2 名死缓职务犯参与调查。被调查职务犯的其他情况如表 1.28、表 1.29、表 1.30 所示。

表 1.28 253 名职务犯原行政职级统计

	原行政职级	频数(人)	百分比(%)	有效百分比(%)	累积百分比(%)
有效	地厅级及以上	10	3.9	4.0	4.0
	处级	48	19.0	19.4	23.4
	科级	73	28.9	29.4	52.8
	科员	40	15.8	16.2	69.0
	其他	77	30.4	31.0	100.0
	小计	248	98.0	100.0	
缺失	系统	5	2.0		
	合计	253	100.0		

表 1.29 253 名职务犯学历统计

	学历	频数(人)	百分比(%)	有效百分比(%)	累积百分比(%)
有效	高中或中专	57	22.5	22.7	22.7
	大专	85	33.6	33.9	56.6
	大学	83	32.8	33.0	89.6
	研究生	11	4.4	4.4	94.0
	其他	15	5.9	6.0	100.0
	小计	251	99.2	100.0	
缺失	系统	2	0.8		
	合计	253	100.0		

* 本文原载于《公安学刊》2014 年第 1 期。

表 1.30　253 名职务犯案由统计

案由		频数(人)	百分比(%)	有效百分比(%)	累积百分比(%)
有效	贪污	27	10.6	11.4	11.4
	受贿	129	51.0	54.4	65.8
	挪用公款	20	7.9	8.4	74.2
	贪污受贿	22	8.7	9.3	83.5
	贪污挪用	3	1.2	1.3	84.8
	受贿挪用	4	1.6	1.7	86.5
	受贿贪污挪用	4	1.6	1.7	88.2
	职务侵占	28	11.1	11.8	100.0
	小计	237	93.7	100.0	
缺失	系统	16	6.3		
合计		253	100.0		

（二）研究方法

对职务犯实施问卷调查。问卷由三个部分组成，第一部分是关于职务犯人口统计学信息以及犯罪情况的问题，共 14 个题目；第二部分是艾森克人格问卷（EPQ），共 88 题；第三部分是在访谈 11 名职务犯的基础上，参阅相关研究资料设计的关于职务犯罪心理及预防机制方面题目 73 个以及关于职务犯服刑心理与行为的题目 30 个。

问卷调查不记名，团体测验，主要由研究人员做主试。

（三）数据处理

将有效问卷 253 份数据输入 SPSS17.0 软件中作描述统计分析。本文主要报告职务犯罪人犯罪心理调查结果。

二、结果与分析

（一）职务犯罪人的犯罪心理现象

1. 职务犯罪人的贪婪心理

职务犯罪作为财产型犯罪的一种，仍然具有该类型犯罪人的共同特征——贪婪心理。本次研究在这方面设计了四个问题："社会上绝大多数人相信'人为财死，鸟为食亡'""社会上大多数人是追求物质利益的""人的一生中，钱是不可少的""为了生活好些，现有的工资薪酬制度难以做到"。253 名职务犯罪人的回答如表 1.31 所示。

表 1.31　职务犯罪人贪婪心理表现　　　　　　（单位:%）

贪婪心理表现	同意	比较同意	有些同意	较不同意	不同意
人为财死,鸟为食亡	28.7	19.9	19.9	12.4	19.1
追求物质利益	42.6	25.7	20.1	5.6	6.0
钱不可少	54.3	21.1	19.4	2.8	2.4
工资薪酬不够	22.3	21.5	27.3	13.2	15.7

表 1.31 结果表明,至少超过四成的职务犯罪人表现出贪婪心理,同意或比较同意"人的一生中,钱不可少"的职务犯罪人比例达 75.4%,"社会上大多数人是追求物质利益的"职务犯罪人达 68.3%,而有 48.6% 的职务犯罪人同意或比较同意"人为财死,鸟为食亡"。

2. 职务犯罪人的攀比嫉妒心理

就职务犯罪人的攀比嫉妒心理,本研究设计了四个题目:"与自己为单位、社会所做的工作或作出的贡献相比,觉得收入与贡献不成比例,收入比不上自己作出的贡献""与周围富裕起来的一些人相比,我的能力不比他们差""自己所收的礼物或钱财,与周围一些机关单位所发的钱物相比,是不多的""一些干部认为,有权不用,过期作废"。253 名职务犯罪人的回答如表 1.32 所示。

表 1.32　职务犯罪人攀比嫉妒心理表现　　　（单位:%）

攀比嫉妒心理表现	同意	比较同意	有些同意	较不同意	不同意
收入比不上贡献	31.9	19.5	22.3	11.2	15.1
能力不差	44.6	26.9	19.3	3.6	5.6
所收钱财相比不多	34.5	11.3	27.3	11.8	15.1
有权不用,过期作废	19.8	21.9	24.7	8.5	25.1

表 1.32 结果表明,至少超过四成的职务犯罪人表现出攀比嫉妒心理,同意或比较同意自己的收入比不上所作贡献的职务犯罪人达 51.4%,自己所收钱物还比不上其他机关所发的钱物的职务犯罪人达 45.8%,持"有权不用,过期作废"观点的职务犯罪人有 41.7%,更有 71.5% 的职务犯罪人与周围富裕起来的人相攀比而感到心理失衡。

3. 职务犯罪人的享乐心理

就职务犯罪人的享乐心理,本研究设计了两个题目:"人生应当'潇洒走一回'""追求享乐是人的本性之一"。253 名职务犯罪人的回答如表 1.33 所示。

表 1.33　职务犯罪人享乐心理表现　　　　　（单位:%）

享乐心理表现	同意	比较同意	有些同意	较不同意	不同意
人生要潇洒	14.2	16.7	24.8	20.3	24.0
追求享乐是本性	30.9	21.1	26.0	8.5	13.4

表 1.33 结果表明,同意或比较同意人生应当"潇洒走一回"的职务犯罪人有 30.9%,而同意或比较同意追求享乐是人的本性的职务犯罪人达 52%。

4. 职务犯罪人的补偿回报心理

成为国家干部所需要付出的努力比较大，而成为国家一定职级的领导干部，所需要付出的时间与精力可能更多，而且有的时候付出了努力还不一定能成为领导干部，因此，一些人产生了补偿回报心理，为此本研究设计了三个题目："自己对工作非常投入，家庭与孩子的生活、学习都没照顾上，感到有些内疚""自己从小到大吃过很多苦，觉得进入机关单位、当上领导很不容易""职务晋升不顺利，有的干部会产生从财物上弥补的想法"。253 名职务犯罪人的回答如表 1.34 所示。

表 1.34　职务犯罪人补偿回报心理表现　　　　　　　　（单位：%）

补偿回报心理表现	同意	比较同意	有些同意	较不同意	不同意
家庭孩子没照顾上	64.5	19.8	10.1	2.8	2.8
进入机关、当上领导不容易	53.6	19.4	17.7	5.6	3.6
晋升不顺，财物弥补	17.6	14.3	32.4	10.9	24.8

表 1.34 结果表明，31.9% 的职务犯罪人同意或比较同意职务晋升不顺从财物上弥补的想法；同时，高达 73% 的职务犯罪人进机关、当上领导不容易的想法，更有 84.3% 的职务犯罪人觉得对家人照顾不周感到内疚的想法。这种情况一方面表明职务犯罪人晋升不容易，而且工作任务繁重常常牺牲了家庭，但是却也促使部分干部产生了对财物的补偿心理。

5. 职务犯罪人的侥幸心理

研究表明，许多犯罪人在犯罪时存在侥幸心理，职务犯罪人亦然，为此本研究设计了五个题目："一些机关工作人员认为，收朋友的钱是比较安全的""机关工作人员做事情，不管是送礼还是收礼，都是小心谨慎的""许多机关工作人员认为，收钱也好，把公共财物据为己有也好，如果做好防范工作，一般是不会有事的""绝大多数干部认为，收点钱或弄点钱，被发现检举、查处的可能性不大""给钱时信誓旦旦，绝不出卖，但纪委或检察机关一找他们谈话却完全不是这么回事"。253 名职务犯罪人的回答如表 1.35 所示。

表 1.35　职务犯罪人侥幸心理表现　　　　　　　　（单位：%）

侥幸心理表现	同意	比较同意	有些同意	较不同意	不同意
收朋友钱安全	10.0	14.7	22.3	15.9	37.1
收礼小心谨慎	34.7	27.5	22.7	6.4	8.8
做好防范不会有事	10.4	11.2	22.3	15.5	40.6
收钱被检举、查处可能性小	15.5	14.3	31.0	14.3	24.9
纪委、检察机关找送钱人谈话就被出卖	41.4	21.9	24.5	3.4	8.9

表 1.35 结果表明，近一半的职务犯罪人存在侥幸心理。认为收朋友的钱是比较安全的，同意、比较同意与有些同意的人合计为 47%；受贿、职务侵占等

做好防范不会有事,同意、比较同意与有些同意的人合计为 43.9%;而认为贪污受贿被检举、查处的可能性不大的职务犯罪人,同意、比较同意与有些同意的人占 60.8%。

6. 职务犯罪人的从众心理

就职务犯罪人的从众心理,本研究设计了四个题目:"机关单位许多人有收钱、收礼行为""一段时间以来,机关、单位的许多工作人员都有贪污或受贿行为""社会上不正之风盛行,腐败现象随处可见""看看周围许多干部都在捞钱、挣大钱,一般人都会有随大流的心理"。253 名职务犯罪人的回答如表 1.36 所示。

表 1.36　职务犯罪人从众心理表现　　　　　　　　　　(单位:%)

从众心理表现	同意	比较同意	有些同意	较不同意	不同意
机关许多人收钱、收礼	49.2	12.8	14.8	9.6	13.6
机关许多人贪污受贿	35.3	17.7	22.1	12.0	12.9
腐败现象随处可见	54.3	20.4	15.1	5.3	4.9
随大流	27.8	20.0	21.0	9.8	11.4

表 1.36 结果表明,62%的职务犯罪人同意或比较同意机关干部有收钱行为、收礼行为,53%的职务犯罪人同意或比较同意机关干部有贪污受贿行为,同意或比较同意社会腐败现象严重存在的比例达74.7%,同意或比较同意自己也会随大流去贪污受贿的比例是47.8%。

7. 职务犯罪人的掩盖心理

就职务犯罪人的掩盖心理,本研究设计了两个题目:"对一直以来工作出色的干部,收点钱或贪点钱,大家是不会怀疑的""在工作单位,自己上下级关系都非常好,相信有事时能够相互帮衬"。253 名职务犯罪人的回答如表 1.37 所示。

表 1.37　职务犯罪人掩盖心理表现　　　　　　　　　　(单位:%)

掩盖心理表现	同意	比较同意	有些同意	较不同意	不同意
工作出色贪污受贿不会怀疑	11.9	11.1	18.9	18.9	39.1
上下关系好,有事能帮衬	27.2	16.9	27.6	13.2	15.2

表 1.37 结果表明,23.0%的职务犯罪人同意或比较同意工作出色能掩盖其贪污受贿等行为,而同意或比较同意上下级关系好有事能帮衬的比例为44.1%。

8. 职务犯罪人的冒险心理

就职务犯罪人的冒险心理,本研究设计了两个题目:"人的一生中总是要冒点险的""自己是一个有点冒险精神的人"。253 名职务犯罪人的回答如表 1.38 所示。

表 1.38　职务犯罪人冒险心理表现　　　　　　　　　　(单位:%)

冒险心理表现	同意	比较同意	有些同意	较不同意	不同意
人生要冒险	29.7	17.5	29.7	11.8	11.4
我有冒险精神	18.5	10.3	18.1	24.3	28.8

表1.38结果表明,28.8%的职务犯罪人同意或比较同意自己有冒险心理,而同意或比较同意人生要冒险的职务犯罪人占47.2%。

9.职务犯罪人的自我价值

253名职务犯罪人在"金钱、财富与权力是实现自我价值的最好表现"问题上的回答情况如表1.39所示。

表1.39　职务犯罪人自我价值偏差情况　　　　　　　　(单位:%)

自我价值调查	同意	比较同意	有些同意	较不同意	不同意
自我价值偏差	18.1	10.5	24.4	17.2	29.8

表1.39结果显示,53.0%的职务犯罪人赞同或部分赞同金钱、财富与权力是自我价值的最好体现。这表明超过一半的职务犯罪人存在或部分存在价值观偏差现象。

10.职务犯罪人的法制观念

253名职务犯罪人在"许多干部不重视法律知识学习,罪与非罪的界线有时不清楚"问题上的回答情况如表1.40所示。

表1.40　职务犯罪人法制观念情况　　　　　　　　(单位:%)

法制观念情况	同意	比较同意	有些同意	较不同意	不同意
法制观念缺乏	44.4	16.3	20.5	5.9	13.0

表1.40结果表明,60.7%的职务犯罪人同意或比较同意自己罪与非罪有时不清楚。正是这个原因,造成有的职务犯罪人实施了职务犯罪行为却不自知。

11.职务犯罪人的自我控制力

犯罪学研究认为,自我控制低是造成个体犯罪的非常重要原因。253名职务犯罪人在"自我控制力不够强是造成干部职务犯罪的原因之一"的回答情况如表1.41所示。

表1.41　职务犯罪人自我控制力情况　　　　　　　　(单位:%)

自我控制力情况	同意	比较同意	有些同意	较不同意	不同意
自我控制力不强	52.2	13.4	19.4	6.9	8.1

表1.41结果表明,65.6%的职务犯罪人同意或比较同意自己自我控制力不强。

(二)职务犯罪人的自我辩解机制

职务犯罪人在实施犯罪行为之前,内心充满了矛盾冲突,为了克服内心冲突,减轻心理紧张,他们往往会采取各种形式为自己将要实施的犯罪行为进行自我辩解。合理化、投射等是犯罪人常用的自我辩解方式。本研究在探讨职务犯罪人的自我辩解机制上设计了13个题目:"收钱、收礼是人情世故,常常觉得有些无奈""许多被抓进监狱的职务犯罪人,是相互间整来整去的结果""收钱也好,收礼也好,是朋友之间的礼尚往来""社会上的老板、大款,大多数不是勤劳致富的""许多被抓进监狱的职务犯罪人,是派系斗争的牺牲品""作为单位领导,为了调动机关人员的工作积极性,有时不得不去找钱发""现实生活中各种各样诱惑很多,一般人是难以抵制的""权钱交易在市场经济体制下总是难免的""一些领导干部收受钱、物,是暂时借用,今后准备退还给人家""一个单位有时私分、扣留一些钱发给大家,主要目的是为了能把广大机关工作人员的工作积极性调动起来""天塌下来有高个子顶着,自己收的钱或占有的钱财真算不了什么""共产党要治理腐败,总要有人为此作出牺牲""绝大多数干部认为,到企业去检查、验收,收点鉴定费、咨询费、专家费不能算违法"。253 名职务犯罪人的回答如表 1.42 所示。

表 1.42　职务犯罪人合理化机制　　　　　　　（单位:%）

合理化机制	同意	比较同意	有些同意	较不同意	不同意
人情世故,收钱无奈	22.9	18.1	34.5	8.4	15.7
相互整	23.9	15.9	29.5	10.4	20.3
收钱是礼尚往来	11.6	12.9	35.3	14.1	26.1
老板大款不是勤劳致富	13.3	13.3	25.3	21.7	26.5
派系斗争牺牲品	18.5	18.5	30.2	14.5	18.1
调动下级工作积极性	31.7	18.9	23.9	10.7	14.8
诱惑多难抵制	24.8	26.0	24.8	11.6	12.8
权钱交易市场经济下难免	32.2	20.2	27.7	7.4	12.4
暂时借用	11.8	8.0	22.7	22.7	34.9
单位私分为了调动工作积极性	25.5	24.7	24.7	9.2	15.9
自己收的钱不算多	7.6	7.1	20.2	22.3	42.9
治理腐败牺牲品	32.5	13.8	19.6	7.1	27.1
鉴定费、咨询费、专家费不能算违法	34.3	18.0	20.1	11.3	16.3

表 1.42 结果表明,41%的职务犯罪人认为收钱是人情世故,24.5%的职务犯罪人认为收钱是礼尚往来;39.8%的职务犯罪人认为是相互整的结果,37.0%认为是派系斗争牺牲品,更有 46.3%的职务犯罪人认为是共产党治理腐败的需要;50.6%的职务犯罪人认为为了调动下级的工作积极性要找钱发;50.2%认为单位私分扣留钱是为了调动单位人员的工作积极性;19.8%的职务犯罪人认为收钱是暂时借用,今后会退还;50.8%的职务犯罪人认为现实诱惑太多难抵制;52.4%的职务犯罪人认为市场经济权钱交易难免;52.3%的职务犯罪人认为领导干部收鉴定费、咨询费、专家费不能算违法;14.7%的职务犯罪人认为自己贪污受贿的金额不算多;26.6%的职务犯罪人认为社会上的老板大款不是勤劳致富来的。调查结果显示,职务犯罪人为了内心平衡较多地运用了合理化与投射的自我辩解机制。

(三)职务犯罪人的犯罪动机斗争

犯罪心理学研究表明,一个人产生犯罪意决到实施犯罪往往经历复杂的动机斗争,而第一次实施犯罪行为也会带来激烈的动机斗争。本研究设计了两个题目:"有贪污或受贿想法到真正去这样做,中间经历了很长时间""第一次收钱或占有公共财物,绝大多数干部都会经历非常激烈的思想斗争"。253 名职务犯罪人的回答如表 1.43 所示。

表 1.43　职务犯罪人动机斗争情况　　　　　　(单位:%)

动机分析	同意	比较同意	有些同意	较不同意	不同意
有贪污等想法到实施经历长时间	29.4	16.4	23.1	13.0	18.1
第一次犯罪思想斗争激烈	54.3	19.2	15.9	4.5	6.1

表 1.43 结果表明,45.8% 的职务犯罪人同意或比较同意自己由有贪污、受贿想法到实施这些犯罪行为经历了很长时间,73.5% 的职务犯罪人第一次犯罪经历了非常激烈的思想斗争。

三、讨论

(一)职务犯罪人犯罪心理特征

有学者分析了职务犯罪心理,指出职务犯罪人存在老实吃亏心理、攀比嫉妒心理、"补偿"回报心理、掩盖心理、享乐心理、贪婪心理、侥幸心理、随大流心理、冒险心理和蒙混心理。[1] 本研究表明,职务犯罪人存在这些犯罪心理现象。然而,从职务犯罪人总体分析,这些犯罪心理现象并非"全有"或"全无"的关系,即每种犯罪心理在职务犯罪人身上并非都存在或者都不存在,而是以一定的比例存在于职务犯罪人总体。当把存在比例作为存在该犯罪心理的可能性理解时,换言之,职务犯罪人选择比例越高的犯罪心理现象,在职务犯罪人总体中存在的可能性越大,那么存在于贪污受贿、挪用公款及职务侵占类职务犯罪人总体中的犯罪心理现象依次是:侥幸心理(60.8%)、从众心理(47.8%)、攀比嫉妒心理(45.8%)、贪婪心理(43.8%)、补偿回报心理(31.9%)、享乐心理(30.9%)、冒险心理(28.8%)与掩盖心理(23.0%)。

本研究进一步探讨了职务犯罪人的自我价值观念与法制观念情况,结果是:存在自我价值偏差的职务犯罪人为 53.0%,而法制观念不良的比例达60.7%。因此,对贪污受贿挪用公款职务侵占类职务犯罪人的调查表明,造成他们违法犯罪的内在心理因素主要是侥幸心理、法制观念不良和自我价值偏差,除此还有从众心理、攀比嫉妒心理、贪婪心理等。

　　然而,正如有研究者所指出的,自我控制低是造成白领犯罪的重要原因,[2] 本次调查亦表明,相比于其他犯罪心理现象,自我控制低(65.6％)也许是造成职务犯罪的首要心理因素。

（二）职务犯罪心理与犯罪行为转化机制

　　职务犯罪心理是内因,转化为职务犯罪行为则存在某种转化机制。有学者研究认为,公务员故意犯罪心理形成模式大多数表现为继发型的渐变型的犯罪形态,一般经历外界不良因素的刺激、价值观念的动摇、犯罪决意的生成、犯罪心理的强化四个阶段;[3] 故意职务犯罪行为的发生,是职务犯罪人意识到自己的强烈欲求,或在外在诱因下出现某种激活的需要,由于自身人格品质缺陷和抑制力的缺乏,选择社会不认可的满足方式(职务犯罪行为),通过与具体手段、目标相结合,经过内心动机斗争和冲突,决意实施犯罪。[3]

　　从贪污受贿等财物型职务犯罪人来说,对物的欲望是其犯罪心理的起点。然而,对物的欲望绝大多数人都是存在的,因此,要成为犯罪心理的构成部分,应当是对物的过度的膨胀欲望。这个膨胀欲望的形成,依赖于其过往或当前的某种状况,比如为了满足"红颜知己"的物质需求,因疾病、离异等事件产生的"相对贫困",或者在自我价值肯定基础上与曾经的同学、同事富裕状况比较后所引发的挫折感,或者是某个刺激事件引发的自尊受损(如对出手阔绰的羡慕)等。所有这些产生了职务犯罪人的"相对"不足感与贫困感,而手中的权力可以作权钱交换,从而引发其犯罪动机。或者从小的数额开始,形成渐变型①职务犯罪,或者因某一次较大或重大刺激事件引发,形成突变型②职务犯罪,由此职务犯罪心理外化为职务犯罪行为。然而,职务犯罪行为实施之前,犯罪人常常还经历自我辩解的过程,需要通过合理化、投射等机制来克服内心冲突,减轻心理紧张,促进犯罪决意,促成犯罪行为。这其中的动机冲突与斗争非常激烈,而第一次实施职务犯罪更是给犯罪人带来了相当大的内心压力与争斗。本次调查在职务犯罪的外化机制与动机斗争方面得到了一定的佐证。

（三）防范职务犯罪措施分析

　　对各级干部职务犯罪的防范,国家历来是非常重视的。在法律层面上有许

_____

　　①　渐变型:其特点是,由量的积累到质的飞跃具有渐进性,由部分质变到整体质变具有渗透性,由朦胧意向到犯罪心理具有自觉性,从产生需求到犯罪决意具有预谋性。参见罗大华:《犯罪心理学》(修订四版),中国政法大学出版社 2007 年版,第 100 页。

　　②　突变型犯罪模式,是指行为人事先并无劣迹和预谋,因突然发生对个人至关重要的情况或受外在环境、气氛的刺激而卷入犯罪。参见罗大华:《犯罪心理学》(修订四版),中国政法大学出版社 2007 年版,第 100 页。

多的规定,在具体操作层面亦有许多的做法,比如诫勉谈话、学习制度、监督制度、干部选拔与管理制度的有关规定,等等。这些预防措施应当有其应有的效果,但也存在值得改进的地方。对253名职务犯罪人的调查表明,76.3％的职务犯罪人认为现有对干部的监督制度难以制止职务犯罪,78.7％的职务犯罪人认为目前机关单位的各种学习制度对改善干部思想作用有限,74.3％的职务犯罪人认为目前的干部选拔、管理制度一定程度上引发了职务犯罪,而81.0％的职务犯罪人认为如果上级领导或纪委在初次违规违纪时能有诫勉谈话对制止一个人职务犯罪有促进作用。职务犯罪人对目前的国家公务人员与领导干部监督制度、学习制度、选拔与管理制度给予了如此高的否定,可能是由于调查对象的原因,已然犯罪人对这些制度的否认自然多,但是却仍然值得我们反思,比如诫勉谈话制度的落实有进一步改进之必要。国内诸多学者也探讨提出了我国职务犯罪预防体系在法律法规、监督体系、思想教育等许多方面需要完善的地方,比如有学者提出要完善预防立法与刑事立法的衔接,制定专门的《预防职务犯罪法》;[4]另有学者提出要强化监督机制,在加强立法的同时要重视监督组织建设,以及监督渠道建设,还要强化思想教育等。[5]然而,上述调查数据表明,目前已制定的关于公务人员廉洁自律的规定与制度的有效落实也许是更为紧迫的。

参考文献:

[1]刘邦惠.犯罪心理学(第二版)[M].北京:科学出版社,2009,167—171.

[2][美]迈克尔·戈特弗里德森,特拉维斯·赫希.犯罪的一般理论[M].吴宗宪、苏明月译.北京:中国人民公安大学出版社,2009,173.

[3]金波,梅传强.公务员职务犯罪研究[M].北京:中国检察出版社,2008,79,87.

[4]高铭暄,陈璐.当代我国职务犯罪的惩治与预防[J].法学杂志,2011,32(2):1—8.

[5]李坤明.当前我国职务犯罪多发原因及防治对策探析[J].中共福建省委党校学报,2012,9:45—49.

不同类型犯罪人家庭学校教育差异性研究*

对不同类型犯罪人成长环境与成长过程进行考察,有助于矫正机构更好地理解不同类型犯罪人的特征性心理与行为,从而帮助矫正工作人员更好地开展相关矫治工作,使分类矫治与个别化矫正事半功倍。

一、问题的提出

国内外关于家庭学校教育偏差与犯罪行为类型关系的研究不少。有研究指出,对侵财犯罪人调查表明,学校对于青少年早年不良行为并未引起足够重视,绝大多数没有采取相应的帮教措施,使得其错误越来越大,导致犯罪;而1.6%的杀伤犯罪人认为自己受到学校环境的影响。对侵财犯罪人早年不良行为调查表明,18岁以前有不良行为的比例远远高于其他犯罪类型;而杀伤犯罪人少年的劣行对其以后的行为具有直接的影响,少年时期的素质不良是发生杀伤犯罪的历史根源之一。[1]攻击与暴力犯罪中,家庭暴力是一个影响因素,美国全国家庭暴力调查表明,几乎所有3岁以下的儿童和大约1/3的14岁以上的儿童被其父母打过,而全部儿童中的11%都经历过一次严重暴力行为,而53%的儿童对其同胞兄弟姐妹也实施严重暴力行为,这些数字表明,家庭内部的攻击经常发生。[2]人类的攻击和暴力,学习过程开始于童年早期,儿童很多的行为都是通过观看父母或者周围重要他人的行为而发展起来的,有证据表明,美国的父母(有意的或无意的)鼓励或强化了子女的攻击行为,尤其是男孩。[3]而国内有关不同类型犯罪人心理行为特征的研究不少。比如对盗窃犯测验结果表明,他们社会道德人格偏离,以自我为中心,偏执,多疑,心理平衡能力缺乏,易冲动,自控力差等;而暴力型罪犯表现为易走极端的报复心理,畸形的物质需求和精神需求,扭曲的社交需求,不满现实的逆反心理,较强的自卑心理等。[4]对不同类型犯罪人的EPQ与SCL-90测验表明,暴力型犯罪人认知能力较差,思

---

　　*　本文原载《中国监狱学刊》2012年第6期。

维广阔性、深刻性、灵活性及情绪稳定性差,精神质明显;而财产型犯罪人独立性和自制力差,兴奋性和焦虑性强,敌对、偏执、恃强好胜。[5]诸多研究揭示了家庭与学校等变量与不同类型犯罪行为之间的关系,然而对不同类型犯罪人家庭学校等诸变量的差异性影响研究不多。对不同类型犯罪影响因素的研究,可以区分出影响个体犯罪的共同性因素,及不同类型犯罪的差异性影响因素,从而更好地理解犯罪现象,并对家庭学校教育活动以启迪,此其一。其二,为矫正不同类型犯罪人的类别化策略提供理论依据。

二、研究对象与方法

(一)研究对象

在浙江省监狱、劳教所、未成年犯管教所及河北省邯郸监狱随机抽取违法犯罪人员1100人作问卷调查。取样时考虑了男女与年龄两个维度的分层,即成年犯与未成年犯,男女服刑人员与劳教人员各占一定比例;同时限定被调查人员年龄45周岁以下,能看懂报纸。年龄限制是考虑到问卷中有早年不良行为项目。获有效问卷1068份,其中监狱服刑人员736人,占68.9%;未成年犯193人,占18.1%;劳动教养人员139人,占13.0%。女性违法犯罪人361人,占33.8%;男性违法犯罪人707人,占66.2%。

被调查违法犯罪人员年龄最小13.75岁,最大44.83岁,平均年龄27.80±7.97岁。文化程度小学417人,占39.9%;初中504人,占48.3%;高中35人,占3.4%;大专及以上88人,占8.4%。已婚302人,占28.3%;未婚595人,占55.7%;离婚121人,占11.3%。有子女419人,占39.2%;无子女638人,占59.7%。农村户籍847人,占79.3%;居民户口208人,占19.5%。被捕前住农村305人,占28.6%;乡镇250人,占23.4%;县城263人,占24.6%;(大)城市228人,占21.3%。有兄妹936人,占87.6%;无兄妹125人,占11.7%。

案由(罪错)包括盗窃、抢劫、诈骗、故意杀人、强奸、聚众斗殴、打架、贩卖毒品、运输毒品、绑架、抢夺、走私、贪污受贿等53个。从中区分出财产型与暴力型两类,规定聚众斗殴、故意杀人、寻衅滋事、绑架、打架、故意伤害、放火、携带管制刀具等为暴力型犯罪,共147人;而盗窃、诈骗、开设赌场、受贿、贪污、出售假币、非法集资、出售发票、赌博、职务侵占、走私、出逃资金、销售假药、销售伪劣产品、非法获取信息、虚开增值税发票等规定为财产型犯罪,共358人。

(二)测量工具与实施

测量工具为自编调查问卷。在访谈成年犯、未成年犯、劳教人员、社区矫正人员30余人基础上,结合犯罪学、犯罪心理学的相关理论研究编制问卷。问卷内容包括：人口统计学信息、工作情况、婚姻家庭、学习、交友、抚养人、父母文化程度与工作、家庭养育方式、家庭教育与经济情况、学校教育、早年不良行为、判刑（劳教）次数等，共计 40 个项目。

采用一个监区或分监区整群随机抽样方式，实施团体测验，主要由研究者本人做主试。

（三）数据处理

将 1068 份有效问卷的数据输入 SPSS17.0 软件中，对其中 505 名财产型与暴力型犯罪人的数据作列联表分析和统计检验，以明确不同类型犯罪人的差异性特征。

三、结果与分析

（一）犯罪人家庭变量差异性分析

1. 家庭教养方式差异性分析

父母养育方式分为放任不管型、打骂型、溺爱型、专制型，以及民主型与朋友型六种，不同类型犯罪人家庭教养方式卡方检验结果如表 2.1 所示。$\chi^2 = 11.718$，$p < 0.05$，达显著水平。

表 2.1　家庭教养方式交叉分析

犯罪类型		父母教养方式					
		放任	打骂	专制	溺爱	民主	朋友
暴力型	人数（人）	20	22	35	17	45	5
	占比（%）	13.9	15.3	24.3	11.8	31.3	3.5
财产型	人数（人）	61	22	74	52	125	11
	占比（%）	17.7	6.4	21.4	15.1	36.2	3.2
合计	人数（人）	81	44	109	69	170	16
	占比（%）	16.6	9.0	22.3	14.1	34.8	3.3

注：$\chi^2 = 11.718$，$p < 0.039$。

从表 2.1 数据来看，差异性主要表现在打骂这一不良教养方式上，两者相差 8.9 个百分点；两类犯罪人在其他各种养育方式上的比例相差都在 5 个百分点以内。因此，暴力型犯罪人家庭养育方式更多地表现为打骂型。

2. 父母是否打骂的差异性分析

为了进一步检验两类犯罪人的父母在子女犯错误时的处理情况，另外设置题目：父母或其中一方当你犯错误时非打即骂。两类犯罪人的卡方检验结果如表 2.2 所示。$\chi^2 = 7.428$，$p < 0.01$，达显著水平。

表 2.2　父母有无打骂交叉分析

犯罪类型		有无打骂		合计
		无	有	
暴力型	人数(人)	65	79	144
	占比(%)	45.1	54.9	100.0
财产型	人数(人)	205	145	350
	占比(%)	58.6	41.4	100.0
合计	人数(人)	270	224	494
	占比(%)	54.7	45.3	100.0

注：$\chi^2 = 7.428, p < 0.006$。

合计栏的数据显示,在全部样本中,子女犯错父母无打骂与有打骂的比例分别为 54.7% 与 45.3%,所以犯罪人小时候犯错被打骂是较为普遍的现象。但不同类型犯罪人的情况有差异,暴力型犯罪人被打骂的比例为 54.9%,显著高于平均比率 45.3%,财产型犯罪人比例为 41.4%,低于平均比率 45.3%。此结果显示,不同类型犯罪人与父母是否打骂有关联,暴力型犯罪人犯错时被父母打骂的情况更多。

3.家庭经济状况的差异性分析

不同类型犯罪人家庭经济状况是否有差异?卡方检验结果如表 2.3 所示。$\chi^2 = 5.496, p < 0.05$,达显著性水平。

表 2.3　家庭经济交叉分析

犯罪类型		家庭经济		合计
		好	温饱+差	
暴力型	人数(人)	26	120	146
	占比(%)	17.8	82.2	100.0
财产型	人数(人)	97	252	349
	占比(%)	27.8	72.2	100.0
合计	人数(人)	123	372	495
	占比(%)	24.8	75.2	100.0

注：$\chi^2 = 5.496, p < 0.019$。

合计栏的数据显示,在全部样本中,家庭经济"好"与"温饱和差"的比例分别为 24.8% 与 75.2%,但不同类型犯罪人的比例显示,暴力型犯罪人家庭经济好的比例为 17.8%,显著低于平均比率 24.8%,财产型犯罪人比例为 27.8%,高于平均比率 24.8%。此结果显示,不同类型犯罪人与家庭经济状况有关联,财产型犯罪人家庭经济好的比例更多。这一结果也许与常识性认识不相符。

4.犯罪人婚姻状况的差异性分析

不同类型犯罪人婚姻状况有何差异?卡方检验结果如表 2.4 所示。$\chi^2 = 37.745, p < 0.001$,达显著性水平。

表 2.4 犯罪人婚姻状况交叉分析

犯罪类型		婚姻状况				合计
		未婚	已婚	离婚	其他	
暴力型	人数（人）	89	30	17	9	145
	占比（%）	61.4	20.7	11.7	6.2	100.0
财产型	人数（人）	129	164	52	12	357
	占比（%）	36.1	45.9	14.6	3.4	100.0
合计	人数（人）	218	194	69	21	502
	占比（%）	43.4	38.6	13.7	4.2	100.0

注：$\chi^2=37.745$，$p<$值 0.000。

合计栏的数据显示，在全部样本中，犯罪人已婚与未婚的比例分别为 43.4% 与 38.6%，但不同类型犯罪人的比例显示，暴力型犯罪人未婚比例为 61.4%，显著高于平均比率 43.4%，已婚比例为 20.7%，显著低于平均比率 38.6%。此结果显示，不同类型犯罪人与其婚姻状况有关联，暴力型犯罪人与财产型犯罪人相比，有更多的未婚，更少的已婚。

此外，两类犯罪人在父母的文化程度、家庭教育是否一致、父母关系是否和睦、父母是否犯罪、父母是否有工作、犯罪人工作状况等影响因素上都没有显著性差异。这一结果表明这些因素对不同犯罪人的影响可能具有共同性。

（二）犯罪人学校变量差异性分析

1. 学校教育的差异性分析

学校教育是人生成长中的重要一环，特别是当一个人犯错误时，老师能够给予及时有效的学校教育，是极为重要的。因为教师是经过专门训练的专业教育者，不管是知识，还是教育技能，一般都优于父母等抚养人。这也是他们的职责所在。那么，不同类型犯罪人学校教育状况怎样？卡方检验结果如表 2.5 所示。$\chi^2=16.678$，$p<0.001$，达显著性差异。

表 2.5 学校教育状况交叉分析

犯罪类型		学校教育				
		没什么思想教育	只有批评	管几次后不管了	讲道理	有思想与知识教育
暴力型	人数（人）	57	21	17	19	32
	占比（%）	39.0	14.4	11.6	13.0	21.9
财产型	人数（人）	94	38	24	52	140
	占比（%）	27.0	10.9	6.9	14.9	40.2
合计	人数（人）	151	59	41	71	172
	占比（%）	30.6	11.9	8.3	14.4	34.8

注：$\chi^2=16.678$，$p<0.001$。

合计栏的数据显示,认为老师"有思想与知识教育"的平均比例为 34.8%,但不同类型犯罪人的比例显示,暴力型犯罪人认为老师"有思想与知识教育"的比例为 21.9%,显著低于平均比率 34.8%,财产型的比例 40.2%,高于平均比率 34.8%;认为老师"没什么思想教育"的平均比例为 30.6%,暴力型犯罪人的比例为 39.0%,高于平均比率 30.6%,财产型的比例为 27.0%,低于平均比率 30.6%。其他教育方式两类犯罪人选择比例差异不大。此结果显示,不同类型犯罪人与学校教育状况有关联,暴力型犯罪人更多地认为学校缺乏思想教育。

2. 犯罪人成绩变化的差异性分析

犯罪人在校学习期间成绩变化有三种情况:好变差、差变好与一直没多大变化。对前两种情况的卡方检验结果如表 2.6 所示。$\chi^2 = 6.957$,$p < 0.01$,达显著性水平。

表 2.6 犯罪人成绩变化的交叉分析

犯罪类型		成绩变化		合计
		差变好	好变差	
暴力型	人数(人)	73	68	141
	占比(%)	51.8	48.2	100.0
财产型	人数(人)	223	122	345
	占比(%)	64.6	35.4	100.0
合计	人数(人)	296	192	486
	占比(%)	60.9	39.1	100.0

注:$\chi^2 = 6.957$,$p < 0.008$。

合计栏的数据显示,在全部样本中,学习成绩由差变好的平均比例为 60.9%,由好变差的平均比例为 39.1%,但不同类型犯罪人的比例显示,暴力型犯罪人成绩由差变好的比例为 51.8%,显著低于平均比率 60.9%,财产型比例为 65.5%,高于平均比率 60.9%;成绩由好变差,暴力型犯罪人的比例为 48.2%,显著高于平均比率 39.1%,财产型比例为 35.4%,低于平均比率 39.1%。此结果显示,不同类型犯罪人与其学习成绩变化有关联,暴力型犯罪人成绩由好变差的情况更多。

(三)犯罪人学习年限与早年不良行为的差异性分析

1. 犯罪人学习年限差异性分析

不同类型犯罪人在学习年限上有何差异?统计检验结果如表 2.7 所示。t 值为 1.974,$p < 0.05$,达显著性水平。表 2.7 结果表明,暴力型犯罪人的学习年限显著低于财产型犯罪人。

表 2.7　不同类型犯罪人学习年限统计检验结果

分析参数	犯罪类型	人数（人）	均值（年）	标准差	t 值
学习年限	暴力型	145	6.8724	2.54459	−1.974*
	财产型	351	7.4217	2.92457	

注：* 表示 $p < 0.05$。

2. 犯罪人早年不良行为差异性分析

不同类型犯罪人早年（中小学或相当于中小学阶段的年龄段）不良行为（经常抽烟、偷窃、考试作弊、经常撒谎、经常上网、曾多次通宵上网、多次打架、有过性行为、赌博、多次逃学、酗酒、欺负同级或低年龄同学、离家出走、吸毒等 14 项）统计检验结果如表 2.8 所示。小学阶段不良行为数的 t 值为 17.920，中学阶段不良行为数的 t 值为 16.596，都达到 0.001 的显著性水平。

表 2.8　不同类型犯罪人早年不良行为统计检验结果

早年不良行为	犯罪类型	人数	均值	标准差	t 值
小学不良行为	暴力型	143	2.1538	2.52957	17.920***
	财产型	348	1.1983	1.64879	
中学不良行为	暴力型	140	2.7929	2.79129	16.596***
	财产型	332	1.4608	2.03333	

注：*** 表示 $P < 0.001$。

表 2.8 结果表明，不同类型犯罪人在中小学阶段其不良行为存在状况有极其显著的差异。不管是小学阶段还是中学阶段（或相当于这两个阶段的年龄段），暴力型犯罪人的不良行为都极其显著地多于财产型犯罪人。

另外，不同类型犯罪人交友情况的统计分析表明，他们成长过程中有无犯罪朋友、是否有知心朋友都无显著性差异。这表明这些因素对不同犯罪人的影响可能是共同的。

四、讨论

(一)学校教育偏差与违法犯罪

笔者在个别访谈中曾遇到这么一位未成年犯罪人，初三时开始在学校犯打架的错误，第一次打架老师责令他写检讨书，第二次老师要求他回家思过一星期并交检讨书，第三次老师就直接要求他休学，然后到学期末时再参加考试拿到了初中毕业证。这是浙江某中学的一个案例。查阅有关天津犯罪人的调查数据，"学校劝你退学"的比例，1990 年为 7.8%，1993 年为 3.9%，1996 年为 3.4%，1999 年为 3.2%，2002 年为 0.4%。[1]浙江的这一案例与天津学校劝退性质相似。因此,浙江与天津,一个是中国的南方省份,一个是中国的北方省份,出现如此相似的学校教育偏差,是否表明我国的基础教育在对学校本质功能的理解上存在偏离?

承担基础教育的中小学至少有两个方面的功能:知识传授与思想品德教育,两者缺一不可。对财产型与暴力型犯罪人的调查数据表明,认为学校没能进行有效的思想教育的比例合计为 65.2%,有思想教育与知识教育的比例为 34.8%。有研究人员对侵财犯罪人学校教育情况的调查结果是,老师"不知道学生的不良行为"与"知道但没什么管教"的比例合计为 77.1%。[1]这些结果也充分说明了我国学校教育中存在重大偏差。

新中国成立以来特别是改革开放以来,我国基础教育取得了巨大成绩,然而学校功能发挥不佳的问题也严重存在。认为我国的中小学没有思想品德教育,那是不客观、不准确的,但是对学校中的少部分人,特别是犯了错误、成绩又不佳的学生,老师放弃了对他们深入细致教育的情况大量存在,而这部分人往往是最需要进行思想品德教育与专门的学习辅导的。放弃了他们,往往会把他们推向社会的对立面。这是一个导致他们违法犯罪的重要因素。

(二)不同类型犯罪人早年不良行为的差异与辅导

本次调查表明,暴力型犯罪人比财产型犯罪人有更多的早年不良行为。台湾有学者认为,杀人犯在青少年时期即从事许多偏差行为活动,如抽烟、无照驾车、进出声色场所、观赏暴力影片等,占相当高的比例。[6]这与前述研究结果——侵财犯罪人早年不良行为比例远高于其他类型——存在较大差异。造成这一差异的原因,可能是对犯罪人早年不良行为的规定有差异。本研究中犯罪人早年不良行为规定为 14 种,而前述研究对 18 岁以前不良行为的规定是 9种,其相关研究资料中仅列举了小偷小摸、偷拿家中钱物两种,由于没有进一步查阅到 9 种不良行为的具体表述,因而不能作出进一步的比较分析。

早年不良行为是成年后违法犯罪行为的预演或犯罪行为的"种苗",不加以阻断或扶正,非常容易发展成为违法犯罪行为;而且不良行为的堆积具有累积与增大效应,使成长过程中以及成年后更易诱发犯罪行为。因此,家长、老师、社会必须重视少年(儿童)的犯罪防治工作,及早对其偏差行为予以辅导,避免行为进一步恶化。

(三)不同类型犯罪人家庭学校教育差异性分析与矫治

本次调查数据表明,不管是财产型犯罪人还是暴力型犯罪人,平均受教育年限都未能完成初中学业;而暴力型犯罪人文化程度更低。大量研究表明,对犯罪人开展文化教育、职业技能培训可以显著降低重新犯罪率。[7]因此,对犯人特别是暴力型犯罪人的文化教育应当给予较高的重视。

本研究显示,暴力型犯罪人更多地认为学校缺乏思想教育。如果把这一结论与暴力型犯罪人早年有更多不良行为的结果结合起来思考,那么是否可以得到以下推论:学校教师对有更多不良行为的学生更少地去关注,或者说有更多不良行为的学生更少得到老师的关注。换言之,老师似乎对这些学生采取了放弃与回避的态度,更多地放任自流。这也进一步证实我国学校教育的偏差。笔者在此想强调的是,对于监狱等矫正机构来说,在犯罪人进入矫正机构之后,矫正工作人员需要承担起对他们早年不良行为的回顾性分析,需要对不良行为与犯罪思想的关系做准确、清晰的阐述,以端正他们的人生观念,特别是是非观与价值观。[8]这是矫正机构的职责所在。

本次调查数据显示,暴力型犯罪人在成长过程中更多地被抚养人打骂,表现为一种"暴力循环"。研究证据表明,儿童暴露于家庭暴力之下是一个严重而普遍的问题,它可以对儿童的行为、情绪、认知、心理和社会适应等起到直接的影响。[3]矫正机构工作人员对犯罪人特别是暴力型犯罪人,需要阐明家庭不良养育方式与形成他们的犯罪心理与行为的作用机制,不良养育方式也促使他们形成了不良的思维与认知模式、不良的行为方式与处事态度。矫正工作人员要教导给犯罪人正确良好的心理与行为方式。另外,监狱警察等矫正工作人员需要向暴力型犯罪人特别指出的是,要打破"暴力循环",对自己的子女不能再采取打骂等粗暴的教养方式。

参考文献:

[1]周路.当代实证犯罪学新编——犯罪规律研究[M].北京:人民法院出版社,2004:297—339.

[2][英]Ronald Blackburn.犯罪行为心理学——理论、研究和实践[M].吴宗宪、刘邦惠等译,北京:中国轻工业出版社,2000:184—186.

[3][美]Curt R. Bartol, Anne M. Bartol.犯罪心理学(第七版)[M].杨波等译,北京:中国轻工业出版社,2009:194,246.

[4]刘邦惠.犯罪心理学(第二版)[M].北京:科学出版社,2009:188—197.

[5]社区矫正社会管理创新项目课题组.不同犯罪类型社区服刑人员316例心理差异调查分析[J].交通医学,2012.26(1):46—50.

[6]杨士隆.犯罪心理学[M].北京:教育科学出版社,2002:195.

[7]翟中东.国际视域下的重新犯罪防治政策[M].北京:北京大学出版社,2010:471—500.

[8]邵晓顺.服刑人员心理矫治:理论与实务[M].北京:群众出版社,2012:382—405.

职务犯罪人服刑心理行为调查分析*

职务犯罪人是监狱中一类较为特殊的服刑群体。他们的服刑心理怎样,行为表现又有何特征,应当采取哪些针对性的矫治对策? 本文采用实证研究方式并结合理论分析,对此作了探讨。

一、研究对象与方法

(一)研究对象

在浙江省监狱系统职务犯罪人中随机抽取贪污、受贿、挪用公款、职务侵占等类职务犯 255 人作问卷调查,获有效问卷 253 份。受调查职务犯年龄最小 21.58 岁,最大 69.42 岁,平均年龄 46.41±9.66 岁。男性职务犯 206 人,占 81.4%,女性职务犯 47 人,占 18.6%。被调查职务犯刑期最短的 2 年,最长 20 年,平均刑期 8.5 年;此外有 5 名无期徒刑、2 名死缓职务犯参与调查。

(二)研究方法

对职务犯实施问卷调查。问卷由三个部分组成,第一部分是关于职务犯人口统计学信息以及犯罪情况的问题,共 14 个题目;第二部分是艾森克人格问卷(EPQ),共 88 题;第三部分是在访谈 11 名职务犯的基础上,参阅相关犯罪心理学研究资料①②基础上设计的关于职务犯罪心理题目 73 个以及关于职务犯服刑心理与行为的题目 30 个。

问卷调查不记名,团体测验,主要由研究人员做主试。

(三)数据处理

将有效问卷 253 份数据输入 SPSS17.0 软件中作描述统计与因素分析。本文主要报告职务犯服刑心理与行为方面的调查结果。

＊　本文原载于《河南司法警官职业学院学报》2012 年第 4 期。

①　刘邦惠主编:《犯罪心理学》(第二版),科学出版社 2009 年版,第 167—171 页。

②　罗大华主编:《犯罪心理学》(修订四版),中国政法大学出版社 2007 年版,第 165 页。

二、结果与分析

(一)职务犯服刑心理与行为的描述统计结果与分析

本研究设计了职务犯对监狱管理的态度、判决的态度、检察纪委办案的认识、服刑情绪状态、狱内交往、睡眠质量等30个项目来调查他们的服刑心理与行为表现,所有题目均为单选题。职务犯回答情况如表2.9所示。

表 2.9　职务犯服刑心理行为题目选择情况统计

题　目	选择人数与百分比					合计(人)
	同意	比较同意	有些同意	较不同意	不同意	
1.监狱人性化管理值得称道	115(47.7)	50(20.7)	54(22.4)	10(4.1)	12(5.0)	241
2.监狱管理人员对职务犯比较照顾	89(37.1)	53(22.1)	59(24.6)	14(5.8)	25(10.4)	240
3.我对监狱规章制度了解掌握得比较好	143(59.3)	73(30.3)	21(8.7)	4(1.7)	0(0)	241
4.监狱有些规定虽然过于严厉,但能遵守	167(69.6)	45(18.8)	22(9.2)	2(0.8)	4(1.7)	240
5.监狱规章制度,我遵守很好	170(70.5)	49(20.3)	19(7.9)	2(0.8)	1(0.4)	241
6.同犯之间交流案情,觉得自己判得重	84(35.6)	26(11.0)	49(20.8)	31(13.1)	46(19.5)	236
7.我进监狱有些冤	76(31.9)	29(12.2)	47(19.7)	35(14.7)	51(21.4)	238
8.既来之,则安之,我经常这样安慰自己	116(48.1)	58(24.1)	40(16.6)	14(5.8)	13(5.4)	241
9.平平安安过一生最幸福	210(87.1)	20(8.3)	8(3.3)	0(0)	3(1.2)	241
10.想想现在的处境,我常常感到失落	130(53.7)	42(17.4)	43(17.8)	10(4.1)	17(7.0)	242
11.想想现在的处境,我经常暗自叹息	100(42.2)	47(19.8)	49(20.7)	21(8.9)	20(8.4)	237
12.我怀念以往的生活	78(32.2)	37(15.3)	68(28.1)	28(11.6)	31(12.8)	242
13.我常常觉得提不起劲来	56(23.6)	40(16.9)	64(27.0)	37(15.6)	40(16.9)	237
14.想想现在的处境,我感到后悔	139(57.7)	33(13.7)	39(16.2)	11(4.6)	19(7.9)	241
15.我常常头晕、头痛	59(24.8)	26(10.9)	46(19.3)	31(13.0)	76(31.9)	238

续表

题　目	选择人数与百分比					合计(人)
	同意	比较同意	有些同意	较不同意	不同意	
16.我经常上床30分钟了还不能入睡	91(38.1)	28(11.7)	38(15.9)	32(13.4)	50(20.9)	239
17.常常半夜醒来,睡不着觉	67(27.8)	32(13.3)	44(18.3)	33(13.7)	65(27.0)	241
18.现在的睡眠质量不是很好	74(30.7)	34(14.1)	56(23.2)	28(11.6)	49(20.3)	241
19.多年来,我晚上睡觉不踏实	26(10.9)	22(9.2)	39(16.3)	51(21.3)	101(42.3)	239
20.除了职务犯,我很少与其他犯人交往	50(20.7)	27(11.2)	47(19.5)	49(20.3)	68(28.2)	241
21.我瞧不起强奸等性犯罪者	123(51.0)	28(11.6)	30(12.4)	25(10.4)	35(14.5)	241
22.流氓斗殴等暴力犯,我耻与为伍	104(43.5)	28(11.7)	38(15.9)	26(10.9)	43(18.0)	239
23.许多朋友来看我,我感到宽慰	118(49.4)	45(18.8)	48(20.1)	13(5.4)	15(6.3)	239
24.朋友现在避之唯恐不及,感到人情淡漠	71(29.8)	38(16.0)	65(27.3)	30(12.6)	34(14.3)	238
25.我很看重家人能否来看我	112(47.1)	50(21.0)	42(17.6)	16(6.7)	18(7.6)	238
26.虽然犯罪,家人还是支持的	153(64.3)	30(12.6)	23(9.7)	12(5.0)	20(8.4)	238
27.现在家人给了我很多支持	192(79.7)	25(10.4)	18(7.5)	4(1.7)	2(0.8)	241
28.家人或朋友来看我后,常常睡不着觉	91(37.6)	45(18.6)	45(18.6)	26(10.7)	35(14.5)	242
29.对纪委办案作风有看法	130(53.7)	48(19.8)	38(15.7)	11(4.5)	15(6.2)	242
30.对检察机关办案作风有看法	126(52.5)	37(15.4)	44(18.3)	18(7.5)	15(6.3)	240

注:括号中的数据为百分比。

由表 2.9 可知,职务犯对监狱人性化管理持较为赞同的态度。调查发现,68.4%的职务犯同意监狱对他们的管理较为人性化,只有 9.1%的职务犯不同意此说法,另有 22.4%的职务犯持部分赞同态度。而职务犯对监狱警察的态度上,认为比较照顾他们的占 59.2%,认为与其他类型服刑人员相比没有得到照顾的占 16.2%,部分赞同的占 24.6%。因此,总的看,职务犯认为监狱管理较为人性化,监狱警察在管理时比较照顾他们。这与访谈时得到的结果是一致的。

职务犯对监狱的规章制度自认为掌握得比较好，89.6％的职务犯表示赞同，没有职务犯认为自己在监狱规章制度上掌握不好。这是因为职务犯的文化程度相比其他类罪犯要高些，参与调查的253名职务犯高中以上文化程度的占94.0％。同时，90.8％的职务犯认为自己在遵守监狱制度上也很好，即使他们觉得有的规定过于严厉。

职务犯认为自己判决过重的占46.6％，加上部分同意此说法的，合起来占67.4％。而且占44.1％的职务犯觉得进监狱有些冤，加上部分同意此说法的，合计占63.8％。因此，职务犯的认罪态度存在较大问题，三分之二的职务犯没有实现认罪服法，而认罪服法是开展教育矫正工作取得成效的前提条件。[①]

对判决的不服使职务犯产生认知失调，即对判决的否定与被关押的事实相冲突。心理学研究认为，个体出现了认知失调，就会不由自主地驱使自己去减少这种矛盾，力求恢复或保持认知因素之间的相对平衡和一致性。[②] 因此，要解决这个认知失调，职务犯或者改变被关押的现状，或者改变自身态度来实现认知协调；被关押的事实是难以改变的，职务犯只能改变对服刑现实的认知态度。既来之则安之，是职务犯对服刑事实的解读方式之一，也是职务犯对判刑坐牢无奈的自我态度调节。这是他们对判决觉得"冤"的自我安慰。通过这样的内心解释，职务犯罪人部分实现了内心平衡，解决了认知失调。从本次调查看，72.2％的职务犯采用了此策略。

如此剧烈的内心冲突，以及监禁本身的痛苦，让职务犯认识到平平安安人生的宝贵。表2.9结果显示，95.4％的职务犯体会到了平安人生的重要性。这是迟到的对人生道路与态度的反思。虽然迟了，但仍然有其价值。

失落、叹息、后悔、怀念以往生活、心情麻木提不起劲，是职务犯服刑心情的典型写照。本次调查表明，80％以上的职务犯常常或有时感到失落、后悔和暗自叹息，75.6％的职务犯怀念以往自由自在的生活，而67.5％的职务犯常常或有时心情麻木，提不起劲来。

这种心境，持续一段时间会引发职务犯的身心反应，这就是头晕、头痛等。本次调查表明，55％的职务犯有此类身心反应。

监禁本身原因，加上职务犯比普通刑事犯更为强烈的内心冲突，常常会影响到他们的睡眠质量，使得职务犯存在较为普遍的失眠、半夜醒来睡不着、睡眠质量不高等现象。职务犯认为自己睡眠质量好的占20％多一点，而没有被监禁前睡眠质量不好的占20％。这个相对应的调查数据清楚地表明了职务犯睡

---

① 吴宗宪著：《当代西方监狱学》，法律出版社2005年版，第138页。
② 章志光主编：《社会心理学》，人民教育出版社1996年版，第208页。

眠质量不良的事实。

有研究表明,职务犯在监狱内的人际交往存在选择性。[①] 有的职务犯交往对象仅限于同类犯罪人,有的职务犯虽然会与其他类罪犯相交往,但内心里瞧不起性犯罪者或暴力犯。本次调查结果表明,很少与其他类型罪犯交往的职务犯罪人不是很多,占31.9%;但瞧不起性犯罪者的职务犯大有人在,占被调查者的62.6%,看不起暴力犯的也占55.2%。

犯了罪被监禁、关押,更感到亲情和友情的可贵。被监禁的职务犯原有社会关系中的各类人员,比如同学、朋友、同事、学生等前去监狱看望他们的人有的多有的少,而家人的接见按有关规定自然是允许的。从调查结果看,88.3%的职务犯对朋友看望感到心里宽慰或有些宽慰,68.1%的职务犯非常看重家人的支持,而97.6%的职务犯也认为自己得到了家人的支持或部分支持。然而,正如在对职务犯的访谈中发现的,许多职务犯在接见后,特别是朋友来看望后常常心中烦闷,情绪波动,午睡或夜晚睡眠受到影响。本次调查数据表明,存在这种情况的职务犯占56.2%。

在对职务犯的访谈中,几乎所有的谈话对象对纪委或检察机关办案作风有看法。本次问卷调查显示,对纪委办案作风有看法的占73.5%,没有或基本没有的为10.7%;对检察机关办案作风有看法的占67.9%,没有或基本没有的为13.8%。将近九成的职务犯罪人对纪委与检察机关办案多少有些意见,这值得相关机关反思。

(二)职务犯服刑心理与行为的因素分析结果

对253名职务犯罪人服刑心理与行为的30个变量作因素分析,30个原始变量如表2.9。原始数据经过KMO和Bartlett's检验后发现,KMO值为0.739,Bartlett's球形度检验值为1980.608,自由度为435,达0.000显著性水平,表明适合进行因素分析。

本研究以主成分分析法进行因素萃取,并以Varimax法进行因素转轴,因素分析结果如表2.10所示。从表2.10可知,本例共提取10个特征值大于1的因素,累积解释变异量为64.854%。这表明因素分析的结果能够较好地代表原始变量。

从转轴后的因素负荷量可知,因素1可解释"我经常上床30分钟了还不能入睡""我常常半夜醒来,睡不着觉""我现在的睡眠质量不是很好""多年来,我晚上睡觉不踏实""家人或朋友来看我后,我常常睡不着觉"5个项目,可以将因素1命名为"睡眠质量";因素2可解释"想想现在的处境,我常常感到失落""想

① 吴宗宪主编:《中国服刑人员心理矫治》,法律出版社2004年版,第579—581页。

想现在的处境,我经常暗自叹息""我怀念以往的生活""我常常觉得提不起劲头来""以前的许多朋友现在避之唯恐不及,我感到人情淡薄"5个项目,可命名为"服刑心境";因素3可解释"监狱各项规章制度,我遵守得很好""我对监狱的规章制度了解、掌握得比较好""监狱有些规定虽然过于严厉、苛刻,但自己能够遵守"3个项目,可命名为"遵规守纪";因素4可解释"我瞧不起强奸等性犯罪者""流氓斗殴等暴力犯罪者,我是耻与为伍的""除了职务犯,我很少与其他犯人交往"3个项目,可命名为"选择性交往";因素5可解释"对纪委的办案作风,许多人有看法""对检察机关的办案作风,许多人有看法"2个项目,可命名为"纪检办案看法";因素6可解释"我进监狱有些冤""同犯之间交流案情,我觉得自己判得有些重""我在监内常常头晕、头痛""我很看重家人能否来看我""想想现在的处境,我感到后悔"5个项目,可命名为"判决态度与反应";因素7可解释"虽然自己犯了罪,但家人还是支持我的""许多朋友来看我,我感到宽慰""现在家人给了我很多支持"3个项目,可命名为"家人朋友支持";因素8可解释"既来之,则安之,我经常这样安慰自己""监狱人性化管理值得称道"2个项目,可命名为"内心宽慰";因素9可解释"平安是福,平安是金,平平安安过一生最幸福"1个项目,命名为"平安人生";因素10可解释"总的来说,监狱管理人员对职务犯是比较照顾的"1个项目,命名为"警察照顾"。10个因素能够代表原始变量,表明职务犯的服刑心理与行为可由10个方面来概括。

表 2.10　30个服刑心理变量的因素分析结果

变量	睡眠质量	服刑心境	遵规守纪	选择性交往	纪检办案看法	判决态度与反应	家人朋友支持	内心宽慰	平安人生	警察照顾	共同性
						10 个因素					
睡眠质量不好	0.846										0.788
半夜难眠	0.826										0.782
睡觉不踏实	0.697										0.571
不能入睡	0.682										0.605
睡不着觉	0.447										0.597
感到失落		0.785									0.658
处境叹息		0.735									0.686
怀念以往		0.668									0.625

续表

变量	10个因素										共同性
	睡眠质量	服刑心境	遵规守纪	选择性交往	纪检办案看法	判决态度与反应	家人朋友支持	内心宽慰	平安人生	警察照顾	
提不起劲		0.578									0.684
人情淡薄		0.451									0.480
掌握制度好			0.856								0.780
遵守制度好			0.808								0.747
规定严厉但能遵守			0.606								0.575
很少交往				0.748							0.594
耻与为伍				0.727							0.625
瞧不起性犯罪				0.710							0.588
检察办案有看法					0.832						0.788
纪委办案有看法					0.795						0.709
判决过重						0.588					0.594
进监狱冤						0.586					0.730
头晕头痛						0.487					0.581
看重家人看望						0.480					0.537
感到后悔						−0.449					0.662
家人还是支持							0.802				0.724
家人很多支持							0.673				0.601
朋友来看感到宽慰							0.483				0.672

续表

变量	10个因素										共同性
	睡眠质量	服刑心境	遵规守纪	选择性交往	纪检办案看法	判决态度与反应	家人朋友支持	内心宽慰	平安人生	警察照顾	
既来之则安之								0.674			0.556
人性化管理								0.605			0.581
平安是福									0.714		0.683
监狱警察照顾										0.776	0.653
特征值	4.981	2.917	2.559	1.680	1.495	1.380	1.231	1.103	1.081	1.031	19.456
解释变异量	16.603	9.723	8.529	5.599	4.984	4.600	4.102	3.675	3.602	3.438	
累积解释变异量	16.603	26.325	34.854	40.453	45.437	50.037	54.139	57.814	61.416	64.854	

三、讨论

(一)职务犯罪人典型特征描述

诸多研究者对职务犯罪人的典型特征作了描述,笔者在参考他们研究成果的基础上结合本次调查结果归纳出以下典型特征并对此做了深入的心理学分析。

1.文化程度高,认识能力强

与普通刑事犯罪人相比,职务犯的文化程度明显偏高。在本次职务犯调查的同时,笔者的另一个课题研究调查了浙江省630名普通刑事犯罪人。普通刑事犯罪人初中及以下文化程度的占83.8%,而253名职务犯高中及以上文化程度的占94.0%。学校教育对个体心理与行为的形成与发展会产生显著的影响,这是不言而喻的。文化程度不同,不仅影响他们在社会上的表现与行为,也必然影响他们在监狱内的表现与行为。职务犯总体上来说文化程度较高、认识能力强,对事物善于作思维分析,冲动性弱,平衡自身外在行为表现能力强,因而在监狱内违规违纪少,顶撞民警情况不太会出现。

2.平均年龄大,人身危险性小

与普通刑事犯罪人相比,职务犯罪人显得年龄偏大。刑事犯罪人群整体上以青少年为主体,但是由于职务犯一般是在取得国家公务职位后才能犯罪,这本身应当是在 20 岁以后,再加上走上犯罪道路以及被揭露,职务犯往往年龄较大。本次调查的职务犯,限于贪污、受贿、挪用公款、职务侵占等类,因而年龄可能更大些,其平均年龄超过了 46 岁。生理年龄大,加上文化程度较高,带来的一个后果就是成熟度较高。而个体的成熟水平与犯罪可能性成反比,因而职务犯人身危险性比普通刑事犯罪人要小,再犯可能性亦小。

3. 社会身份地位变化大,心理落差大

职务犯罪人被捕以前,或者是在国家公务员岗位上工作,或者虽不是国家公务人员但都具有一定的身份与地位。因而,一旦被捕入狱成为"阶下囚",捕前捕后的地位巨变,会给职务犯带来较大的心理落差。心理落差大,挫折感强烈,产生心理问题甚至障碍的可能性就会增大。但是,由于职务犯文化程度高以及相较普通刑事犯罪人综合素质要高的特征,又使得他们能够在一定程度上缓解自身心理问题。由此推之,职务犯罪人在入监初期可能会产生较多的心理问题,而这些心理问题如果没有得到帮助或者自身又不能得到缓解,发展成心理障碍的可能性较大。

4. 有家庭子女等后顾之忧多,冲动性小,狱内行为表现较为稳定

改造现实中一个普遍的事实是,当服刑人员有家庭子女等后顾之忧时,他们在监狱内的表现往往要好于无家庭、无子女的服刑人员。这是因为,有家庭、子女的罪犯,他们的日常行为不仅受自身内在需求的调控,还常常需要去考虑自己的行为对家庭、子女的影响,即与家庭、子女的情感性联结会影响到罪犯在监狱内的认知与行为。因此,当这类罪犯在实施某一行为时,就会因认知与思维维度的增加而减少行为的冲动性。从本次调查情况看,253 名职务犯已婚的占 82.7%,有子女的占 90.4%;而另外 630 名普通刑事犯已婚的仅占 38.1%,有子女的占 53.5%。职务犯的已婚率与有子女比率高于普通刑事犯 45 个百分点。

(二)职务犯罪人服刑心理与行为表现

根据前述因素分析方法,职务犯服刑心理与行为特征共萃取出 10 个因子,因此其"服刑心理与行为"表现出 10 个方面的特征。这些特征可具体解释为:睡眠质量差,服刑心境低落,遵规守纪好,存在选择性交往,对纪委检察机关办案有看法,对判决不服并引发身心反应,内心企盼得到家人朋友关心、支持,对服刑现实作无奈的内心解读,对平安人生有了深刻的反思,对监狱警察日常管理中的照顾内心感怀。

上述 10 个方面的特征较为全面地反映了职务犯服刑期间的心理与行为表现。这些研究结果与国内已有的关于职务犯狱内心理与行为的研究成果,既有

相同之处,又存在一些差异。有研究揭示,职务犯在服刑过程中的特征与心理有:悔罪心理强;收押初期心理压力大,悲观情绪较重;适应监狱生活时间相对较长,需要干警的教育和指导;服刑改造步入正轨后,职务犯思想相对稳定,明辨是非能力较强,对于警官的教育管理能有比较正确的认识,在监内与其他犯罪人相处的关系比较融洽,人际关系能力较强。[①] 笔者同意职务犯收押初期压力大和辨别是非能力强的观点。但是本研究表明,三分之二的职务犯不认罪服法,悔罪心理不普遍;而职务犯与其他犯罪人相处融洽的表现只是表面现象,他们的内心往往瞧不起性犯罪者或暴力犯。另有研究表明,职务犯的心理特征有失落心理、推卸心理、防御心理、补偿心理、矛盾心理与悲观心理。[②] 笔者认为,职务犯除了表现出上述不良的心理特征外,还表现出一些符合改造要求的心理,比如遵规守纪心理、反思人生心理,以及渴求家人朋友支持与选择性交往等常态性心理与行为。还有研究表明,职务犯的心理特征及行为表现有:官位思想较重,希望给予特殊的待遇;心理存在缺失,心理严重失衡,容易忧虑;个体综合素质较高,自我约束较强,并希望得到民警的尊重。[③] 本研究表明,职务犯心理失衡严重,是由于他们对判决不服的认知失调引起的;职务犯综合素质相较普通刑事犯罪人要高,平衡自身行为能力强,冲动性小,并且也得到了监狱警察的照顾;另外本研究还揭示了职务犯其他的心理与行为表现特征。另有研究者对职务犯的心理特征描述为:优越补偿心理、悔恨悲观心理、茫然无助心理、烦躁焦虑心理、逆反仇视心理、防御心理、渴望被关爱心理。[④] 本研究结果与该研究既存在一致的地方,也有明显差异之处。

(三)职务犯罪人矫治对策

有学者提出了较为全面的矫治职务犯罪人的对策建设,如进行心理评估、拟订矫治方案,使用认知疗法、矫正错误认识,通过心理辅导促进监狱适应,通过行为矫正增强改造效果,积极实施干预、消除抑郁情绪等。[⑤] 笔者根据职务犯的前述典型特征与服刑心理行为表现,就职务犯的心理矫治和监狱改造工作对策提出如下建议:

1.协助监狱开展罪犯文化技术教育,提升职务犯内在价值感。罪犯文化教育与职业技术教育,是目前国内监狱教育改造工作的主要组成部分。由于职务

① 夏菲等:《白领犯罪人矫正对策研究》,载《犯罪研究》2005年第5期。
② 安徽省巢湖监狱课题组:《职务犯改造的基本经验和规律探索》,载《犯罪与改造研究》2008年第5期。
③ 李晓婕、李俊:《职务类犯罪罪犯的改造策略初探》,载《中共太原市委党校学报》2009年第3期。
④ 薛昭军:《管理改造职务犯的对策研究》(硕士论文),兰州大学法学院,2010年。
⑤ 吴宗宪主编:《中国服刑人员心理矫治》,法律出版社2004年版,第581-595页。

犯文化程度高,表达能力强,可协助监狱为提高其他罪犯的文化与技术水平服务。从某些省的一些监狱现状看,职务犯罪人往往构成监狱罪犯文化教员的主体部分,以及技术教员的组成部分。这不仅利用了职务犯文化程度高、表达能力强的资源优势,而且教员身份能够较好地发挥并挖掘或激发出职务犯内在的自我价值感,也有利于他们的心理成长与心理问题的自我调适。

2. 发挥职务犯管理才能优势,协助监狱开展罪犯自我管理活动。大多数职务犯具有强于普通刑事犯的管理能力是客观事实,而且由于他们理智感强,危险性小,可作为监区、分监区罪犯自我管理骨干。从某省的监狱调研情况看,监狱管教部门正是安排了职务犯此类改造岗位。对此,应当注意以下三点:一是仅仅作为协助监狱民警管理的人员,而不应当成为监狱警察管理其他犯人的依赖或支柱,因为对于那些年轻、阅历较浅的监狱民警来说,对年龄几乎大上自己一倍,又特别是原来担任过处级以上职务的罪犯,一旦依赖于他们来管理其他犯人,容易被蒙蔽而生发事故,必须落实监狱警察直接管理的规定;二是虽然职务犯人身危险性小,犯罪恶性相对较小,但是仍然需要进行针对性的教育矫正活动,监狱警察在开展教育改造活动时,需要做好"功课",真正找准职务犯个体犯罪原因后有的放矢地开展矫正工作,实现事半功倍;三是由于职务犯文化程度高,阅历又丰富,在分散或集中关押时都要关注职务犯与周围其他罪犯的关系,注意是否形成了非正式群体,是否与监狱改造目标相左,是否影响了监狱整体改造效果。

3. 心理落差大,身心障碍多,注意开展针对性心理矫治。正如前面所述,职务犯入狱初期因心理落差大可能会产生较多的心理问题,因此要重视开展心理健康教育,并注意做好心理评估,对那些筛查出有心理问题的,要安排针对性的心理矫治活动,给予一定的心理支持。由于职务犯掩饰心理较强,他们的心理问题往往不会表露于外;如果职务犯自身调节能力不强,一旦形成障碍,产生的心理问题会比较严重,监狱心理矫治工作人员对此要心中有数,给予积极关注。同时,本研究表明,55%的职务犯存在身心障碍,56.2%的职务犯睡眠质量较差,因而相应的心理治疗应当有效开展起来。

4. 平均年龄大,生理机能下降,各类疾病会增多,注意给予身心调节与疾病治疗。年龄增大身体各项机能产生退行性变化是一个客观规律。人体在50岁以后,特别是进入老年期,身体各器官与系统逐渐衰退,抵抗力下降,身体素质变差,疾病会增多。同时,因身心相互作用机制使得他们的心理容易受到消极影响,容易引发不良的情绪情感,对此既需要自身进行有效的身心调节,还需要在监狱工作人员的帮助下来实现身心调适。

5. 不认罪服法较多存在,须重视开展针对性教育改造活动。本次调查表明,67.4%的职务犯认为自己判决过重,63.8%的职务犯认为自己进监狱有些冤。因此,较多的职务犯罪人存在认罪服法问题。对刑罚效果的研究表明,如果犯罪人认为,对他们所判处的刑罚是公平的,他们的判刑是咎由自取,那么,刑罚就会产生转变犯罪人的态度和行为的积极效果。反之,刑罚就起不到积极作用。[①] 职务犯罪人同样遵循这一规律。故此,监狱机关要高度重视这一问题,加以认真研究,开展针对性的法制教育活动,以实现职务犯认罪服法。

---

① 吴宗宪著:《当代西方监狱学》,法律出版社 2005 年版,第 138 页。

监狱教育改造工作现状调查与分析 *

司法部把 2013 年定为教育改造质量年，这是一个非常重要的举措。为了提高我国监狱教育改造工作的质量，首先需要清晰教育改造工作的主体——监狱警察与罪犯对教育改造工作的认识，为此，笔者作了问卷调查。

一、研究对象与方法

（一）研究对象

研究对象包括罪犯与监狱警察。

在某省若干个监狱随机抽取 694 名罪犯作问卷调查，获有效问卷 683 份，有效率 98.4%。其中，男犯 457 人，占 66.9%，女犯 226 人，占 33.1%。刑期最短 1 年 2 个月，最长 20 年，还有 95 名无期徒刑犯和 50 名死缓犯参与调查。被调查罪犯中服刑时间最短 1 个月，最长 16 年 2 个月，平均服刑时间为 3 年。小学文化程度的 124 人，初中文化 386 人，高中文化 124 人，大专文化 41 人，本科 1 人。案由有盗窃、抢劫、故意杀人、强奸、故意伤害、绑架、贩毒、诈骗、聚众斗殴、贪污受贿、赌博、交通肇事等近 30 个罪名。

对在某学院参加警衔晋升（低警督升高警督与警司升警督）培训的 273 名监狱民警作问卷调查，获有效问卷 271 份，有效率 99.3%。其中，男民警 203 人，占 75.2%，女民警 67 人，占 24.8%。年龄最小 31 岁，最大 52 岁。工龄最短 9 年，最长 32 年。在监狱工作时间最短 3 年，最长 30 年。在监狱科室工作 69 人，占 25.7%，在监狱基层（监区）工作 191 人，占 71.3%。高中文化程度 1 人，大专文化 68 人，本科文化 196 人，研究生学历 5 人。所学专业有监狱管理（刑事执行）、法律、教育学、应用心理学、马克思主义、汉语言文学、医学、护理、财会、行政管理、市场营销、化工、服装设计、公共卫生、军事指挥、办公自动化、计算机应用、机械、农学、机电一体化、土木工程、园林、英语等 48 个。

---

* 本文原载于《浙江警官职业学院学报》2014 年第 1 期。

（二）研究方法

采用问卷调查方式。自编监狱教育改造工作调查问卷。面向罪犯的问卷包含 18 个教育改造工作题目和 8 个有关罪犯性别、年龄、文化程度、婚姻、子女、单独或共同犯罪、案由、刑期、服刑时间等题目。面向民警的问卷除了与罪犯相同的 18 个教育改造题目和 8 个有关民警性别、年龄、文化程度、行政职级、所学专业、工作岗位、工作年限、监狱工作年限等题目外，增加 6 个教育改造方面的题目。

问卷不记名，采用集体填答方式，由笔者主持完成。

（三）数据处理

将有效问卷输入 SPSS17.0 软件中作描述统计分析及卡方检验。

二、结果与分析

本文主要呈现监狱民警与罪犯在教育改造工作各方面的比较性评价结果。

1.教育改造工作总体感觉

270 名民警和 677 名罪犯对监狱教育改造工作总体感觉调查结果如表 2.11 所示。

表 2.11　教育改造工作总体感觉情况

教育改造工作总体感觉		不那么好	一般	较好	好	合计
民警	人数（人）	39	149	79	3	270
	占比（%）	14.4	55.2	29.3	1.1	100.0
罪犯	人数（人）	51	264	265	97	677
	占比（%）	7.5	39.0	39.1	14.3	100.0
合计	人数（人）	90	413	344	100	947
	占比（%）	9.5	43.6	36.3	10.6	100.0

注：$\chi^2 = 58.423$，$p < 0.001$。

表 2.11 结果表明，30.4% 的民警认为监狱教育改造工作总体感觉好或比较好，认为不那么好的比例是 14.4%；而 53.4% 的罪犯认为监狱教育改造工作总体感觉好或比较好，只有 7.5% 的罪犯认为不那么好。两者间存在极显著差异，有更多的罪犯感觉监狱教育改造工作是好的，而有更多的民警认为不那么好。

2.教育改造工作总体科学性

270 名民警和 680 名罪犯对监狱教育改造工作从总体上看科学性情况如

表 2.12 所示。

表 2.12 教育改造工作科学性情况

科学性		强	较强	一般	不那么科学	合计
民警	人数(人)	6	56	154	54	270
	占比(%)	2.2	20.7	57.0	20.0	100.0
罪犯	人数(人)	118	195	310	57	680
	占比(%)	17.4	28.7	45.6	8.4	100.0
合计	人数(人)	124	251	464	111	950
	占比(%)	13.1	26.4	48.8	11.7	100.0

注：$\chi^2=66.015$，$p<0.001$。

表 2.12 结果表明，22.9%的民警认为教育改造工作从总体上看科学性是强或比较强，有 20.0%的民警认为教育改造工作不那么科学；而 46.1%的罪犯认为监狱教育改造工作从总体上看科学性是强或比较强，只有 8.4%的罪犯认为不那么强。两者间存在极显著差异，有更多的罪犯认为教育改造工作科学性强，而有更多的民警认为教育改造工作科学性不那么强。

3."改造第一、生产第二"状况

269 名民警和 681 名罪犯对监狱"改造第一、生产第二"状况回答如表 2.13 所示。

表 2.13 "改造第一、生产第二"状况

"改造第一、生产第二"状况		好	比较好	不那么好	刚好相反	合计
民警	人数(人)	30	101	100	38	269
	占比(%)	11.2	37.5	37.2	14.1	100.0
罪犯	人数(人)	294	219	66	102	681
	占比(%)	43.2	32.2	9.7	15.0	100.0
合计	人数(人)	324	320	166	140	950
	占比(%)	34.1	33.7	17.5	14.7	100.0

注：$\chi^2=143.077$，$p<0.001$。

表 2.13 结果表明，48.7%的民警认为监狱"改造第一、生产第二"状况是好的或比较好的，37.2%的民警认为不那么好，14.1%的民警认为刚好相反；而 75.4%的罪犯认为监狱"改造第一、生产第二"状况是好的或比较好的，9.7%的罪犯认为不那么好，15.0%的罪犯认为刚好相反。两者间存在极显著差异，更多的罪犯认为监狱"改造第一、生产第二"状况是好的或比较好的，而更多的民警认为不那么好。

4. 监狱文明管理情况

268 名民警和 680 名罪犯对监狱文明管理情况回答如表 2.14 所示。

表 2.14 监狱文明管理情况

文明管理情况		比较差	一般	比较好	好	合计
民警	人数(人)	1	22	126	119	268
	占比(%)	0.4	8.2	47.0	44.4	100.0
罪犯	人数(人)	30	172	274	204	680
	占比(%)	4.4	25.3	40.3	30.0	100.0
合计	人数(人)	31	194	400	323	948
	占比(%)	3.3	20.5	42.2	34.1	100.0

注：$\chi^2 = 50.772$，$p < 0.001$。

表 2.14 结果表明，44.4%的民警认为监狱文明管理是好的，47.0%的民警认为比较好，两者合计占 91.4%，8.2%的民警认为一般，仅有 0.4%的民警认为比较差；而 30.0%的罪犯认为监狱文明管理是好的，40.3%的罪犯认为比较好，25.3%的罪犯认为一般，4.4%的罪犯认为比较差。两者间存在极显著差异，更多的罪犯认为监狱文明管理是一般，而更多的民警认为是好的。

5. 监狱人文精神情况

270 名民警和 674 名罪犯对监狱的人文精神情况评价如表 2.15 所示。

表 2.15 监狱人文精神情况

人文精神情况		缺乏	不那么好	一般	好	合计
民警	人数(人)	33	36	136	65	270
	占比(%)	12.2	13.3	50.4	24.1	100.0
罪犯	人数(人)	44	63	317	250	674
	占比(%)	6.5	9.3	47.0	37.1	100.0
合计	人数(人)	77	99	453	315	944
	占比(%)	8.2	10.5	48.0	33.4	100.0

注：$\chi^2 = 20.821$，$p < 0.001$。

表 2.15 结果表明，24.1%的民警认为监狱人文精神情况是好的，50.4%的民警认为一般，13.3%的民警认为不那么好，12.2%的民警认为监狱缺乏人文精神；而 37.1%的罪犯认为监狱人文精神情况是好的，47.0%的罪犯认为一般，9.3%的罪犯认为不那么好，6.5%的罪犯认为监狱缺乏人文精神。两者间存在极显著差异，更多的罪犯认为监狱有人文精神，而更多的民警认为缺乏人文精神。

6. 惩罚与教育改造关系处理情况

269 名民警和 676 名罪犯对监狱在惩罚与教育改造关系处理上的回答情况如表 2.16 所示。

表 2.16　惩罚与教育改造关系处理情况

惩罚与改造关系处理情况		惩罚为主	教育为主	教育惩罚并重	不清楚	合计
民警	人数(人)	57	100	95	17	269
	占比(%)	21.2	37.2	35.3	6.3	100.0
罪犯	人数(人)	123	296	205	52	676
	占比(%)	18.2	43.8	30.3	7.7	100.0
合计	人数(人)	180	396	300	69	945
	占比(%)	19.0	41.9	31.7	7.3	100.0

注：$\chi^2 = 4.920, p = 0.178$。

表 2.16 结果表明，21.2%的民警认为我国监狱是惩罚为主、教育为辅，37.2%的民警认为是教育为主、惩罚为辅，35.3%的民警认为惩罚与教育并重，6.3%的民警不清楚；罪犯中 18.2%认为惩罚为主、教育为辅，43.8%的罪犯认为教育为主、惩罚为辅，30.3%的罪犯认为惩罚与教育并重，7.7%的罪犯不清楚。两者间的差异没有统计学意义。

7. 监狱教育活动与罪犯需求关系情况

267 名民警与 682 名罪犯对监狱教育活动安排是否符合罪犯需求的选择结果如表 2.17 所示。

表 2.17　监狱教育活动与罪犯需求关系

教育活动与罪犯需求关系		符合	较符合	有些符合	不符合	合计
民警	人数(人)	18	93	77	79	267
	占比(%)	6.7	34.8	28.8	29.6	100.0
罪犯	人数(人)	155	261	153	113	682
	占比(%)	22.7	38.3	22.4	16.6	100.0
总计	人数(人)	173	354	230	192	949
	占比(%)	18.2	37.3	24.2	20.2	100.0

注：$\chi^2 = 46.829, p < 0.001$。

表 2.17 结果表明，监狱民警认为监狱教育活动符合或比较符合罪犯需求的比例是 41.5%，不符合的比例是 29.6%；罪犯认为监狱教育活动符合或比较符合他们需求的比例是 61.0%，不符合的比例是 16.6%。两者之间存在极显著差异，有更多的罪犯认为监狱教育活动符合他们的需求，而有更多的民警认为不符合罪犯需求。

8. 教育改造活动丰富情况

271 名民警和 680 名罪犯对教育改造工作各项活动安排是否丰富的回答情况如表 2.18 所示。

表 2.18　教育改造活动安排情况

教育改造活动安排情况		丰富	较丰富	一般	较单一	非常单一	合计
民警	人数（人）	13	73	101	74	10	271
	占比（%）	4.8	26.9	37.3	27.3	3.7	100.0
罪犯	人数（人）	137	191	211	103	38	680
	占比（%）	20.1	28.1	31.0	15.1	5.6	100.0
合计	人数（人）	150	264	312	177	48	951
	占比（%）	15.8	27.8	32.8	18.6	5.0	100.0

注：$\chi^2 = 48.115, p < 0.001$。

表 2.18 结果表明，31.7% 的民警认为教育改造活动安排是丰富或比较丰富，31.0% 的民警认为较单一或非常单一；而 48.2% 的罪犯认为监狱教育改造活动安排丰富或比较丰富，20.7% 的罪犯认为较单一或非常单一。两者间存在极显著差异，更多的罪犯（20.1%）认为教育活动丰富，而更多的民警（27.3%）认为较单一。

9. 教育改造时间安排情况

242 名民警和 681 名罪犯对教育改造时间安排的回答情况如表 2.19 所示。

表 2.19　教育改造时间安排情况

教育改造时间安排情况		太少	差不多	太多	合计
民警	人数（人）	72	128	42	242
	占比（%）	29.8	52.9	17.4	100.0
罪犯	人数（人）	90	402	189	681
	占比（%）	13.2	59.0	27.8	100.0
合计	人数（人）	162	530	231	923
	占比（%）	17.6	57.4	25.0	100.0

注：$\chi^2 = 36.703, p < 0.001$。

表 2.19 结果表明，17.4% 的民警认为教育改造时间安排太多，29.8% 的民警认为时间太少；而 27.8% 的罪犯认为教育改造时间安排太多，13.2% 的罪犯认为时间太少。两者间存在极显著差异，更多的罪犯认为教育改造时间安排太多，而更多的民警认为时间太少。但有超过一半的罪犯和民警都认为教育改造时间安排差不多。

10. 民警与罪犯思想交流情况

270 名民警和 679 名罪犯对民警与罪犯间思想交流情况回答如表 2.20 所示。

表 2.20　民警与罪犯思想交流情况

思想交流情况		好	一般	有交流但缺乏深度	基本没什么交流	合计
民警	人数（人）	43	57	159	11	270
	占比（%）	15.9	21.1	58.9	4.1	100.0
罪犯	人数（人）	298	150	138	93	679
	占比（%）	43.9	22.1	20.3	13.7	100.0
合计	人数（人）	341	207	297	104	949
	占比（%）	35.9	21.8	31.3	11.0	100.0

注：$\chi^2 = 150.247$，$p < 0.001$。

表 2.20 结果表明，15.9% 的民警认为与罪犯的思想交流情况是好的，21.1% 的民警认为一般，58.9% 的民警认为有交流但缺乏深度，4.1% 的民警认为基本没什么交流；而 43.9% 的罪犯认为民警与他们的思想交流是好的，22.1% 的罪犯认为一般，20.3% 的罪犯认为有交流但缺乏深度，13.7% 的罪犯认为基本没什么交流。两者间存在极显著差异，罪犯对民警与他们思想交流的回答出现两极分化现象，有更多的罪犯认为思想交流是好的，不过也有比较多的罪犯认为基本没什么交流；而更多的民警认为与罪犯有思想交流但缺乏深度。

11. 教育改造工作针对性情况

269 名民警和 680 名罪犯对教育改造工作对罪犯思想的针对性情况回答如表 2.21 所示。

表 2.21　教育改造工作针对性情况

工作针对性情况		很强	比较强	不那么强	缺乏针对性	合计
民警	人数（人）	9	69	139	52	269
	占比（%）	3.3	25.7	51.7	19.3	100.0
罪犯	人数（人）	132	320	153	75	680
	占比（%）	19.4	47.1	22.5	11.0	100.0
合计	人数（人）	141	389	292	127	949
	占比（%）	14.9	41.0	30.8	13.4	100.0

注：$\chi^2 = 118.276$，$p < 0.001$。

表 2.21 结果表明，29.0% 的民警认为教育改造工作对罪犯思想的针对性很强或比较强，51.7% 的民警认为不那么强，19.3% 的民警认为缺乏针对性；而 66.5% 的罪犯认为监狱教育改造工作对他们思想的针对性很强或比较强，22.5% 的罪犯认为不那么强，11.0% 的罪犯认为缺乏针对性。两者间存在极显著差异，更多的罪犯认为教育改造工作对他们思想的针对性很强或比较强，而更多的民警认为不那么强。

12.教育改造对罪犯的帮助作用

270 名民警和 680 名罪犯对教育改造工作对罪犯是否有帮助作用的回答如表 2.22 所示。

表 2.22　教育改造帮助作用情况

教育改造帮助作用		没作用	有点作用	有作用	作用很大	合计
民警	人数(人)	45	140	75	10	270
	占比(%)	16.7	51.9	27.8	3.7	100.0
罪犯	人数(人)	82	199	249	150	680
	占比(%)	12.1	29.3	36.6	22.1	100.0
合计	人数(人)	127	339	324	160	950
	占比(%)	13.4	35.7	34.1	16.8	100.0

注:$\chi^2 = 73.789$,$p < 0.001$。

表 2.22 的结果表明,31.5%的民警认为教育改造对罪犯有作用或作用很大,51.9%的民警认为有点作用,16.7%的民警认为没什么作用;而 58.7%的罪犯认为教育改造对他们有作用或作用很大,29.3%的罪犯认为有点作用,12.1%的罪犯认为没作用。两者间存在极显著差异,更多的罪犯认为教育改造工作作用很大或有作用,而更多的民警认为有点作用。

13.文化教育对罪犯帮助作用

271 名民警和 682 名罪犯对文化教育作用的回答如表 2.23 所示。

表 2.23　文化教育对罪犯帮助作用情况

文化教育		作用大	有作用	作用不大	没作用	合计
民警	人数(人)	19	143	101	8	271
	占比(%)	7.0	52.8	37.3	3.0	100.0
罪犯	人数(人)	152	366	130	34	682
	占比(%)	22.3	53.7	19.1	5.0	100.0
合计	人数(人)	171	509	231	42	953
	占比(%)	17.9	53.4	24.2	4.4	100.0

注:$\chi^2 = 53.597$,$p < 0.001$。

表 2.23 结果表明,7.0%的民警认为文化教育对罪犯的帮助作用大,52.8%的民警认为有作用,37.3%的民警认为作用不大,3.0%的民警认为没作用;而 22.3%的罪犯认为文化教育对他们的帮助作用大,53.7%的罪犯认为有作用,19.1%的罪犯认为作用不大,5.0%的罪犯认为没作用。两者间存在极显著差异,有更多的罪犯认为文化教育对他们的帮助作用大,而更多的民警认为文化教育对罪犯的帮助作用不大。

14. 职业技术教育对罪犯帮助作用

271 名民警和 682 名罪犯对职业技术教育作用的回答情况如表 2.24 所示。

表 2.24　职业技术教育对罪犯帮助作用情况

职业技术教育		没作用	作用不大	有作用	作用大	合计
民警	人数(人)	9	91	149	22	271
	占比(%)	3.3	33.6	55.0	8.1	100.0
罪犯	人数(人)	37	118	368	159	682
	占比(%)	5.4	17.3	54.0	23.3	100.0
合计	人数(人)	46	209	517	181	953
	占比(%)	4.8	21.9	54.2	19.0	100.0

注:$\chi^2=48.825,p<0.001$。

表 2.24 结果表明,8.1%的民警认为职业技术教育对罪犯的帮助作用大,55.0%的民警认为有作用,33.6%的民警认为作用不大,3.3%的民警认为没作用;而 23.3%的罪犯认为职业技术教育对他们作用大,54.0%的罪犯认为有作用,17.3%的罪犯认为作用不大,5.4%的罪犯认为没作用。两者间存在极显著差异,更多的罪犯认为职业技术教育对他们作用大,而更多的民警认为作用不大。

15. 心理矫治的帮助作用

269 名民警和 606 名罪犯对心理矫治作用的回答情况如表 2.25 所示。

表 2.25　心理矫治帮助作用情况

心理矫治			没效果	效果不大	有效果	效果大	合计
民警罪犯	民警	人数(人)	25	78	152	14	269
		占比(%)	9.3	29.0	56.5	5.2	100.0
	罪犯	人数(人)	40	128	357	81	606
		占比(%)	6.6	21.1	58.9	13.4	100.0
合计		人数(人)	65	206	509	95	875
		占比(%)	7.4	23.5	58.2	10.9	100.0

注:$\chi^2=18.341,p<0.001$。

表 2.25 结果表明,5.2%的民警认为心理矫治效果大,56.5%的民警认为有效果,29.0%的民警认为效果不大,9.3%的民警认为没效果;而 13.4%的罪犯认为心理矫治效果大,58.9%的罪犯认为有效果,21.1%的罪犯认为效果不大,6.6%的罪犯认为没效果。两者间存在极显著差异,更多的罪犯认为心理矫治效果大,而有更多的民警认为效果不大。但有超过一半的民警和罪犯都认为心理矫治有效果。

16. 心理矫治工作开展情况

268 名民警和 676 名罪犯对监狱心理矫治开展情况的回答如表 2.26 所示。

表 2.26　心理矫治开展情况

职业技术教育		好	较好	尚可	开展不理想	没开展	合计
民警	人数（人）	11	21	67	159	10	268
	占比（%）	4.1	7.8	25.0	59.3	3.7	100.0
罪犯	人数（人）	160	147	235	75	59	676
	占比（%）	23.7	21.7	34.8	11.1	8.7	100.0
合计	人数（人）	171	168	302	234	69	944
	占比（%）	18.1	17.8	32.0	24.8	7.3	100.0

注：$\chi^2 = 253.811$，$p < 0.001$。

表 2.26 结果表明，11.9% 的民警认为心理矫治工作开展情况良好或比较好，25.0% 的民警认为尚可，59.3% 的民警认为缺乏专业人员，开展不理想，3.7% 的民警认为没开展；而 45.4% 的罪犯认为监狱心理矫治工作开展得挺好的或比较好，34.8% 的罪犯认为还可以，11.1% 的罪犯认为开展得不好，8.7% 的罪犯认为没开展。两者间存在极显著差异，更多的罪犯认为监狱心理矫治工作开展是好的或比较好，而更多的民警认为心理矫治工作开展不理想。

17. 个别教育开展情况

269 名民警和 676 名罪犯对监狱个别教育开展情况回答如表 2.27 所示。

表 2.27　个别教育开展情况

个别教育		没开展	开展不好	还可以	比较好	好	合计
民警	人数（人）	9	66	106	69	19	269
	占比（%）	3.3	24.5	39.4	25.7	7.1	100.0
罪犯	人数（人）	93	56	266	151	110	676
	占比（%）	13.8	8.3	39.3	22.3	16.3	100.0
合计	人数（人）	102	122	372	220	129	945
	占比（%）	10.8	12.9	39.4	23.3	13.7	100.0

注：$\chi^2 = 71.553$，$p < 0.001$。

表 2.27 结果表明，7.1% 的民警认为监狱个别教育开展情况是好的，25.7% 的民警认为比较好，39.4% 的民警认为还可以，24.5% 的民警认为开展不理想，3.3% 的民警认为监狱没开展个别教育；而 16.3% 的罪犯认为监狱开展个别教育情况是好的，22.3% 的罪犯认为比较好，39.3% 的罪犯认为还可以，8.3% 的罪犯认为开展得不好，13.8% 的罪犯认为没开展。两者间存在极显著差异，罪犯对监狱开展个别教育情况的评价出现两极分化现象，更多的罪犯认为监狱开展个别教育情况是好的，但是也有更多的罪犯认为监狱个别教育没怎么开展；而更多的民警认为个别教育开展不理想。

18. 矫正项目的帮助作用

269 名民警和 671 名罪犯对矫正项目(如愤怒控制训练)作用的回答如表 2.28 所示。

表 2.28　矫正项目帮助作用

	矫正项目	有作用	作用不大	没作用	不清楚	没听说	合计
民警	人数(人)	106	73	16	46	28	269
	占比(%)	39.4	27.1	5.9	17.1	10.4	100.0
罪犯	人数(人)	303	74	25	151	118	671
	占比(%)	45.2	11.0	3.7	22.5	17.6	100.0
合计	人数(人)	409	147	41	197	146	940
	占比(%)	43.5	15.6	4.4	21.0	15.5	100.0

注: $\chi^2 = 44.541, p < 0.001$。

表 2.28 结果表明,39.4% 的民警认为矫正项目对罪犯有帮助作用,27.1% 的民警认为作用不大,5.9% 的民警认为没作用,17.1% 的民警表示不清楚,10.4% 的民警表示没听说过;而 45.2% 的罪犯认为矫正项目对他们有作用,11.0% 的罪犯认为作用不大,3.7% 的罪犯认为没作用,22.5% 的罪犯表示不清楚,17.6% 的罪犯表示没听说过。两者间存在极显著差异,有更多的罪犯认为有作用,或者是不清楚或没听说过,而更多的民警认为作用不大。

三、讨论

(一)监狱民警与罪犯对教育改造工作较为一致的认识

本次调查发现,民警与罪犯在教育改造工作的若干个方面存在较为一致的认识。这种一致性体现为民警与罪犯在某项教育改造工作的评价上选择比例大致相同并且都接近或超过 50%。比如,56.50% 的民警和 58.90% 的罪犯认为心理矫治有效果,55.00% 的民警和 54.00% 的罪犯认为职业技术教育有帮助作用,52.80% 的民警和 53.70% 的罪犯认为文化教育有帮助作用,47.00% 的民警和 40.30% 的罪犯认为监狱文明管理比较好,52.90% 的民警和 59.00% 的罪犯认为教育改造时间安排差不多,57.00% 的民警和 45.60% 的罪犯认为监狱教育改造工作科学性一般,50.40% 的民警和 47.00% 的罪犯认为监狱人文精神一般。因此,大多数的民警和罪犯都较一致认为心理矫治、技术教育、文化教育有帮助作用;教育时间上目前的课时量差不多;近六成的民警和近五成的罪犯认为监狱文明管理比较好;而超过一半的民警和将近一半的罪犯认为教育改造科学性和监狱人文精神都是一般。

（二）罪犯对监狱教育改造工作的认识

本次调查表明，从罪犯总体看，他们对教育改造工作持比较肯定的态度。在教育改造总体工作的认知上，53.4％的罪犯认为监狱教育改造工作总体感觉是好的或比较好，46.1％的罪犯认为监狱教育改造工作科学性强或比较强，75.4％的罪犯认为监狱执行"改造第一、生产第二"的情况是好的或比较好。在监狱文明管理方面，70.3％的罪犯认为是好的或比较好。在监狱人文精神方面，37.1％的罪犯认为是好的。在惩罚与教育关系处理上，43.8％的罪犯认为教育为主、惩罚为辅，30.3％的罪犯认为惩罚与教育并重。在教育改造活动方面，61.0％的罪犯认为监狱教育活动符合或比较符合他们的需求，48.2％的罪犯认为教育改造活动丰富或比较丰富，59.0％的罪犯认为教育改造时间安排差不多。在思想交流及针对性上，43.9％的罪犯认为民警与他们的思想交流情况是好的，66.5％的罪犯认为思想交流的针对性强或比较强。在"三课教育"方面，58.7％的罪犯认为思想教育帮助作用大或有作用，76.0％的罪犯认为文化教育对他们的帮助作用大或有作用，77.3％的罪犯认为职业技术教育帮助作用大或有作用。在心理矫治方面，72.3％的罪犯认为对他们的帮助效果大或有一定效果，45.4％的罪犯认为心理矫治工作开展情况是好的或比较好。在个别教育方面，38.6％的罪犯认为开展情况是好的或比较好。对于矫正项目，45.2％罪犯认为对他们有帮助作用。

上述调查数据表明，罪犯对"三课教育"的认可度最高，特别是其中的职业技术教育。其次是监狱"改造第一、生产第二"状况得到较高认同。再次是罪犯对心理矫治和监狱文明管理给予了较高的认可。因此，罪犯认为监狱集体教育开展是好的，监狱执行改造第一的情况也是好的，对监狱多年来开展的心理矫治活动以及近年来持续开展的监狱文明管理活动给予了较高肯定。但是，相比较而言，罪犯总的来说对个别教育和监狱的人文精神状况认可程度较低。在个别教育上，罪犯的评价出现分化现象，有的罪犯认为个别教育开展是好的，有的罪犯认为没怎么开展。这表明监狱个别教育工作开展不均衡。应当说，监狱里的每个罪犯都需要民警去开展个别教育工作，不能厚此薄彼、顾此失彼，有所区别与侧重。人文精神，又称之为人文主义、人本主义或人道主义，是一种普遍的人类自我关怀，表现为对人的尊严、价值、命运的维护、追求和关切。人文是为人之本、文明之基。人道主义行刑论认为，无论犯有罪行的受刑人如何残酷、如何没有人性，人类社会本身在对其进行惩罚行刑时应遵守或体现一定的人类文明标准；行刑在一定程度上应表现出符合人类文明的人文性、宽容性、慈悲性。[①] 因此，监狱的人文精神应当是当代监狱所要追求的，因而也是我国监狱需要进一步提升的。

---

① 王云海著：《监狱行刑的法理》，中国人民大学出版社 2010 年版，第 18—19 页。

（三）监狱民警对教育改造工作的认识

从被调查监狱民警看，他们对教育改造工作诸多维度的评价有高有低。以否定性评价高低作为排列依据，从低到高的顺序依次为：一是文明管理，91.4%的民警认为监狱在文明管理上是好的或比较好的，认为比较差的仅占0.4%；二是文化教育，59.8%的民警认为对罪犯有作用或作用大，仅有3.0%的民警认为无作用；三是职业技术教育，63.1%的民警认为对罪犯有作用或作用大，仅有3.3%的民警认为无作用；四是个别教育，32.8%的民警认为个别教育开展情况是好的或比较好的，仅有3.3%的民警认为监狱没开展个别教育；五是思想交流，15.9%的民警认为与罪犯的思想交流情况是好的，仅有4.1%的民警认为基本没什么交流；六是心理矫治，61.7%的民警认为对罪犯的帮助效果大或有一定效果，仅有9.3%的民警认为没效果；七是人文精神，24.1%的民警认为监狱人文精神是好的，12.2%的民警认为监狱缺乏人文精神；八是教育改造作用，31.5%的民警认为对罪犯有作用或作用大，16.7%的民警认为没什么作用；九是思想教育的针对性，29.0%的民警认为针对性强或比较强，19.3%的民警认为缺乏针对性；十是教育改造工作的科学性，22.9%的民警认为科学性强或比较强，20.0%的民警认为不那么科学。否定性评价较高的一个项目是教育需求符合度，41.5%的民警认为监狱教育活动符合或比较符合罪犯的需求，而29.6%的民警认为不符合罪犯需求。另外一个项目是教育活动丰富性，31.7%的民警认为教育改造活动丰富或比较丰富，而31.0%的民警认为较单一或非常单一，肯定和否定的比例大致持平。否定性评价最高的一个项目是"改造第一、生产第二"状况，有48.7%的民警认为监狱在处理改造与生产关系上是好的或比较好的，37.2%的民警认为不那么好，更有14.1%的民警认为正好相反。

上述调查数据表明，监狱民警对文明管理的认可程度相当高，对监狱文明管理持否定评价的仅是极少数民警。其次是传统的"三课教育"，特别是文化与职业技术教育，得到了监狱民警的充分肯定。再次是个别教育与心理矫治，个别教育的开展情况大多数民警给予认可，然而也有一定比例的民警认为开展不理想；而心理矫治工作在近些年的我国教育改造工作中得到相当高的重视，许多民警积极探索开展此项工作并取得一定成效，因而超过半数的民警认为心理矫治对罪犯是有帮助的，然而有超过一半的民警也清醒地看到，心理矫治专业人员缺乏影响了此项工作的深入开展。

监狱民警对教育改造工作的认知，较为否定的方面是教育活动与罪犯需求的相合度、教育改造活动的丰富性，以及改造与生产的关系。特别是在改造与生产关系的处理上，超过半数的民警认为监狱在这方面没有处理好，其中有一成多的民警还认为监狱对生产的重视超过了对改造的重视，是"生产第一、改造第二"，改造与生产的矛盾现象仍然存在。[①]

（四）监狱民警与罪犯在教育改造工作认识上的差异性

在本次关于教育改造工作 18 个调查项目中，除"惩罚与改造关系"一个项目外，其余 17 个项目民警与罪犯的选择都存在显著差异；而且除了文明管理一个项目外，其他各项目都是民警的评价显著地低于罪犯的评价。这一结果出乎笔者意料之外。对此，笔者与该省若干名监狱基层研究所长进行了交流，他们也感到意外。意外有两点：一是民警与罪犯对当前监狱教育改造工作的认识差异相当大，差异性大过了一致性；二是在绝大多数项目上，都是罪犯的满意度超过民警，而不是相反。

民警与罪犯对教育改造工作认识存在显著差异，这表明他们是两个不同的总体。民警作为教育改造工作的组织者，罪犯作为教育改造工作的对象，从某种程度上说是矛盾对立的双方。同时，民警与罪犯对教育改造工作认识存在显著差异的现象也符合人们的常识性认识。但是，辩证唯物主义认为，矛盾双方既是对立的、又是统一的，是存在普遍联系的。[②] 矛盾对立双方的认识如果只存在差异性，没有统一性，那不符合对立统一规律。譬如，教育改造工作的内容、作用，也许民警与罪犯双方认识会产生较大差异性，但是教育改造工作的开展情况、教育改造活动的丰富程度等，双方认识是可以一致的。而且对立双方的认识应当发展，在教育改造的初期，双方对立是正常现象，但是随着教育改造工作的推进，双方的认识虽然不可能完全趋同，但是要逐步一致起来，罪犯与民警的认识应当越来越有统一性，这才是教育改造工作发展规律的应然反映。

针对民警与罪犯对教育改造工作评价的显著差异性，笔者与监狱基层研究所长沟通，他们认为可能的原因有：一是民警现在接受培训多、接受信息多，他们对教育改造工作会有更多的思考；同时各省监狱民警的相互交流考察，会有一种横向的比较，而罪犯常常只有纵向的比较，近年来该省监狱重视开展对罪犯的心理矫治工作、严格执行教育改造"5＋1＋1"活动，丰富教育改造的内容，会影响到罪犯对教育改造工作的评价。二是监狱基层民警目前安全压力很大，一些民警会把教育改造工作视为监狱工作的一种负担，重安全而轻视教育改造。三是取样可能存在问题，被调查民警来自全省各监狱，而罪犯只是若干个监狱；如果是对某一个监狱的民警与罪犯进行调查并作比较分析，对教育改造工作的评价可能会较为一致。

---

① 贾洛川著：《监狱改造与罪犯解放》，中国法制出版社 2010 年版，第 151 页。

② 萧前等主编：《辩证唯物主义原理》（第三版），北京师范大学出版社 2012 年版，第 122 页。

　　笔者赞同监狱基层研究所长的阐释。另外,笔者认为罪犯对监狱教育改造工作评价较高,表明监狱教育改造工作确实进步了。当我们把罪犯当作"服务对象"来看,他们的"满意度"增加,表明监狱工作从服务对象角度来看是更加符合了他们的需求。这表明了监狱教育改造工作针对性增强,影响有效性提高,应当是值得肯定的一种进步。

　　相比罪犯的高评价,民警对监狱教育改造工作有更多的低评价。分析其中的原因可能是:首先,付出与回报不成比例。许多民警抱怨工作的无限责任性(不问原因的无限追究),工作时间的无限延长性(8小时工作、24小时责任),但是所获得的薪金收入与其他政府机关公务员相差无几,甚至相比较少,从而影响了民警对监狱工作的认同,降低了职业认可度。[1][2] 其次,监狱教育改造工作应当也可以进一步发展,并取得更大成就,但是由于现实存在的种种矛盾或阻碍,如改造与生产的矛盾、对监狱安全的过分追求等,监狱工作的本质功能在一定程度上被扭曲,产生了对现实监狱工作及教育改造工作的一些不满。再次,民警较多存在求思求变心理,但现实没有给予反应。随着整个人类文明的发展进步,以及我国社会的改革与发展,思变心理普遍存在。民警对当前监狱以及教育改造工作上已经发生的变革尚不满意,需要监狱决策机关作出更大改革的勇气与努力。

---

　　[1]　徐晓锋等:《监狱人民警察职业压力来源、影响及帮助策略中的问题分析》,载《中国监狱学刊》2010年第2期。

　　[2]　"矫正官队伍建设"课题组:《探析矫正官常见的心理健康问题及对策》,载《法制与社会》2012年第12期。

罪犯教育改造现状认知实证研究 *

　　监狱的基本功能是惩罚与改造罪犯。罪犯对监狱机关开展的教育改造活动持有怎样的认知评价,国内除了描述性分析外,①② 较少有实证研究。鉴于此,笔者就罪犯对监狱教育改造现状的认知进行了调查研究。

一、研究对象与方法

(一)研究对象

　　在某省的省属与市属监狱随机抽取 694 名罪犯作问卷调查,获有效问卷683 份,有效率98.4%。其中,男犯 457 人,占 66.9%;女犯 226 人,占 33.1%。刑期最短 1 年 2 个月,最长 20 年,另有 95 名无期徒刑犯和 50 名死缓犯。被调查人员中服刑时间最短 1 个月,最长 16 年 2 个月,平均服刑时间为 3 年。小学文化程度的 124 人,初中文化 386 人,高中文化 124 人,大专文化 41 人,本科 1人,7 人未答。案由有盗窃、抢劫、故意杀人、强奸、故意伤害、绑架、贩毒、诈骗、聚众斗殴、贪污受贿、赌博、交通肇事等近 30 个罪名。

(二)研究方法

　　采用问卷调查方式。自编监狱教育改造工作现状调查问卷,包括对教育改造总体评价、教育与惩罚关系、文明管理、教育内容与时间安排、教育方式方法等 18 个关于教育改造工作项目和 8 个有关罪犯性别、年龄、文化程度、婚姻、子女、单独或共同犯罪、案由、刑期、服刑时间等题目。问卷不记名,采用集体填答方式,由笔者主持完成。

(三)数据处理

　　将有效问卷输入 SPSS17.0 软件中作描述统计分析、相关分析与卡方检验。

---

　　*　　本文原载于《河南司法警官职业学院学报》2014 年第 3 期。

　　①　山东省鲁南监狱课题组:《"90 后"罪犯改造工作探索与思考》,载《犯罪与改造研究》2012 年第 10 期。

　　②　孙咏梅:《提高服刑人员教育改造质量之思考》,载《犯罪与改造研究》2013 年第 10 期。

二、结果与分析

(一)罪犯对教育改造现状认知的描述统计

1. 教育改造工作总体感觉

677名罪犯对教育改造工作总体感觉的调查结果如表2.29所示。

表2.29 教育改造工作总体感觉情况

总体感觉		选择人数(人)	百分比(%)	有效百分比(%)	累积百分比(%)
有效	不那么好	51	7.5	7.5	7.5
	一般	264	38.7	39.0	46.5
	比较好	265	38.8	39.1	85.7
	非常好	97	14.2	14.3	100.0
	合计	677	99.1	100.0	
系统缺失		6	0.9		
总计		683	100.0		

表2.29结果表明,14.3%罪犯认为教育改造工作总体感觉"非常好",39.1%认为"比较好",39.0%认为"一般",只有7.5%罪犯认为"不那么好"。

2. 教育改造工作总体科学性

680名罪犯对教育改造工作从总体上看科学性情况是:17.4%罪犯认为教育改造工作从总体上看科学性"强",28.7%认为"比较强",45.6%认为"一般",只有8.4%罪犯认为"不那么科学"。

3. "改造第一、生产第二"状况

681名罪犯对"改造第一、生产第二"状况的认知情况是:43.2%罪犯认为"改造第一、生产第二"状况是"好"的,32.2%认为"比较好",9.7%认为"不那么好",而15.0%罪犯认为"不好,刚好相反"。

4. 监狱文明管理情况

680名罪犯对文明管理情况调查结果是:30.0%罪犯认为监狱在文明管理方面是"好"的,40.3%认为"比较好",25.3%认为"一般",仅4.4%罪犯认为"比较差"。

5. 监狱人文精神情况

674名罪犯对监狱人文精神情况的认知状况是:37.1%罪犯认为监狱人文精神情况是"好"的,47.0%认为"一般",9.3%认为"不那么好",而6.5%罪犯认为"不好,缺乏人文精神"。

6. 惩罚与教育改造关系处理情况

676名罪犯对监狱在惩罚与教育改造关系处理上的调查结果是:受调查罪

犯中30.3%的人认为"教育与惩罚并重",43.8%认为"教育为主",18.2%认为"惩罚为主",7.7%表示"不清楚"。

7.监狱教育活动与罪犯需求关系情况

682名罪犯对教育活动安排是否符合他们需求的看法是:罪犯认为教育活动"符合"他们需求的比例是22.7%,"比较符合"的比例是38.3%,"有些符合"的比例是22.4%,"不那么符合"的比例是16.6%。

8.教育改造活动丰富情况

680名罪犯对教育改造工作各项活动安排是否丰富的调查结果是:20.1%的罪犯认为教育改造活动"丰富",28.1%认为"比较丰富",31.0%认为"一般",15.1%认为"比较单一",5.6%认为"非常单一"。

9.教育改造时间安排情况

681名罪犯对教育改造时间安排的调查结果是:27.8%的罪犯认为教育改造时间安排太多,59.0%认为"差不多",13.2%认为"时间太少"。

10.民警与罪犯思想交流情况

679名罪犯对民警与他们之间思想交流情况的看法是:43.9%的罪犯认为民警与他们的思想交流是"好"的,22.1%认为"一般",20.3%认为"有交流但缺乏深度",13.7%认为"基本上没交流"。

11.教育改造工作针对性情况

680名罪犯对教育改造工作对他们思想针对性情况的调查结果是:19.4%的罪犯认为监狱教育改造工作对他们思想的针对性很强,47.1%认为"比较强",22.5%认为"不那么强",11.0%认为"缺乏针对性"。

12.教育改造对罪犯的帮助作用

680名罪犯对教育改造工作对他们是否有帮助作用的调查结果是:22.1%的罪犯认为教育改造对他们的帮助作用很大,36.6%认为"有作用",29.3%认为"有点作用",12.1%认为"没作用"。

13.文化教育对罪犯帮助作用

682名罪犯对文化教育帮助作用的看法是:22.3%的罪犯认为文化教育对他们的帮助作用大,53.7%认为"有作用",19.1%认为"作用不大",5.0%认为"没作用"。

14.职业技术教育对罪犯帮助作用

682名罪犯对职业技术教育帮助作用的看法是:23.3%的罪犯认为职业技术教育对他们作用大,54.0%认为"有作用",17.3%认为"作用不大",5.4%认为"没作用"。

15.心理矫治的帮助作用

674名罪犯对心理矫治帮助作用的看法是:12.0%的罪犯认为心理矫治对

他们的帮助效果大，53.0%认为"有一定效果"，19.0%认为"效果不大"，5.9%认为"没效果"，另有10.1%的罪犯表示"没听说过"。

16.心理矫治工作开展情况

676名罪犯对监狱心理矫治开展情况的调查结果是：23.7%的罪犯认为监狱心理矫治工作开展得挺好，21.7%认为开展得"比较好"，34.8%认为"还可以"，11.1%认为"开展得不好"，8.7%认为"没开展"。

17.个别教育开展情况

676名罪犯对监狱个别教育开展情况的调查结果是：16.3%的罪犯认为监狱开展个别教育情况是"好"的，22.3%认为"比较好"，39.3%认为"还可以"，8.3%认为"开展得不好"，13.8%认为"没什么开展"。

18.矫正项目的帮助作用

671名罪犯对矫正项目（如愤怒控制训练）帮助作用的调查结果是：45.2%的罪犯认为矫正项目对他们有作用，11.0%认为"作用不大"，3.7%认为"没作用"，22.5%表示"不清楚"，17.6%表示"没听说过"。

（二）服刑时间与罪犯教育改造工作认知相关分析

对罪犯服刑时间与教育改造工作认知各项目之间作相关分析，结果如表2.30所示。

表 2.30　服刑时间与教育改造工作相关分析

相关分析		教育需求	教育总体感觉	教育工作科学性	教育活动丰富性	教育改造帮助作用	文化教育帮助作用
服刑时间	皮尔逊相关系数	0.200	−0.222	0.149	0.152	−0.247	0.213
	显著性（双侧检验）	0.000	0.000	0.000	0.000	0.000	0.000
	样本量	667	664	665	665	665	667
技术教育帮助作用	教育针对性	改造第一、生产第二	人文精神	思想交流	心理矫治作用	心理矫治开展情况	个别教育开展情况
−0.125	0.154	0.166	−0.152	0.155	−0.211	0.082	−0.082
0.001	0.000	0.000	0.000	0.000	0.000	0.035	0.035
667	665	666	660	664	594	661	661

表2.30结果表明，服刑时间与教育改造各项目间都存在显著相关，除心理矫治形式情况与个别教育开展情况的相关系数显著性在0.05水平外，其他各项目的相关系数显著性都在0.001水平。

监狱教育活动安排与罪犯的需求、教育改造工作总体科学性、教育改造活动丰富性、文化教育的帮助作用、教育改造工作对罪犯的针对性、"改造第一、生产第二"情况、监狱民警与罪犯之间的思想交流情况、心理矫治开展情况等项目与服刑时间呈显著正相关；而教育改造工作总体感觉、教育改造对罪犯的帮助作用、职业技术教育的帮助作用、监狱人文精神情况、心理矫治对罪犯的帮助作用、个别教育开展情况等项目与服刑时间呈显著负相关。表现为正相关的项目，其选择答案是按符合到不符合、丰富到单一、好到坏顺序排列，而表现为负相关的项目，其选择答案是按弱到强、不好到好、效果差到好的顺序排列。因此，相关系数的正或负，是答案排列顺序不同所造成的。因而，相关分析结果表明，服刑时间与罪犯对教育改造工作的认知评价之间存在显著相关，而且表现为随着服刑时间的推移，罪犯对教育改造工作的认知评价是从好逐渐变成差、从符合逐渐变不符合、从丰富逐渐变为单一。换句话说，随着服刑时间的增长，罪犯对监狱教育改造工作的认知评价越来越趋向不良。

（三）不同服刑时间段与教育改造工作认知的卡方检验

按罪犯在监狱服刑时间 1 年为分界，把被调查罪犯划分为服刑时间 1 年（含）以下与 1 年以上两部分，就其对教育改造工作的认知评价进行列联表分析（卡方检验），得到以下统计分析结果。

1. 教育改造工作总体感觉卡方检验

218 名服刑时间 1 年（含）以下与 446 名服刑时间 1 年以上的罪犯，对教育改造工作总体感觉的认知情况如表 2.31 所示。

表 2.31　教育改造工作总体感觉统计分析

总体感觉分析			教育改造工作总体感觉				合计
			不那么好	一般	较好	好	
入监时间二分	1 年（含）以下	计数	6	67	110	35	218
		占比（%）	2.8	30.7	50.5	16.1	100.0
	1 年以上	计数	42	193	151	60	446
		占比（%）	9.4	43.3	33.9	13.5	100.0
合计		计数	48	260	261	95	664
		占比（%）	7.2	39.2	39.3	14.3	100.0

注：$\chi^2 = 25.838, p < 0.001$。

表 2.31 结果表明，不同服刑时间罪犯对教育改造工作总体感觉存在极显著差异。更多的服刑时间 1 年（含）以下的罪犯（50.5%）认为教育改造工作总体上感觉"较好"，而更多的服刑时间 1 年以上的罪犯认为"一般"（43.3%）和"不那么好"（9.4%）。

2. 教育改造工作总体科学性认知卡方检验

217 名服刑时间 1 年（含）以下与 448 名服刑时间一年以上的罪犯，对教育改造工作总体科学性认知的卡方检验存在非常显著的差异($\chi^2=13.083$，$p<0.01$）。更多的服刑时间 1 年（含）以下的罪犯（21.7%）认为教育改造工作科学性是"强"的，而更多的服刑时间 1 年以上的罪犯（10.3%）认为教育改造工作"不那么科学"。

3. 监狱人文精神认知评价卡方检验

217 名服刑时间 1 年（含）以下与 443 名服刑时间 1 年以上的罪犯，对监狱人文精神认知的卡方检验存在非常显著的差异($\chi^2=12.774$，$p<0.01$）。更多的服刑时间 1 年（含）以下的罪犯（42.4%）认为监狱人文精神是"好"的，而更多的服刑时间 1 年以上的罪犯（12.0%）认为监狱人文精神"不那么好"。

4. 惩罚与改造关系认知评价卡方检验

216 名服刑时间 1 年（含）以下与 445 名服刑时间 1 年以上的罪犯，对惩罚与改造关系认知的卡方检验存在非常显著的差异($\chi^2=16.337$，$p<0.01$）。更多的服刑时间 1 年（含）以下的罪犯（53.2%）认为监狱"教育为主"，而更多的服刑时间一年以上的罪犯（21.8%）认为监狱"惩罚为主"。

5. 监狱教育活动与罪犯需求关系认知评价卡方检验

219 名服刑时间 1 年（含）以下与 448 名服刑时间 1 年以上的罪犯，对监狱教育活动与罪犯需求关系认知的卡方检验存在极显著的差异($\chi^2=28.560$，$p<0.001$）。更多的服刑时间 1 年（含）以下的罪犯（45.7%）认为监狱教育活动"较符合"罪犯需求，而更多的服刑时间 1 年以上的罪犯（21.0%）认为监狱教育活动"不符合"罪犯需求。

6. 教育改造活动丰富性认知评价卡方检验

218 名服刑时间 1 年（含）以下与 447 名服刑时间 1 年以上的罪犯，对监狱教育改造活动丰富性认知的卡方检验存在显著差异($\chi^2=9.512$，$p<0.05$）。更多的服刑时间 1 年（含）以下的罪犯（32.6%）认为监狱教育改造活动"较丰富"，而更多的服刑时间 1 年以上的罪犯（16.6%）认为监狱教育改造活动"较单一"。

7. 监狱警察与罪犯思想交流认知评价卡方检验

217 名服刑时间 1 年（含）以下与 447 名服刑时间 1 年以上的罪犯，对监狱警察与他们思想交流情况认知的卡方检验存在非常显著的差异($\chi^2=16.444$，$p<0.01$）。更多的服刑时间 1 年（含）以下的罪犯（55.3%）认为监狱民警与他们的思想交流是"好"的，而更多的服刑时间 1 年以上的罪犯认为监狱警察与他们的思想交流"一般"（23.9%）"有交流但缺乏深度"（21.5%）或"没什么交流"（15.7%）。

8. 教育改造工作针对性认知评价卡方检验

216 名服刑时间 1 年（含）以下与 449 名服刑时间 1 年以上的罪犯，对教育改造工作针对性认知的卡方检验存在显著差异($\chi^2=9.393$，$p<0.05$）。更多的

服刑时间 1 年(含)以下的罪犯(52.8%)认为监狱教育改造工作针对性"较强",而更多的服刑时间 1 年以上的罪犯认为监狱教育改造工作针对性"不强"(23.4%)或"没有针对性"(13.4%)。

9. 教育改造帮助作用认知评价卡方检验

219 名服刑时间 1 年(含)以下与 446 名服刑时间 1 年以上的罪犯,对教育改造帮助作用认知的卡方检验存在极显著差异($\chi^2 = 23.289$, $p < 0.001$)。更多的服刑时间 1 年(含)以下的罪犯(32.0%)认为教育改造帮助"作用大",而更多的服刑时间 1 年以上罪犯认为"有点作用"(31.8%)和"没作用"(14.1%)。

10. 文化教育帮助作用认知评价卡方检验

219 名服刑时间 1 年(含)以下与 448 名服刑时间 1 年以上的罪犯,对文化教育帮助作用认知的卡方检验存在非常显著的差异($\chi^2 = 12.798$, $p < 0.01$)。更多的服刑时间 1 年(含)以下的罪犯(58.9%)认为文化教育对他们的帮助"有作用",而更多的服刑时间 1 年以上的罪犯(21.7%)认为文化教育对他们的帮助"作用不大"。

11. 技术教育帮助作用认知评价卡方检验

218 名服刑时间 1 年(含)以下与 449 名服刑时间 1 年以上的罪犯,对技术教育帮助作用认知的卡方检验存在非常显著的差异($\chi^2 = 11.917$, $p < 0.01$)。更多的服刑时间 1 年(含)以下的罪犯(29.4%)认为技术教育对他们的帮助"作用大",而更多的服刑时间 1 年以上的罪犯(19.4%)认为技术教育对他们的帮助"作用不大"。

12. 心理矫治帮助作用认知评价卡方检验

216 名服刑时间 1 年(含)以下与 443 名服刑时间 1 年以上的罪犯,对心理矫治帮助作用认知的卡方检验存在非常显著的差异($\chi^2 = 14.714$, $p < 0.01$)。更多的服刑时间 1 年(含)以下的罪犯认为心理矫治"没听说过"(13.0%)或"有效果"(55.1%),而更多的服刑时间 1 年以上的罪犯认为心理矫治对他们的帮助作用"效果不大"(21.4%)或"没效果"(7.7%)。

13. 心理矫治开展情况认知评价卡方检验

213 名服刑时间 1 年(含)以下与 448 名服刑时间 1 年以上的罪犯,对心理矫治开展情况认知的卡方检验存在显著差异($\chi^2 = 10.312$, $p < 0.05$)。更多的服刑时间 1 年(含)以下的罪犯认为心理矫治开展情况"较好"(27.2%),而更多的服刑时间 1 年以上的罪犯认为心理矫治开展情况"尚可"(36.8%)。

分析罪犯对"心理矫治开展情况"与"心理矫治效果评价"两个题目的回答情况,服刑时间 1 年(含)以下与 1 年以上的两部分罪犯,对答案"没开展"与"没听说过"的选择具有某种一致性。这在一定程度上证明了罪犯对本次调查问卷填答的真实性。

服刑时间1年(含)以下与1年以上两部分罪犯对"监狱文明管理""个别教育开展情况"" '改造第一、生产第二' 贯彻情况"三个项目的认知评价没有达到统计学意义上的显著差异。

三、讨论

(一)罪犯对教育改造工作的认知与改进途径

我国监狱管理机关对罪犯的教育改造工作,一直是重视的,从新中国成立初期到改革开放的今天都是如此。特别是1994年《监狱法》颁布后,规定了监狱是惩罚与改造罪犯之场所。而近年来,监狱管理机关先后制定了《监狱教育改造工作规定》、《教育改造罪犯纲要》、《监狱教育改造罪犯工作目标考评办法》等规定,教育改造工作制度不断健全完善并得到贯彻执行,教育改造工作制度化、规范化水平进一步提高。因而,教育改造工作在持续的重视之下在被改造者身上亦得到了体现。从本次调查结果看,受调查罪犯对监狱教育改造工作现状持较为肯定的态度。总结起来罪犯对教育改造工作的认知可概括为:"三课教育"最肯定,教育主导得认可,文明管理受推崇,思想交流针对强,心理矫治有效果,人文精神需加强。具体情况是:①在"三课教育"方面,58.7%罪犯认为思想教育帮助作用大或有作用,76.0%罪犯认为文化教育对他们的帮助作用大或有作用,77.3%罪犯认为职业技术教育帮助作用大或有作用。②对教育改造总体工作的认知上,53.4%罪犯认为教育改造工作总体感觉好或比较好,46.1%罪犯认为教育改造工作科学性强或比较强,75.4%罪犯认为监狱执行"改造第一、生产第二"的情况好或比较好。③在监狱文明管理方面,70.3%罪犯认为好或比较好。④在惩罚与教育关系处理上,43.8%罪犯认为教育为主、惩罚为辅,30.3%罪犯认为惩罚与教育并重,两者合计占74.1%。⑤在教育改造活动方面,61.0%罪犯认为教育活动符合或比较符合他们的需求,48.2%罪犯认为教育改造活动丰富或比较丰富,59.0%罪犯认为教育改造时间安排差不多。⑥在思想交流及针对性上,43.9%罪犯认为民警与他们的思想交流情况是好的,66.5%罪犯认为思想交流的针对性强或比较强。⑦在心理矫治方面,72.3%罪犯认为对他们的帮助效果大或有一定效果,45.4%罪犯认为心理矫治工作开展情况是好的或比较好。⑧在个别教育方面,38.6%罪犯认为开展情况好或比较好。⑨在监狱人文精神方面,37.1%罪犯认为是好的。

在肯定目前罪犯总体对教育改造工作认知评价良好的同时,结合本次调查结果,有五个方面值得进一步讨论。

一是数据表明监狱"三课"教育,特别是职业技术教育得到了罪犯的最多认可。"三课"教育是目前我国监狱对罪犯教育改造工作中开展最为主要、也最为普遍的教育内容,在每个监狱都得到了持续、广泛的开展。① 本次调查表明,监狱的这个工作也得到了罪犯最大的认可,这是值得肯定的现象。大量研究表明,对罪犯的文化教育与技术教育,是有正效应的矫正活动。② 因此,我国监狱持续开展的"三课"教育活动,是能够改造罪犯的一类矫正工作,需要持续坚持与发扬。它也表明了目前监狱教育改造工作的有效性与适合性。然而,"三课"教育的形式化问题也遭到了许多专家学者的诟病,③④需要警惕与改进。调整思想教育内容、贴近罪犯改造需要,创新文化教育机制、开展分层教育与社会化教育,结合罪犯就业需要、加大职业技术教育力度等是可考虑之途。

二是监狱文明管理状况。在司法部关于监狱文明管理的总体部署与要求下,经过十余年的努力,监狱的文明管理取得了长足进步,也得到了大多数罪犯的认可。这与国内的相关研究结果较为一致,⑤说明这项工作部署在我国监狱得到了卓有成效的贯彻。只有文明的监狱管理,才能有走向文明的服刑人员。这显然是矫正实践的一个客观规律,似乎不证自明。文明管理仍然是我国监狱需要继续坚持的管理理念。

三是心理矫治工作。自从 20 世纪 80 年代中期我国监狱系统有心理矫治活动以来,到目前已经走过近三十年的历史。罪犯心理矫治工作从自发走向自觉,近十年来,监狱管理机关在多个相关规定中提出并全面组织开展罪犯心理矫治,各监狱也积极开展了此项工作。因而,这一工作的有效性得到了大多数罪犯的认可,并且有近一半的罪犯认为此项工作开展情况良好。在肯定心理矫治工作取得成绩的同时也不应忽视存在的问题。从笔者多年来开展的罪犯心理矫治实践与现状调研情况看,我国监狱心理矫治工作还有诸多问题需要进一步解决。比如心理矫治队伍的数量与质量问题,许多监狱没有专门的心理矫治机构与人员,已持有心理咨询师资格证的民警中较大一部分不能开展有效的心理矫治工作;监狱主管部门一些工作人员、部分监狱与监区领导对心理矫治的意义认识不足,比如没有一个心理矫治的长远规划,也常常没有年度计划,不尊重心理矫治的客观规律(如有的监区领导认为某罪犯经心理咨询情绪稳定后,就不必要再继续接受心理咨询了。心理咨询何时结束,应以是否实现了咨询目标,并由咨询师与来访罪犯协商决定);心理矫治活动与罪犯生产劳动的时空冲突,比如罪犯若按要求前来心理咨询则离开的劳动岗位将造成该生产线停产,

---

① 李豫黔:《中国监狱罪犯矫正工作的新发展》,载《犯罪与改造研究》2013 年第 2 期。
② 翟中东著:《国际视域下的重新犯罪防治政策》,北京大学出版社 2010 年版,第 471-495 页。
③ 孙咏梅:《提高服刑人员教育改造质量之思考》,载《犯罪与改造研究》2013 年第 10 期。
④ 贾洛川著:《监狱改造与罪犯解放》,中国法制出版社 2010 年版,第 143 页。
⑤ 湖北江北监狱课题组:《重新犯罪原因的调查与思考》,载《犯罪与改造研究》2012 年第 11 期。

等等。目前我国监狱的心理矫治工作已经解决了"有""无"问题,心理矫治的"广度"(普及性)亦已基本实现,接下来需要着重解决的是心理矫治的"深度"问题(人员专业素质与心理矫治工作质量)。现有心理矫治民警的专业培训、社会力量的借助与专业人员的招考引进可以"三管齐下"。这是深化心理矫治工作的基础。而罪犯心理矫治的顶层设计即制度设计也仍须重视,希望能在已有规范性文件的基础上就心理矫治机构、人员及进阶培训等方面能再出台全国性的规范性文件,并能分层开展心理矫治民警的专业知识、态度与技能培训。

四是罪犯对个别教育的认知评价出现"分化"现象。有部分罪犯认为监狱个别教育开展情况是好的,另有部分罪犯认为"没怎么开展"。这表明监狱个别教育工作开展得不均衡。应当说,监狱里的每个罪犯都需要民警去开展个别教育工作,不能厚此薄彼、顾此失彼,不能有所区别与侧重。在管理与教育工作中,常常有"抓两头促中间"的说法。罪犯在监狱的改造表现一般也可分为改造表现优秀、改造表现一般与改造表现不良三种情形。那么监狱警察是否可以抓"两头"——对改造表现优秀与不良的罪犯加以关注从而带动表现一般的罪犯呢?理论与事实都证明这个做法不可取。从理论上说,罪犯都是由于曾经的犯罪行为而被处罚的人,犯罪行为以犯罪思想、犯罪心理为基础,因此,他们都是思想上"带病"的人。通过让表现一般的罪犯"观摩"表现良好的罪犯从而启发其"良善"、启动其"心智"来变革自己,或者通过"听取"或"观察"监狱警察对表现不良罪犯的处置从而"触动"其"心灵"(并且触动后的变化是要变成良善),而没有针对表现一般罪犯本人的个别化教育改造工作,让他们产生变化是有难度的,更不用说那些缺乏自我反省能力的罪犯。从实践来看,笔者到监狱调研时,已有多名罪犯告诉笔者:他来到监狱,像笔者这样跟他谈的情况(一次谈话 50分钟以上,并且是触及内在思想的谈话)还没有过,在监狱待了几年都没有过一次。[1] 有罪犯对笔者说:如果监狱警察能够跟他好好谈谈,他也不会成为顽危犯了。因此,监狱个别教育分化现象、监狱警察只对部分罪犯开展个别教育是一个客观事实。改变这种情况需要监狱警察认识到每个罪犯都是需要进行个别教育的,"抓两头促中间"的做法不可取。常常听到监狱警察这么说:一个分监区二百多号犯人,才十来名警察,忙不过来啊!分析一下就可以知道,这种说法不完全对。十多名警察管二百多罪犯,确实"警囚比"不高。但是,平均下来一名警察教育管理 20 名左右罪犯,一年下来对管理的每名罪犯谈一次话都不能够?问题的关键在于:第一,监狱警察的职业精神问题、职业职责问题。第二,整体监狱体制问题。目前监狱的整体管理模式呈现为监管安全模式与劳动

---

① 邵晓顺著:《犯罪个案研究与启示》,群众出版社 2013 年版,第 46 页。

改造模式的混搭。① 监狱管理层以及监狱警察追求的往往是监管安全与生产效益，教育改造成为软指标。第三，部分监狱警察缺乏教育改造的技能。"个别教育怎么做""怎么深入做"也许都心中无数。

五是，相比较而言，罪犯总体对监狱人文精神状况认可度较低。人文精神，又称之为人文主义、人本主义或人道主义，是一种普遍的人类自我关怀，表现为对人的尊严、价值、命运的维护、追求和关切。人文是为人之本、文明之基。人道主义行刑论认为，无论犯有罪行的受刑人如何残酷、如何没有人性，人类社会本身在对其进行惩罚行刑时应遵守或体现一定的人类文明标准；行刑在一定程度上应表现出符合人类文明的人文性、宽容性、慈悲性。② 因此，监狱人文精神应当是当代监狱所追求的，因而也是我国监狱需要进一步提升的。北京市监狱提出了构建"现代人文监狱"的理念并付之于实践，明确"以改造人为中心，全面提高罪犯改造质量"的中心任务与总体目标，树立行刑教育化、社会化、人文化的理念，保障与维护罪犯合法权益与依法管理相结合，等等，为未来监管事业的发展指明方向。③

（二）随着服刑时间的推移，罪犯对教育改造负性认知增多

服刑时间与罪犯所接受的各种教育改造活动数量成正比关系，即罪犯服刑时间越长，他所接受的教育改造活动的数量应当是越多。这一点是无可置疑的。而所接受的教育改造活动越多，那么罪犯被教育矫正的程度应当越大。当然后一个结论有个前提，那就是罪犯在监狱内所接受的各种信息的累积影响效应是正性的。同时我们承认罪犯都是可以被改造的。但是，本次调查结果表明，随着服刑时间的推移，罪犯在教育改造各个调查项目上一致地表现为认知评价越来越低，没有一个调查项目出现相反的情形。这一结果令笔者感到意外。

为什么会产生这个现象呢？一个可能的原因是刑罚本身给罪犯带来的负性效应所致。因为被判刑坐牢作为一个重大的生活事件，一般地会给受刑人带来紧张与负性情绪，④以及失恋、离婚、个体诸多身心需要却得不到满足等负面影响。刑期越长，刑罚的持续作用所产生的负性情绪以及负面影响可能越强、越广泛、越深入，罪犯由此对监狱各方面的认知评价，包括教育改造工作的认知评价，也就更容易、更多地趋向负面。

然而，这只是事物的一个方面，即从罪犯主体内部所做的分析。造成这个

---

① 王文来：《狱制改革的科学解读》，载《犯罪与改造研究》2013 年第 9 期。
② 王云海著：《监狱行刑的法理》，中国人民大学出版社 2010 年版，第 18—19 页。
③ 刘学武：《构建现代人文监狱的思考与实践》，载《犯罪与改造研究》2013 年第 1 期。
④ ［美］Phillip L. Rice 著：《健康心理学》，胡佩诚等译，中国轻工业出版社 2000 年版，第 139—154 页。

现象应当还有另外的影响因素,即罪犯主体外因素——影响罪犯思想变化的外部"因子集"。这主要包括监狱的人与物,表现为物的因素——监狱建筑物本身,表现为人的因素——主要是监狱警察的形象与言行,两类因素与罪犯共同构成"监狱场效应",而矛盾的主要方面应当是监狱警察。监狱组织与呈现的各种集体性教育改造活动(依托监狱警察来完成)、监狱警察个体所开展的各种教育改造活动、社会力量参与的各种教育改造活动(由监狱警察领导与组织),以及给罪犯以影响的其他各种教育改造活动(一般亦由监狱警察来完成),它们共同作用于罪犯的思想、心理,从而促进、形成罪犯思想的良性转变。如果按照上述分析,那么罪犯对监狱教育改造工作的认知评价,随着服刑时间的推移,仍然应当有一些是正面的、肯定的,虽然不可能是每一个方面。但是调查结果却是如此的无情。即便如本次调查中得到最多罪犯正面评价的职业技术教育,仍然表现为随服刑时间增长认知评价越来越趋低的情形;其他如文化教育、技术教育、心理矫治、个别教育、教育活动安排、思想教育针对性、民警与罪犯的思想交流情况等,无一不表现为随服刑时间增长而评价趋低的结果。因此,目前的监狱教育改造工作,不管是内容、形式、方法,还是其内在特征,都随着服刑时间的增长认知评价越来越趋向消极。换言之,无论是教育改造活动对罪犯的吸引力,还是教育改造工作对罪犯的影响力,都随着服刑时间的延展而逐渐地减弱。

那么,是否由于前述"刑罚所产生的负效应"超过了监狱教育改造的矫正作用,从而造成了上述相关分析结果?为此,笔者剔除那些选择了"监狱是惩罚为主"和"惩罚与教育改造关系不清楚"的个案,对选择"教育为主,惩罚为辅"与"惩罚与教育并重"两个答案的 501 名罪犯进行服刑时间与教育改造各项目的相关分析,得到基本相同的结果,主要差别之处是"心理矫治开展情况"与"个别教育开展情况"两个项目从统计学的有显著性差异变为无显著性差异。这一差别不影响"随服刑时间推移罪犯对教育改造负性认知增多"的总体结论。这表明监狱对罪犯开展的各种教育改造活动的影响效应没有被刑罚效应所淹没。

基于此,当我们从教育改造效应的时间维度来思考服刑时间与教育改造各项目间相关分析的结果时,可以得到"目前监狱教育改造工作对罪犯的矫正作用具有一定的短期效应特征"的结论。即新进入监狱的罪犯,教育改造活动对他们的影响作用大;随着时间的推移,教育改造的影响作用越来越小。这证明了目前监狱教育改造工作能够持续地、较长期地触动罪犯的犯罪思想、犯罪心理的影响机制较为缺乏,表明监狱教育改造的总体规划与分年度计划值得进一步斟酌。或者说,至少从罪犯角度来看,监狱的教育改造工作对他们较长期或长期矫正力不足。举例来说,如果监狱针对罪犯的犯因性问题有一个较长期的教育矫正方案和分年度的教育矫正计划,在不同的月份、年份开展前后衔接的、系统性很强的教育改造工作,针对同一批罪犯每季度、每年都有不同特色与亮点的教育矫正活动,那么至少在教育内容上也许不会出现认知评价越来越趋低的现象。因而,本次调查结果值得监狱管理机关来积极关注,即矫正罪犯需要一个前后相联的、长期的教育改造计划和方案,从监狱管理局到每个监狱都应如此。此其一。其二,国内外对罪犯改造(矫正)的理论已经基本阐释清晰,在此前提下,监狱教育改造工作的整体部署要接受理论的指导。这至少有两个方面的工作可以做。一是要以理论来指导监狱教育改造工作。要培训监狱警察掌握这些理论并应用于指导改造罪犯的实践活动。特别是那些组织、策划教育改造工作的警察,要融会贯通地运用这些理论来制订教育改造工作的方案与计划,使监狱的教育改造工作符合理论规律、逻辑规则,符合法治要求。二是积极应用已被证明是有效的"矫正介入措施",[1]特别是经过循证已经证明有效的矫正方案,构建起罪犯教育改造工作的主体内容。如果这两方面的工作做到位了,那么罪犯对监狱教育改造工作的认知评价随服刑时间推移变得越来越负面的现象也许能够有所改观。

(三)不同服刑时间段罪犯对教育改造认知评价存在显著差异

我国监狱的教育改造工作常常是按年度来安排,即年初制订教育改造工作计划,年底对整年度的教育改造工作进行总结。教育改造的相关数据也以年度作为时间划界点。因此,本研究以服刑时间一年作为分类的界线,把罪犯分为服刑一年(含)以下与一年以上两类罪犯作统计分析。

本研究统计分析表明,两类罪犯在教育改造工作诸多项目的认知评价上存在显著差异,而且这种差异表现为服刑时间一年以上的罪犯对教育改造工作的认知评价显著地差于服刑时间不到一年的罪犯。这与前述第二点的结论相适应,因为整体趋势是随着服刑时间的推移,罪犯对教育改造工作的认知评价越来越趋向负面。

两类罪犯对教育改造工作认知评价有显著差异,这说明罪犯服刑一年后对监狱教育改造工作的认知与刚来监狱一年中的认知出现了"分化",即罪犯在接受了监狱组织的教育改造活动一年后,与一年来对教育改造工作的认知评价相比,有了明显的变化。这种显著的变化是怎么产生的呢?这来自于罪犯对进入监狱后将要接受的教育改造活动的内心预期与对监狱实际安排的教育改造活动的感知与感受的差距。两者间的差距是引发罪犯认知产生显著差异的根本原因。分析这对矛盾,矛盾的主要方面应当是监狱安排的各项教育改造活动。只有触及罪犯灵魂的、引发罪犯共鸣的教育改造活动与"矫正介入措施",并且持续不断地影响、引导罪犯心灵,才能使罪犯对监狱教育改造工作有持续的正面高评价。

正是基于此,各级监狱机关应当非常重视抓好整体性的罪犯教育改造工作

①　张苏军:《坚持统筹兼顾整体推进探索循证矫正中国化道路》,载《犯罪与改造研究》2013年第12期。

计划。这个工作计划包括年度与跨年度的计划。首先,要明确工作计划的制订依据。制订监狱教育改造整体工作计划的依据是一个个罪犯的具体矫正方案。虽然每年上级机关常常会确定一个教育改造活动的年度主题,但是那不全是制订某个监狱(监区)教育改造工作计划的依据。要根据每个罪犯的犯罪思想以及刑期长短量身制订矫正方案,即工作计划还要依赖于个别化矫正方案。如果监狱押犯数量大,可能不一定是依据每一个罪犯的个别化矫正方案,而是每类罪犯中部分罪犯的矫正方案。其次,监狱教育改造工作计划与罪犯个体矫正方案在内容与时间上要辩证统一。罪犯个别化矫正方案包括横向与纵向两个维度,横向维度是指罪犯多方面的犯罪思想,纵向维度是指矫正某方面犯罪思想所需要的时间。监狱教育改造工作计划也包括横向与纵向两个维度,横向维度是指若干类犯罪思想,纵向维度是指对某一类犯罪思想开展教育矫正需要花费的时间。因此,横向维度是指内容,纵向维度是指时间。矫正方案的横向与纵向维度与工作计划的两个维度既有一致性,也有差异性。如何统一? 监狱教育改造工作计划按年度把罪犯普遍存有的若干类犯罪思想作纵向安排,即一年中一个时间段(一月或一季)安排一类犯罪思想作为主要的教育矫正内容;若干类犯罪思想的教育内容构成监狱一年的教育改造活动;如果若干个教育主题一年时间内安排不完,可作跨年甚至若干年的安排。在一定的时间跨度内(比如 8 ~10 年),教育主题安排可以年复一年滚动实施,形成"教育循环"。但在不同的历史时间(相距 10 年或者更长时间),由于罪犯的犯罪思想会有一定的"质"的差异性,教育主题内容(教育改造工作计划的教育内容)要根据罪犯的犯罪思想作出相应的调整。同时教育改造工作计划又要作横向安排,即某一时间段内(一月或一季)在安排一个犯罪思想作为主要的教育改造内容的同时,穿插进行其他犯罪思想的教育改造活动。而每个罪犯依据其犯罪思想以及矫正进展情况,可有重点、有选择地参与到监狱整体教育改造活动中来。因而,监狱某个教育改造活动不一定每个罪犯都参加,参加进来的罪犯接受具体教育改造的内容也可以有不同。要根据某个罪犯的犯罪思想与当时监狱教育活动的内容,确定其是否参与以及接受教育改造的具体内容,从而实现监狱教育活动与罪犯思想更好的匹配。另外,实施上述教育改造内容的教育形式是集体教育与分类教育,由于每个罪犯的犯罪思想常常有其自身特征,因此还需要开展针对罪犯个体特异性犯罪思想的矫正活动,从而真正实现个别化矫正与监狱整体教育改造工作计划的统一。最后,要准确评估罪犯的犯罪思想。监狱教育改造工作的上述变革,需要以准确评估与掌握罪犯的犯罪思想作为前提条件。评估结果既是个别化矫正方案制订的依据,同时通过对罪犯个体犯罪思想的归类也成了监狱教育改造的主题内容。否则,"盲人摸象",无的放矢,教育改造工作必然事倍功半。

违法犯罪人员犯罪原因分析与矫正途径

对犯罪人的矫正,首先应当清晰其犯罪的原因,即清晰造成某一个体去违法犯罪的内在与外在原因。针对犯罪原因来设计矫正方案、选择矫正方法,才能事半功倍。本文在分析个体犯罪原因的基础上,阐述分析犯罪原因的具体方法,并针对矫正机构(指监狱、未成年犯管教所、公安看守所、社区矫正机构)的特征,阐述这些单位工作人员所能开展的矫正工作与具体内容。

一、个体犯罪原因

造成人们违法犯罪的原因,不管是从宏观角度分析还是微观角度来看,都是纷繁复杂的。不同的犯罪个体,其犯罪原因各有差异,互不相同。然而,对犯罪原因作简化但又符合逻辑的分析角度出发,个体违法犯罪的原因可分为主体外与主体内两个方面。具体是:

(一)主体外因素(又称社会环境因素)

主要包括:宏观社会环境因素与微观社会环境因素。

1. 宏观社会环境因素

宏观社会环境因素包括政治环境、经济环境、文化环境、法制环境等。宏观社会环境因素与整个社会的犯罪率高低相关。

2. 微观社会环境因素

微观社会环境因素包括家庭环境、学校环境、社区邻里、工作单位等。这些环境因素对个体犯罪起着更为直接的作用。

(1)家庭问题与犯罪。首先,家庭结构缺陷与犯罪。因父母死亡、离婚、分居、遗弃、入狱等,致使父母一方或双方缺损。家庭结构缺陷会造成个体去违法犯罪,其中更主要的是在于因之而影响到家庭的两个功能,即因此而引发家庭教育功能的缺陷以及亲子关系的破坏。由于家庭结构缺陷,在世的父母一方可能花更多的时间与精力到工作中以养家糊口,从而减少了对子女的教育与关注,或者是由于家庭缺损影响在世父母的情绪,使之产生更多的负性情绪,破坏和谐的亲子关系,或者是两者共同作用,使得家庭既缺少了教育,又破坏了亲子关系。这些情形都会造成未成年子女不能从家庭中得到必要的教育与指导,或者(又)在家庭中得不到温暖,使得缺乏教育与指导的小孩走向社会或(并)结交伙伴。由于这样的家庭影响在未成年人身上常常累积起负性的情绪,建构起不良的认知模式,因而走向社会时就容易进一步去吸收社会上的不良信息,结交伙伴时就容易在不良人群中寻找同样具有负性情绪或不良认知模式的一些人结成伙伴。如果在社会(包括学校)中得不到良好而有效的引导与教育,他们会不断吸收周围环境中的不良信息从而促使进一步构建起越规的认知、态度与价值体系,形成犯罪心理,结成犯罪团伙,最终走上违法犯罪的道路。

其次,家庭教养方式不当与犯罪。家庭教养方式一般可分为溺爱、粗暴、专制、放任与民主五种类型。溺爱型的教养方式,表现为对小孩过分娇宠,情感过剩,理智不足。父母与小孩的关系上,一是无原则满足,如小孩要天上的月亮,做父母的也要摘下来给他;二是过分保护,如总认为自己的小孩是对的,错的总是他人。这种教养方式,会使青少年形成"缺陷人格"。这一类型的人有四个主要的心理与行为特征:缺乏是非观念,自我中心,自私,承受挫折能力差。这些特征可以说都是犯罪心理的构成内容。粗暴型的教养方式,即父母或抚养人教育方法简单、粗暴,实行棍棒政策,认同"棍棒之下出孝子",对小孩子犯错误时非打即骂。这种教养方式下成长起来的儿童,容易形成暴力型人格或顺从型人格。这是因为父母是小孩的"第一任老师",子女要从父母身上学习为人处事的方式。父母对事物处理的方式是粗暴的,子女也就容易以这样的方式来处理自己今后遇到的类似问题。而有的小孩为了避免父母的打骂,当反抗不可能时,就会采取一切听从父母的安排,自己不拿主意的策略,久而久之,就会形成顺从型人格。在粗暴的养育方式下,子女容易形成的不良品质有:撒谎,欺骗,追求眼前利益,或者是缺乏主见,被动顺从,依赖性强等。放任型的教养式,即父母或抚养人对子女教育放任不管,就像一棵小树苗,只施肥不修剪,让其任意长大。有的父母即便发现了小孩的错误行为也放任不管,丧失了家庭教育的最基本功能。这种养育方式之下成长起来的儿童,其心理发展存在或好或坏两种可能,小孩成长的周围环境因素成为左右其心理发展方向的主因。从犯罪人家庭教养方式的调查情况看,还存在这样一种情形,即小孩由上一辈抚养,父母放任不管,而上一辈的养育方式却是溺爱型的,两类不良的养育方式共同作用于一个小孩身上,就非常容易造成个体不良心理的产生。矛盾型的教养方式,即抚养人之间教育态度、意见不一致,教养子女时一个说东、一个说西,一方肯定、另一方否定,使子女无所适从。抚养人之间教育意见不一致有两种情形,一是父母之间教育意见不一致,二是父母与上一辈之间教育意见不一致。不管是那一种情况,都会给未成年人的心理发展带来不良影响。其结果一方面使小孩在做人做事的标准上无所适从、带来混乱,另一方面会使小孩形成"两面性"人格,因为小孩会把抚养人分成两拨人,在否定自己的抚养人面前唯唯诺诺或躲避拉开距离,在肯定自己的抚养人面前撒娇泼辣,常常还会追求无原则的满足。如果抚养人对教育小孩的矛盾冲突在未成年人面前直接表现出来,对儿童心理发展的不良影响更甚。

民主型的教养方式,即抚养人在教育儿童时,以平等和谐与尊重的态度对待,重视培养子女的自主意识,对子女的教育有协商、有指导。这样的养育方式能使儿童形成积极的人格品质。首先,民主型的沟通方式,容易让小孩接受抚养人的意见;其次,教养过程即良好的沟通方式呈现过程,让儿童学会正确的人际沟通模式;再次,培养起小孩的自主意识,学会负责、担当的品质,发展起儿童的责任心;第四,抚养人不放弃意见表达,是有指导的、有教育的,传输给小孩正确的观念与价值体系。家庭的教育功能、情感交流功能、良好的亲子关系在民主型教养方式的家庭中都能得到展现,是一种良好的教养方式。

(2)学校教育问题与犯罪。首先,教育内容:重智育轻德育。在学校教育内容上,专家学者给予广泛诟病的是"重智育轻德育"的情形。由于片面追求升学率,考试成绩成为衡量学生及学校优劣的唯一标准或者是最重要的标准。学校以及学生把学业成绩作为考评的唯一标准,只注重发展学生的智力成分,而忽视非智力因素的培养,道德教育得不到重视甚至被排除在外。更为严重的是,社会大众青睐重点学校,教师青睐学习成绩优秀者,对一般学校与学习成绩差的学生,方方面面都是歧视或忽视的态度,给在一般学校学习的学生与工作的教师,以及学校中所谓的"差生"以极大的压力。教师不愿教,学生不愿学,必然造成学生厌学,甚至逃学。这不仅使这些学生未能完成社会化过程,而且如果脱离学校混迹于社会,容易被他人引诱加入犯罪团伙,进行违法犯罪活动。"重智育轻德育"的另外一个结果是造就了一批知识、智力上高能者,但在人格、品德上却是低下者。这些人学习成绩优异,在家受宠、在校受奉,在社会上似乎是特等公民。他们往往不注意品德修养与良好个性品质的培养,个人主义膨胀,自我中心严重,承受挫折能力差。有的对社会上的不良风气、不良文化和错误思想抵抗力脆弱,是非辨别能力差,容易受到消极影响,在某些外界诱因作用下,就容易产生违法犯罪心理。

其次,教育方法与态度:对"差生""双差生"忽视、冷落与放任,即学校教育方法和态度偏差对青少年犯罪心理的影响。在学校教育中,不适当的教育方法、不正确的教育态度,不仅不利于学生对知识的掌握,而且还会对受教育者的心理产生不利的影响。譬如,某些教师不能根据学生的心理特点来组织教学,教学方法死板缺乏灵活多样,造成学生对学习失去兴趣。又譬如,虽然教育主管部门三令五申不允许按学生成绩排名次,但是或者是"山高皇帝远"管不了,或者是阳奉阴违私下做,仍然有一些学校以学生考试成绩排名次的办法来考核教师或者以此督促学生学习,少数学校甚至对成绩靠后的学生劝退,以提高升学率。特别需要指出的是,一些教师对做学生细致的思想工作不情愿,当学生犯了错误,以布置学生写检讨书代替思想教育,或是简单、生硬地处罚了事。不管是学习成绩差的学生,还是犯了错误的学生,一旦推向社会,就容易继续犯错或沾上行为恶习。这样只会使学生在错误道路上越走越远。

再次,学校管理:对学生不良现象不敢管理、放任自流。有的学校和教师忽视学生日常管理工作,特别是校风不正、学风不良的学校,常常会有学生在学校里打架斗殴、故意扰乱课堂秩序、热衷情爱不喜学习、相互攀比生活用品、搞游戏性质的赌博活动等不良行为,而学校及老师对此却放任自流,不予阻止与批评、监督,结果是不良习气在校内进一步蔓延。这不仅扰乱了正常的教学秩序,影响教育教学活动,而且使其中有的学生的不良行为进一步恶化,进而演变成恶习使其走向违法犯罪之路。

(3)社区邻里。个体的社会生活,除了家庭之外,很大一部分是在邻里和社区环境中度过的。它对个人的成长和个人的社会化有着广泛的影响。社区环境的好坏,直接影响到邻里和家庭,并通过邻里、家庭而影响到个人。如果社区文化建设好,邻里间相互关心,风气正,则使生活其中的人们形成积极、健康、向上的心理,并对社区中的青少年心理发展产生良好的影响效应。在我国某些村落中,许多人会从事某种犯罪活动,形成某类犯罪的高发区,比如造假村、拐卖人口集中地等;城市主要是城郊接合部的社区,由于居住人员复杂,居住条件差,社会管理滞后,亚文化盛行,不仅容易成为犯罪的高发区,而且对居住其中的青少年的交往与心理都会产生不良影响,容易诱发他们产生犯罪心理。

邻里是由于居住地点的彼此靠近而形成的社会群体。在中国传统社会里,邻里群体发挥着重要的社会功能,如生产互助、守望相帮、情感交流、扶危济困,等等。邻里关系对犯罪有时有着直接的影响,对个体犯罪心理的形成起到一定的作用。邻里矛盾冲突容易使冲突双方发生激情犯罪。而邻里成员的犯罪活动,因模仿机制而使青少年仿效,造成青少年被不良心理传染、恶化,并最终会加入到团伙犯罪中去。

(4)工作单位。是指人们在其中工作的各种社会组织,如工厂、商店、学校、机关等。工作单位及其环境对人的价值观、行为方式等有着重要影响作用。然而,工作单位存在的某些不良因素,比如管理不善、风气不正,人际关系障碍等,也会对其中的一些人产生消极影响,从而可能引发工作人员产生犯罪心理与实施犯罪行为。单位管理不善主要包括规章制度不健全或有章不循、管理混乱等,使工作人员缺少必要的监督与约束。管理上的缺陷与漏洞,加上缺乏监督,往往会导致职业权力滥用和职业行为失控而引发犯罪行为。工作单位风气不正,歪风邪气盛行,往往会使工作人员思想混乱,从而使违法乱纪行为增多。特别是单位领导作风不正、行为不端、以权谋私,势必会强化某些人的自私自利心理,并仿效领导者的所作所为而产生非法侵占单位公共财物的犯罪心理和行为。工作单位人际关系障碍常常因利益冲突与纠纷而引起,如果没有及时处理或处理不当,则容易使矛盾激化而引发报复性犯罪行为。

在学校、社区邻里与工作单位因素中,都存在一个影响个体犯罪的重要因子——朋友。犯罪朋友对青少年是否会犯罪影响作用巨大。青少年由于辨别是非能力较弱,对学校、社区邻里或者工作单位中年龄相仿且“有权有势”的人容易产生崇拜心理,并产生盲目跟从的现象。这些青少年眼中所谓的“有权有势”人物,可能是学校或社区中打架斗殴出名的人或帮派为首分子,甚至可能是黑社会性质的犯罪团伙人物。一旦以他们作为学习的“榜样”、跟从的对象,那么离自身去犯罪也就不远了。

(二)主体内(个体自身因素)

1. 生理因素

生理因素包括天生犯罪人与生理上的犯罪易感性。

(1)天生犯罪人。有学者把它与“反社会人格障碍”等同,称之为“现实原因不明的反社会人格”,又比喻为“心理上的高位截瘫病人”,他们一生都需要身边有人监督和控制。其特征是:行为问题出现始于早年(6—10岁);家庭背景基本正常;缺乏自然情感力;聪明且善谋划;肆意犯罪不会中止。并认为这样的人员在犯罪人群中所占比例约为15%。[①]

笔者认为,天生犯罪人是人群中的极少数,可能是人性中“性恶”一面的外化表现,或者是个体在早年孕育或成长过程(1岁或3岁前)中某个内在平衡机制受到抑制,它的最终表现也许仍然是内外因交互作用结果。

(2)犯罪易感性。即容易导致一个人走上犯罪道路的内在生理特质,如大脑半球不对称和缺陷,额叶功能障碍,脑电图异常,因孕产期造成的神经功能损伤,易患多动症的生理体质,等等。[②]具有犯罪易感素质的人,在与社会环境交互作用过程中容易以消极的态度解释环境的刺激,并且容易吸收环境中的消极信息,并最终走向社会的“反面”。笔者认为,具有犯罪易感素质的人,在一个社

---

① 李玫瑾:《犯罪心理研究——在犯罪防控中的作用》,中国人民公安大学出版社2010年版,第55—58、63—66页

② [美]Curt R. Bartol, Anne M. Bartol著《犯罪心理学(第七版)》,杨波、李林等译,中国轻工业出版社2009年版,第49—63页。

会中仍然是人群中的少数。

2.心理因素

心理因素包括犯罪人格、缺陷人格与犯罪心理素质三类。

(1)犯罪人格。个体在后天早年的社会化缺陷下造成的个人长期与违法生存方式相伴,或因违法犯罪而长期与监所为伍,在一种近犯罪化而非正常社会化的过程中形成的一种较稳定的犯罪倾向和犯罪个性特征。其形成模式是:早年不幸──→违法──→犯罪──→处罚──→异常生活方式──→严重危害社会。其特征是:人生早年心理正常;基本社会化缺失;青春期有生存性违法;成年后犯罪升级;犯罪心理不可逆转;动机简单、性质恶劣。有学者认为该类罪犯约占服刑人员的 8%。[①]

(2)缺陷人格。在人格形成时期因抚养方式过于宠溺而造成的人格方式的严重缺陷,致使成年后出现持久性的社会适应障碍与行为问题。其特征有:是非观念不清、自私、自我中心、承受挫折能力差等。这是"养而不教、教而不当"造成的。有缺陷人格者占服刑人员的 22%。[②]

(3)犯罪心理素质。首先,认知能力低下,其中最主要的是思维分析能力低下。从笔者对违法犯罪人员的访谈中发现,犯罪人文化程度在小学四年级以下的,往往思维分析能力差,认知能力较为低下。这是因为小学四年级是儿童的思维发展从具体形象思维向抽象思维过渡的关键期,未能完成小学四年级教育者,抽象思维能力的发展受到阻滞。在现实中的表现则是对事对人的分析能力较差,被他人所左右,容易上当受骗;同时,在语言的组织上语词较为贫乏,常常词不达意。

其次,个性倾向不良。这表现为三个内容,即(低层次)需要恶性膨胀、是非价值观念不清、缺乏人生目标。大多数财产型罪犯表现为低层次需要的恶性膨胀,他们为了追求基本生存需要之外的物质满足,或者是早期人生经历中曾经遭受物质匮乏而发展出对物质的过分追求而犯罪。少数性犯罪者亦表现为低层次生理需求的恶性膨胀。而是非观念不清则是大多数罪犯共有的特征。缺乏人生目标在许多青少年犯罪人身上存在,不管他们的文化程度如何。

最后,自我控制能力低。表现为追求欲望的直接满足,追求刺激、冒险或紧张,不考虑长远利益,缺乏技能或计划性;不考虑别人的痛苦,用容易的或简单的方式来满足欲望;冲动、感觉迟钝、喜欢使用体力(而不是善于思考)、追求冒

① 李玫瑾:《犯罪心理研究──在犯罪防控中的作用》,中国人民公安大学出版社 2010 年版,第 59—61、82—89 页。

② 李玫瑾:《犯罪心理研究──在犯罪防控中的作用》,中国人民公安大学出版社 2010 年版,第 55 页。

险、目光短浅和不善言谈。[①] 自我控制力低几乎可以解释所有犯罪现象,然而暴力型犯罪、享乐型财产犯罪与追求一时性快乐犯罪似乎表现得更为明显。

二、分析个体犯罪原因的方法

一般地,矫正工作人员了解与分析违法犯罪人员的犯罪原因的方法主要有:诊断访谈、心理测验、行为观察、自我陈述、亲属了解、查阅档案等。下面主要介绍其中的两种方法,也是最常用的方法,即诊断访谈与心理测验。

(一)诊断访谈

诊断访谈可分为三种类型,即结构式访谈、非结构式访谈与半结构式访谈。非结构式访谈,就是允许谈话者自由地重复问题、引入新问题、修改问题顺序等,并且随被谈对象的问题或思维的变化而变化。非结构式访谈需要访谈者有足够的经验、较高水平的技能和训练,尤其要熟练掌握相关的理论和概念,以及有关访谈的背景知识,因而对访谈者的要求较高。结构式访谈则是对于每一位来访者,给予预先固定的标准化问题,这样不同的访谈者可以得到同样的信息。访谈者根据预先制定的问题跟犯罪人谈话,并按要求做好记录,因而谈话经验不多的矫正工作人员亦可开展犯罪原因的诊断式访谈。介于两者之间的是半结构式访谈。

不管是结构式还是非结构式谈话,整个谈话调查可分为三个部分:谈话前准备、实施谈话、填写表格建立档案资料。[②]

1. 谈话的准备

主要是指矫正工作人员阅读有关违法犯罪人的文字、音像记录等材料。如谈话对象的判决书(决定书)、违法犯罪人所写的自传,以及心理测验结果、观察记录、有关鉴定书等。

2. 谈话的实施

谈话应当包括以下内容:(1)进一步了解违法犯罪人员的背景信息。(2)要求对本次违法犯罪事实作简要陈述。如曾受到过刑事、行政处分,则需要对以往违法犯罪情况作详细了解。(3)谈话中还需要了解掌握的信息有:①家庭教养方式;②家庭经济情况;③父母兄弟姐妹或亲属犯罪情况;④已婚违法犯罪人的家庭与子女具体状况;⑤抚养与个体成长经历;⑥受教育情况;⑦(如有中学

---

① [美]迈克尔·戈特弗里德森、特拉维斯·赫希著:《犯罪的一般理论》,吴宗宪、苏明月译,中国人民公安大学出版社 2009 年版,第 13 页。

② 请读者进一步参阅,邵晓顺主编的《服刑人员心理矫治:理论与实务》,群众出版社 2012 年版,第 382—405 页。

阶段)中学同伴交往情况;⑧社会交往情况;⑨工作就业情况;⑩曾经历以及目前是否有重大生活事件,如离婚、家庭重要亲人死亡、配偶死亡、夫妻分居、曾患重病或较严重受伤等。

3.谈话资料建档

谈话结束,应当进行谈话回顾,并填写相应表格,建立资料档案。

(二)心理测验

目前,我国矫正机构对违法犯罪人员开展的心理测验,使用的量表可分为通用量表和专用量表两种。通用量表是指矫正机构和社会人士都可适用的心理测验量表。如明尼苏达多相人格量表(MMPI)、艾森克个性问卷(EPQ)等。专用量表是指专门用于对服刑人员进行心理测验而编制的针对性的量表。如国外的历史/临床/风险控制量表(HCR-20)等。国内通用与专用量表开发都不多,矫正机构大多使用国外的通用量表。国内开发的专用量表主要有:中国服刑人员心理评估系统;服刑人员危险程度测评量表,心理认知行为综合量表[1]等。后两个量表由江苏省监狱系统研制,有其使用价值。不过,这些专用量表应当说都只是处于起步阶段,需要积累更多的经验与资料来完善。我国矫正机构应当重视违法犯罪人员专用量表的研制工作。

对犯罪人的心理测验,另外一个可以使用的量表是生活事件量表[2],以分析违法犯罪人成长过程中所遭受的重大生活事件对其心理发展的影响。

在谈话、阅读各种资料及测量之后,要进行分析、归纳并得出诊断结论,即明确犯因性问题。诊断结论分为三个方面,即犯因性生理、心理与社会环境三方面因素。犯因性生理因素主要包括天生犯罪人特征与犯罪易感性生理特质。犯因性心理因素主要是犯罪人格、缺陷人格、犯罪心理素质等。犯因性社会环境因素包括宏观社会环境中的问题与事件,家庭、学校教育偏差,社区邻里以及工作单位中的不良特征等。这三方面因素都要根据每一个犯罪人的情况作进一步的具体化。然而,不管是犯因性生理、心理因素,还是社会环境因素,都是较为复杂的,特别是社会环境因素,影响广泛、间接且繁多。矫正人员在评估时注意从犯罪人个体层面去作分析把握,力求全面。

三、矫正对策

从矫正角度分析,造成个体犯罪的某些宏观因素以及大多数微观因素,矫

---

① 于爱荣:《罪犯个案矫正实务》,化学工业出版社 2011 年版。
② 汪向东等:《心理卫生评定量表手册(增订版)》,中国心理卫生杂志社 1999 年版,第 101-106 页。

正机构常常是无能为力的,没有途径与办法去干预。比如,一个国家的政治、经济环境,非矫正机构所能左右;甚至犯罪人的学校教育环境、社区邻里,亦非矫正机构所能干预,因为像学校教育已成为过去,无法再干预,而犯罪人所在的社区邻里,监禁型矫正机构常常鞭长莫及或者是不适合作干预,社区矫正机构也许可以发挥一定的作用。因此,总的来看,矫正机构所能施加影响的、直接可以作用其身的是违法犯罪人员自身的一些因素;可以起一定作用的是违法犯罪人员的家庭,因为矫正工作人员可以预约或在违法犯罪人员接见时与其家庭成员进行交流沟通,提出要求,以期产生符合个体再社会化要求的家庭教育与互动方式而实现干预之目的。

然而,进一步分析矫正机构对违法犯罪人员的干预内容,从当前现实情况看,犯罪人个体内在的生理因素常常难以改变或者是目前的科学技术对此还无能为力。对犯罪人神经系统或内在生化过程作干预,难度、风险以及法律许可上都存在一定问题。如此看来,矫正工作人员所能做的,主要是干预犯罪人的犯罪心理因素。那么,如何来实现这一工作目标呢? 笔者认为,从总体上考量,矫正机构可以采用综合教育矫正模式,即"个别化矫正、分类矫治与集体教育"相结合的矫治模式。而从犯罪人个体角度考量,则可以采取分类或个别化矫治策略。

1. 天生犯罪人与犯罪易感性生理特质者

天生犯罪人,因形成机理不明,针对性矫正难以设计与组织,或者是反社会人格障碍者需要专业的、高成本的矫正,因而对已犯罪判刑的天生犯罪人采取监禁的策略为上策。未犯罪时或者是刑满释放后,只有家庭和社会帮教人员、社区矫正人员采用看护的办法,对天生犯罪人给予终生的监督与控制。[1] 对于犯罪易感性生理特质的违法犯罪人员,设计针对其生理特质的治疗方案是选择之一。例如,对于多动和注意力缺失障碍的犯罪人,除了考虑医学治疗之外,最好采用多元化的治疗策略。[2] 这亦是一个相当专业化与高成本的矫正过程。

2. 犯罪人格者

对具有犯罪人格的违法犯罪人员的矫正,应当采用综合的矫正策略,如矫治、关心、就业与婚姻。由于犯罪人格的形成主要是由于早年抚养缺损或者是社会化缺陷所造成,常常是一个情感障碍者,因此,对他们的矫正,首先还是要实施强制再社会化过程,使他们逐步接受知识、技能,建立规范意识,明确自身的社会角色。其次是给予关心、照顾与情感关怀,使他们能够体会到人与人之

① 李玫瑾:《犯罪心理研究——在犯罪防控中的作用》,中国人民公安大学出版社 2010 年版,第 57 页。
② [美]Curt R. Bartol, Anne M. Bartol 著:《犯罪心理学(第七版)》,杨波、李林等译,中国轻工业出版社 2009 年版,第 57 页。

间积极的情绪情感;这种体验不是一时性的或者是一次性的,而是经常地、长期性地得到体验。再次,在刑满释放前以及释放后,要有系统性的帮教;监禁型矫正机构与社会相关部门要做好接茬帮教工作,实现无缝对接。从关心他们的就业开始,在有了一个较为稳定的工作之后,还要关心他们的婚姻状况,能够建立或(并)维持好家庭;如果已有的工作不能维持家庭及支出,还要给予安排社会救助等。最后缓慢地使他们能够实现自食其力,融入社会成为社会正常的一分子,以此实现矫正之目标。

3.缺陷人格与犯罪心理素质者

这是矫正机构重点工作对象。而对他们开展的各项教育矫正活动与内容中,帮助他们建立正确的是非观念最重要。教育活动与内容主要包括以下十个方面:

(1)认罪服法教育。这是开展其他教育改造活动的基础。在教育的内容方面,主要有:法律知识教育;犯罪危害、犯罪后果教育;守法意识培养。在教育的方式上,主要有集体教育与个别教育,以及将心比心、典型示范式教育方法。

(2)是非观念(是非判断标准)教育。违法犯罪人的是非观念常常是不清楚甚至是颠倒的。正是由于错误的是非观念,造成他们一系列的思想与行为问题。是非观念可以说是违法犯罪人犯罪心理的核心内容。因此,是非观念教育非常重要,必须给予高度重视。要注意讲清楚什么称之为"是"、什么称之为"非"。是非观念的核心是"是否损害他人利益"。损害他人利益或者社会(集体与国家)利益的思想与行为,就是"非";而有利于他人、有利于社会的思想与行为是有价值的、是正确的。在教育方法上可采用内涵讲解、反复引导、结合事例讲解、日常生活运用与督促,并注意运用违法犯罪人员相互启发式教育。由于违法犯罪人员文化程度较低,特别是小学四年级以下的,内涵讲解时一定要结合具体事例来分析。犯罪人在服刑生活中常常会发生是非不清的事件,这正是开展是非观念教育的良机,并且不管是做对的一方,还是做错的一方,都可从中得到教育与收获。教育方式有个别谈话与团体心理辅导两种。

(3)做人要有底线。底线两条:道德"底线"与法律"底线"。要促使服刑人员懂得:法律底线是"高压线",是碰不得的;违反必受罚。可以联系犯罪事实与判决事实作教育。在法律"底线"教育中要结合开展法制观念教育。同时,要讲清法律与道德的关系。

(4)控制欲望。欲望是没有止境的,在教育时要讲清楚欲望与能力的关系,即有多大能力满足多大欲望,欲望要与能力相称、相适应;欲望超过了自身能力,就容易走向违法犯罪。当犯罪人明白欲望与能力关系后,还要教会他们家庭理财观念与技能。

(5)增强自我控制力。主要途径有:一是建立是非标准,要注意阐明自我控制力与是非观念的关系；二是要向服刑人员提出做事三思而后行的要求；三是教给一些自我控制的具体方法，如默念词语、冲动转移、加强修养等。增强违法犯罪人员的自我控制力非常重要，矫正工作人员要注意对违法犯罪人开展这一方面的教育与训练。

（6）调整就业预期。对将要刑满释放的违法犯罪人员，要讲清就业指导思想："先就业、后择业、再创业"，要调整就业预期，改变急于致富心理。从对浙江省若干个司法局的调研来看，只要刑满释放人员愿意工作，司法局都可给予安排。然而，有的刑满释放人员对工作收入会向司法局提出不符现实的要求，因此，调整就业预期，"先就业"观念很重要。

（7）对家庭要珍惜与呵护。对刑期长的服刑人员，家庭能够存续的，要懂得去珍惜仍然完整的家庭。讲清"信任、忠诚与责任"对建立与维护家庭的重要作用。以爱情为基础的婚姻，以及夫妻双方做到信任与忠诚，是美满婚姻的两块最重要的基石。

（8）对交友要做到"择友"。要告诫服刑人员刑满释放后，不能再与还在违法犯罪的旧友再交朋友，要坚决避开。有犯罪的朋友容易引发犯罪，这是犯罪学研究的基本结论。从对浙江省若干司法局的调研来看，司法局工作人员一致认为，回归社会后的刑释人员，再回到原来的"朋友"圈中，这是他们重新违法犯罪的最主要原因。不过，在择友教育时要注意教给交友的辩证观，即如果曾经违法犯罪的人现在已经真诚悔改了，也是可以交往的。

（9）挫折带来的负性情绪的调整。经常遭受挫折而犯罪的人，需要教会因多次挫折积累起来的负性情绪的化解之策。主要有宣泄疗法，比如倾诉（朋友与专业人士）、书写、运动、大喊以及其他有效的宣泄方法。

（10）开展专题教育。针对犯罪思想、犯罪心理，开展专题的、课堂式的（集中）教育。比如，关于美的教育（美育主题之一）：①什么是美？②违法犯罪人员对"美"的错误认识与表现；③如何正确认识美（如何加强美的修养）。又比如，认识自我控制力：①自我控制力是什么？②违法犯罪人员自我控制不足的表现类型；③如何提高自我控制力，等等。

服刑人员心理矫治的内涵与学科基础 *

20 世纪初,服刑人员心理矫治在西方国家的矫正机构得到首创并运用,到现今已有 100 多年的历史。我国监狱开展心理矫治活动始于 1985 年,有监狱工作者运用心理测验量表对服刑人员进行了测量与研究。1987 年,上海市少年犯管教所率先在未成年犯中开设心理诊所,开展心理测验和心理咨询工作。1989 年全国监管改造工作会议提出要开展心理咨询活动,建立服刑人员心理矫治工作制度,推动与促进了全国范围内的心理矫治工作。到 2003 年 6 月,司法部发布《监狱教育改造工作规定》,单列一章"心理矫治",对监狱开展心理矫治活动提出了规范而具体的要求。2009 年 10 月司法部监狱管理局发布《关于进一步加强服刑人员心理健康指导中心规范化建设工作的通知》,就心理矫治工作,特别是心理矫治硬件建设提出了规范、统一的要求。

公安看守所服刑人员的心理矫治活动近年来得到了一定程度的开展。2008 年公安部发布《看守所留所执行刑罚罪犯管理办法》,第四章"教育改造"规定,"对罪犯的教育应当根据罪犯的犯罪类型、犯罪原因、恶性程度及其思想、行为、心理特征,坚持因人施教、以理服人、注重实效的原则,采取集体教育与个别教育相结合,所内教育与所外教育相结合的方法。""有条件的看守所应当设立教室、谈话室、文体活动室、图书室、阅览室、电化教育室、心理咨询室等教育改造场所,并配备必要的设施。"

关于社区矫正中的心理矫治活动:我国于 2003 年开始社区矫正试点工作,2009 年在全国全面试行。截至 2010 年 12 月底,全国 31 个省(区、市)和新疆生产建设兵团已开展社区矫正工作,覆盖全国 91% 的地(市、州)、72% 的县(市、区)和 65% 的乡镇(街道)。各地重视全面落实对社区矫正人员的监督管理、教育矫正、社会适应性帮扶三项工作任务,不断提高教育矫正质量。通过公益劳动、心理咨询、个案矫正、分类管理、分阶段教育等多种教育、监督、考验措施,教育矫正社区矫正人员的不良心理和行为恶习,防止重新违法犯罪。一些省市还

* 本文原载于《浙江警官职业学院学报》2012 年第 1 期。

集中对社区矫正人员进行心理健康教育,提供心理咨询和心理矫正。①

目前,服刑人员心理矫治工作已在全国各监狱得以基本普及,在公安看守所、社区矫正机构中得到一定开展。有关心理矫治的理论研究亦深入而广泛,比如服刑人员心理矫治的概念与意义、性质与定位、体系与内容、理论与技术,等等,都有丰富且较为全面的论述。本文根据监狱与其他矫正机构以及社区矫正的心理矫治工作实际出发,阐述服刑人员心理矫治的内涵与学科基础。

一、服刑人员心理矫治的内涵

服刑人员心理矫治内涵有广义与狭义之分。正确理解服刑人员心理矫治的内涵,是有效开展心理矫治工作的基础。

(一)狭义的界定

狭义的服刑人员心理矫治,是指运用心理学的原理、技术与方法,通过对服刑人员开展心理评估、心理健康教育、个体与团体心理咨询与治疗、危机干预活动,帮助他们解决心理问题,消除心理障碍,维护与恢复心理平衡,促进心理健康,增强生活适应性的过程。

狭义的服刑人员心理矫治工作,其依据的是心理学的原理,采用的是心理学的技术与方法,如系统脱敏法、认知行为疗法、精神分析法、现实疗法,等等。工作内容主要是心理评估、心理健康教育、个体与团体心理咨询与治疗、服刑人员危机干预五项。目的是解决心理问题、消除心理障碍,维护或恢复心理平衡,促进心理健康,增强适应监禁生活的能力,并希望能够提高刑满释放后适应社会生活的能力。

服刑人员心理矫治活动,由于是在监狱或其他矫正机构这一特定环境中实施的,又基于当前我国矫正机构的现实状况,因而存在着区别于一般心理治疗活动的地方。[1]首先,工作对象的差异性。一般心理治疗的对象是主动求医的,对心理治疗持合作、配合的态度;而服刑人员对心理矫治的态度可能配合,亦可能由于被安排来参加因为不自愿而不配合。其次,矫治效果的迁移性不同。一般心理治疗的环境与来访者的生活环境没什么区别,因而通过心理治疗的行为模式能够比较好地在社会生活中使用,治疗效果能够得到迁移。而服刑人员的心理矫治,是在监狱及其他监禁型矫正机构内进行,矫治环境与一般社会环境差别较大,在矫治活动中确立的行为模式有的不能在社会生活环境中得以使

① http://www.moj.gov.cn/sqjzbgs/content/2011 − 03/16/content_2520044.htm? node = 24071,2011 年 5 月 31 日访问。

用,矫治效果就不能得到很好的迁移。不过,社区矫正中实施的心理矫治活动,矫治环境与一般心理治疗环境差别不大,矫治效果具有迁移性。再次,专业化程度不同。区别于社会一般治疗工作者的专业身份,目前我国矫正机构中的许多矫治人员是非专业性的,他们往往集矫治、管理、教育等工作于一身,既是心理矫治工作者,又是矫正机构管理人员。这种身份的复杂性往往影响良好咨询关系的建立,从而影响了矫治的效果。不过,随着主管机关对心理矫治工作的重视,这种状况正在得到改变,专业从事心理矫治工作的人员正在并将逐步增加。另外一个值得重视的情况是,目前从事心理矫治工作的人员,常常是矫正机构中各种学科专业,如法学、管理学、经济学等专业的工作人员经培训后上岗的,大部分不具有心理学或精神病学等专业知识基础。这种情形需要矫正机构主管机关和心理矫治人员本身两个方面都作出更大的努力。作为主管机关,在增加招收专业学科人员外,要加强对目前从事心理矫治工作人员的考证与培训;作为心理矫治人员本身,则要更加重视心理学专业理论与技能的学习。

狭义的服刑人员心理矫治的五个工作内容各有其功用,它们是个整体,服务于矫正机构的整体工作。心理评估与诊断,既是心理矫治活动的开始环节,也是进行其他工作的基础。在评估与诊断基础上开展的个体与团体心理咨询与治疗,是监狱或其他矫正机构、社区矫正心理矫治活动的中心环节。因重大生活事件或其他因素引发服刑人员自杀、行凶、脱逃等行为或其他潜在危险时实施危机干预策略,是矫正机构、社区矫正心理矫治工作的重要领域。而对服刑人员进行心理健康教育,不仅是矫正机构、社区矫正顺利开展心理矫治活动的基础工作之一,而且也是提高服刑人员心理健康水平、实现行刑目的所必须。

我国矫正机构内的心理矫治工作人员,大多数不具有处方权。针对这种情况,监狱或其他矫正机构开展心理矫治工作,应当注意按照标准化的操作程序来组织实施。[2]这包括两个关键环节。第一个环节,从服刑人员中评估出矫正机构工作人员能够实施心理矫治的对象。这一环节又包含两步:一是心理正常与异常服刑人员的鉴别;二是心理健康与不健康服刑人员的甄别。对于监狱或其他矫正机构中没有处方权的心理矫治工作者来说,心理矫治的对象主要是心理不健康的服刑人员。第二个环节,对心理不健康的服刑人员实施心理健康教育、个体与团体心理咨询与治疗等心理矫治活动。社区矫正工作中开展的心理矫治活动,同样可以按照上述操作程序来组织实施。

（二）广义的界定

广义的服刑人员心理矫治,是指运用心理学的原理、方法以及相关学科理论,调整服刑人员心理和行为,并促使其发生积极变化的活动。[3]

以广义的心理矫治含义为基础作思考,服刑人员心理矫治可称之为服刑人员心理矫正。心理＝思想,矫治＝矫正;心理矫治＝心理矫正＝思想矫正。因此,"心理矫治"、"心理矫正"、"思想矫正"可以作为同义语使用。

正是从这个意义上说,广义的服刑人员心理矫治,除了包括狭义服刑人员心理矫治的内容之外,还包含了教育矫正、管理、劳动教育等工作中的部分内容。凡是能够给服刑人员的心理与行为带来积极变化、矫正机构或矫正工作人员有组织有意识的心理学服务活动都属于广义心理矫治的范畴。基于这样的理解出发,广义的服刑人员心理矫治,不仅以心理学的原理和方法作为理论指导,而且还包括其他相关学科理论,即其他能够用以影响服刑人员心理(思想)的学科理论都可以作为矫治工作的依据。在这里,"积极变化"是指通过开展对服刑人员的心理矫治活动,使他们能够产生符合社会需要与法律规范要求、有利于服刑人员个人身心健康的变化。

有学者概括了国外服刑人员心理矫治的主要目标:适应矫正机构环境、消除个人缺陷(包括增强自我了解、改变错误认识、疏泄消极情绪、矫正不良习惯、发展自控能力、改善人际关系)、治疗精神疾病、进行危机干预等。[4]这些矫治目标,国内矫正机构同样是可以借鉴的,而"消除个人缺陷"是社区矫正的主体目标。要实现上述目标,矫正机构或社区矫正工作应当采用综合教育矫正模式,即"个别化矫正、分类矫治与集体教育"相结合的矫治模式。这一模式必然要求教育(含劳动教育)、管理、心理矫治多手段的综合运用,并以"矫正方案"作为载体,以团体辅导理论为基础的分类矫治作为重要途径,结合集体教育,共同指向服刑人员的"犯因性问题"这一矫正内容。如图 3.1 所示。

服刑人员→评估与诊断
个别缺陷→个别矫正
共同问题→分类矫治

图 3.1　综合矫治过程模型

经评估与诊断,明确服刑人员个体存在的缺陷(犯因性问题),制订个别化矫正方案进行矫治。对一些服刑人员存在的共同缺陷(同类犯因性问题),采用分类矫治的方法来矫正。分类矫治区别于矫正机构以往开展的"分类教育",一般以团体辅导理论作为制订矫治活动方案的理论基础。

广义的服刑人员心理矫治,矫正过程设计如下:入监(教育)——→正常异常

---

① 吴宗宪博士在《中国服刑人员心理矫治》(法律出版社,2004)一书中"服刑人员心理矫治"定义:是指利用心理学原理和方法调整服刑人员心理和行为并促使其发生积极变化的活动。本文的概念增加了"相关学科理论",表明广义心理矫治的理论基础不仅仅是心理学理论,还可以包含其他学科理论。

心理评估——→危险性评估——→犯因性评估——→制订与实施矫正方案——→矫正效果评估——→(出监教育)。

心理矫治步骤:心理评估与诊断→矫正方案设计→矫正方案实施→矫正效果评价→矫正方案调整或重新设计→矫正方案的实施→……(构成一个循环)。

在综合矫正模式中,对服刑人员开展的集体教育,有两个内容应当给予重视。一是要对心理正常服刑人员开展价值观、人生观教育,其核心是人生价值与是非观念教育;开展法制教育,其核心是法律知识与守法意识教育;二是对初中以下文化程度的服刑人员,应当以课堂教学的形式开展文化知识教育;对初中以上文化程度的服刑人员,以课堂教学与技能实践相结合的教学形式开展职业技能教育。

服刑人员集体教育,主要属于教育矫正的内容,然而这一工作的开展必然要影响到服刑人员的心理与行为表现,与广义的心理矫治之间存在交叉关系。矫正机构通过管理手段矫正服刑人员的不良行为,促使服刑人员行为产生积极变化进而影响其心理,同样与广义的心理矫治活动之间存在交叉关系。矫正机构的劳动教育,转变服刑人员的劳动观念,矫正好逸恶劳的不良行为,逐步培养起劳动习惯,[5]同样带来"积极变化"。因此,广义的服刑人员心理矫治,包括两层含义:一是作为改造(矫正)手段的心理矫治,除了狭义的服刑人员心理矫治的内容之外,还包括矫正机构以及社区矫正中其他的心理学服务工作;二是从矫正效果判断——只要服刑人员产生"心理与行为的积极变化",那么教育(含劳动教育)与管理的部分工作亦属于心理矫治的范畴,而且心理矫治的理论基础不仅仅是心理学的原理与方法。因此,从广义的心理矫治内涵出发,矫正机构中各岗位工作人员不能固步自封、画地为牢,要通过多种矫正手段的综合运用,共同实现服刑人员"心理与行为的积极变化"。

在现实矫正工作中,狭义心理矫治与广义心理矫正工作往往是融合在一起的,两者不能截然分开。在服刑人员心理矫治的初期,常常从狭义心理矫治工作开始;随着对服刑人员心理矫治工作的推进,常常扩展到广义心理矫治;最后两者相辅相成,实现统一服务于矫正服刑人员的根本宗旨。

二、服刑人员心理矫治的对象

狭义的服刑人员心理矫治,工作对象是监狱及其他矫正机构或社区矫正的服刑人员。然而,根据心理矫治活动内容不同,对象有所差异,可以作进一步界定。对于心理评估活动,监狱、其他矫正机构或社区矫正的全体服刑人员都是其工作对象,因为进入监狱、矫正机构服刑或社区矫正的犯罪人,都需要了解他们的心理状态、心理特征,以有利于矫正机构或矫正工作人员开展教育、管理与矫治活动。对于心理健康教育活动,工作对象亦是监狱或矫正机构以及社区矫正的全体服刑人员或者是心理正常的所有服刑人员。对于个体与团体心理咨询与治疗活动,工作对象限于存在心理问题或心理障碍的服刑人员。而对于危机干预活动,工作对象一般来说仅限于出现心理危机的服刑人员。

广义的服刑人员心理矫治,在心理评估与诊断阶段,工作对象包括矫正机构或社区矫正的全体服刑人员;在危险性评估、犯因性评估以及矫治(矫正)阶段,则是矫正机构或社区矫正活动中心理正常的服刑人员。

三、服刑人员心理矫治的地位

广义的服刑人员心理矫治,包含了狭义的服刑人员心理矫治的内容。狭义的心理矫治,正如前述内涵所指出的,有自身独特的工作领域、工作内容。同时,它还是矫正机构或社区矫正工作中开展其他各项工作的基础。正常与异常心理的鉴别,是监狱或其他矫正机构及其工作人员,以及社区矫正工作人员开展各项工作的前提。对经鉴定具有异常心理的服刑人员,首先应当遵从医学模式开展专业治疗。这一般由监狱或其他矫正机构附属医院的精神科医生或者是社会上专业的精神疾病医院的大夫来完成。经治疗恢复正常心理的服刑人员,才能对他们开展教育矫正、劳动教育,以及有效的管理活动。教育、劳动、管理,对心理异常的服刑人员来说,都是不妥的。监狱或其他矫正机构的工作人员、社区矫正工作人员都应当具有这一基本的理念。因此,狭义的服刑人员心理矫治,既有自身独特的工作领域,又是各类矫正机构开展其他各项工作的基础,处于监狱或其他矫正机构工作的基础地位。

广义的服刑人员心理矫治,除了开展"比较系统、比较专业的心理治疗和行为矫正"等工作之外,还包括综合运用多学科、多手段的多维矫正活动,以实现服刑人员心理与行为的"积极变化"。监狱以及其他矫正机构实现惩罚与矫正的本质功能,有赖于心理矫正活动的有效开展。那种认为心理矫治是教育改造辅助手段的认识,是没有深入理解心理矫治内涵的表现,是片面的。

四、服刑人员心理矫治的学科基础

服刑人员心理矫治,是建立在诸多学科基础上发展起来的。然而,狭义与广义的服刑人员心理矫治的学科基础存在一些差异。狭义的服刑人员心理矫治,其学科基础主要是心理学各门具体学科理论,包括普通心理学、社会心理学、发展心理学、变态心理学、健康心理学、心理测量学、咨询心理学等,还包括四个心理学流派理论,即精神分析、行为主义、人本主义和认知学派理论。广义的服刑人员心理矫治,需要以多学科理论作基础,包括哲学、法学、犯罪学、社会学、教育学、心理学、伦理学、生理学、精神病学,等等;特别是心理学、教育学、社会学与犯罪学四个学科理论,是开展服刑人员心理矫正所必需的。

(一)服刑人员心理矫治的心理学基础

心理学理论与技术,是广义与狭义的心理矫治所共同依托的。心理学,是研究人的心理现象与行为规律的科学。心理矫治之心理学科基础,按照国家心理咨询师职业技能鉴定所要求的,主要有普通心理学、社会心理学、发展心理学、变态心理学、健康心理学、心理测量学、咨询心理学等。

普通心理学,是整个心理学大厦的基础。学习普通心理学,应当掌握心理学的基本概念。这不仅是学习其他心理学知识所必需的,也是心理矫治工作者相互顺利交流的学科语言基础。学习普通心理学,还应掌握一个基本理念,就是个体的心理与生理是相互作用的,要有身心一体观的理念。

发展心理学,是关于个体一生心理发展变化的理论知识。要掌握艾里克森等学者的心理发展阶段理论[6]。要理解个体早年经历以及与扶养人关系对个体心理的重要影响。要同时,还要注意儿童期、少年期、青年期心理及其发展的理论知识,以及这三个阶段心理不良发展与犯罪的关系。这是分析服刑人员犯因性心理问题的重要内容。

社会心理学,是研究社会情境中人的心理与行为规律的科学。人从出生时的自然人发展成为一个社会人,需要经过社会化,形成良好的社会角色。社会化失败是造成个体犯罪的重要原因。这是分析服刑人员犯因性问题的又一途径。

变态心理学,是研究心理与行为异常表现的学科。对服刑人员异常心理的准确判断,是开展心理矫治工作的基本内容。服刑人员的心理不健康状态,矫正机构的工作人员要求有能力给予调适。矫正工作人员需要这两部分知识。

犯罪心理学,是研究犯罪人的犯罪心理形成、发展和变化规律的一门学科。犯罪心理是广义的服刑人员心理矫治的主要内容,是心理矫治工作的"标的物",必须能够给予准确的分析和清晰的把握。个体犯罪心理形成的影响因素与过程分析、犯罪心理具体内容分析,是其中最主要的内容,是心理矫治工作者的基本功。

服刑人员心理学,是研究在刑罚执行条件下服刑人员的心理与行为规律的学科。犯罪人经拘捕、受审与判决,最后进入矫正机构中,他们的心理会发生一系列的变化。特别是进入到监禁型矫正机构后,由于受此特定环境因素的影响作用,其心理与行为会具有一定的特异性。矫治工作人员应当注意这种特异性。

（二）服刑人员心理矫治的教育学基础

教育学是研究人类教育现象和教育问题，揭示一般教育规律的学科。教育现象与教育问题，例如，教育本质，教育、社会、人三者关系问题，教育目的与内容，教育实施的途径、方法、形式以及它们间的相互关系，教育过程，教育主体，教育制度，教育管理等。

教育的本质是实现人的全面发展。然而，犯罪人在人生成长过程中由于接受教育少，往往得不到全面发展，表现为接受教育少，使之知识贫乏，造成认识能力低下，个体内在素质的基本面存在缺陷。这是造成个体违法犯罪的主要原因之一。

广义的服刑人员心理矫治，即服刑人员教育矫正活动，应当符合教育学的规律。矫正机构或社区矫正工作的目的之一，应当是朝着人的全面发展去筹划。同时，对服刑人员开展的所有矫正活动，都应当选择合适的教育途径，选择符合服刑人员身心发展的教育方法与形式。只有这样，才能使矫治工作事半功倍。对服刑人员教育过程的管理与实施，亦应当符合教育管理的规则与要求。然而在目前的教育矫正现实工作中，违反教育规律的现象存在着。矫正机构与矫正工作人员在组织教育活动时都需要遵循教育规律。

（三）服刑人员心理矫治的社会学基础

社会学是研究社会行为的科学。个体成长过程是获得合适的社会行为的过程。而犯罪行为，是一种不合适的社会行为，社会学称之为越轨行为。犯罪行为是社会学研究领域之一。

社会化是社会学最重要的概念之一。它是指个体通过与社会的交互作用，适应并吸收社会的文化，成为一个合格的社会成员的过程；也是个体通过学习，获得知识、技能与规范，培养社会角色，成为一个社会人的过程。

许多服刑人员，知识、技能不足，规范意识较差，是社会化过程的失败者，因而需要再社会化。再社会化是指用补偿教育或强制方式对个人实行与其原有的社会化过程不同的再教化过程。监狱、未成年犯管教所、公安看守所等矫正机构所实施的就是强制再社会化过程。它是再社会化的主要形式之一。从个体社会化的结果（知识技能与规范、社会角色）角度来分析服刑人员的犯因性问题，是矫正工作人员应当掌握的分析思路。

（四）服刑人员心理矫治的犯罪学基础

犯罪学，是研究犯罪现象与行为的学科。研究犯罪现象可区分为宏观与微观两个层面。从社会角度，在社会层面来研究犯罪现象及其规律的，可称之为宏观犯罪学。从个体角度,在个体层面来研究犯罪现象及其规律的,可称之为微观犯罪学。从矫治工作需要出发,矫正工作人员要更重视学习掌握从个体层面研究犯罪现象规律的微观犯罪学理论。这些理论知识中,有两部分内容是更需要重视的,一是国内外的犯罪学理论,如理性选择理论、差异交往理论、紧张理论、社会控制理论、标签理论、冲突理论等;[7]二是有关犯罪原因的理论,即影响个体犯罪的因素,一般包括社会因素、生理因素、心理因素等。影响个体犯罪的社会环境因素主要有家庭、学校、社区邻里和工作单位等;这是分析服刑人员犯因性问题时应当把握的基本维度。而对个体犯罪的生理因素与心理因素的分析,即犯因性生理与心理问题的把握,是服刑人员心理矫治的主体内容。

(五)服刑人员心理矫治的其他学科基础

哲学是世界观与方法论,是关于世界的本质、发展的根本规律、人的思维与存在的根本关系的理论体系。马克思主义哲学是我国各项工作的指导思想。哲学的根本问题是思维和存在、精神和物质的关系问题。存在决定意识,意识对存在有能动的反作用。这一哲学的基本命题,不仅是我国服刑人员心理矫治工作的哲学基础,而且也可以用于指导具体的矫正工作。比如,正常与异常心理的判断,当服刑人员的意识不是反映存在状态,而是服刑人员臆想的,违反了存在决定意识的规律时,那么其心理就是异常的。意识对存在的能动作用要求矫治工作人员在开展服刑人员心理矫治时必须注意服刑人员内在的能动性,考虑到服刑人员的内在的思想与心理。那种不考虑服刑人员的能动作用,只按照矫治工作人员的意愿去行事的做法,违反了哲学的基本规律,必然影响工作的成效,甚至造成工作的无效。另外,如内外因作用规律,外因是事物变化的条件,内因是事物变化的根据,外因通过内因起作用。在教育矫正服刑人员现实中,常常会遇到服刑人员对自身犯罪行为过于强调客观因素影响的情形。对此,矫治工作人员可以根据这一哲学规律予以分析与指导。再如,普遍联系的观点要求矫治工作人员在分析服刑人员的犯罪原因时,一定要按照多因素交互作用的观点去分析;任何从一维的角度去探寻服刑人员的犯因性问题,往往得不到正确的结论,是工作简单化的表现。

法学是研究法、法的现象以及与法相关问题的一门学科,是关于法律问题的知识和理论体系。法的重要特征之一就是它的社会规范性,它是一种普遍的、明确的、广泛适用而具有约束力的社会规范,因此它不是一般的社会规范,不同于对人的行为有相当约束作用和影响力的社会习惯、道德等一类社会规范。这根本的在于法是由国家制定和颁布并由国家强制力保证其实施且具有普遍约束力这一重要特征所决定的。因此,个体行为有其底线,这就是法律法规。人的行为不能越过法律法规这个底线。这是教育服刑人员必须明确的一个基本的法制观念。又如刑法中的罪刑相适应原则。它是指犯多大的罪,便应当承担多大的刑事责任,重罪重罚,轻罪轻罚,罪刑相称,罚当其罪。罪刑相适应原则的内容:(1)刑罚的轻重应当与犯罪人所犯罪行相适应;(2)刑罚的轻重应当与犯罪人的人身危险性相适应。在矫正现实中,服刑人员对所犯罪行与刑罚的关系认知常常不准确,许多服刑人员认为自己刑罚过重,需要矫正工作人员按照这一原则给予讲解与指导。

伦理学是指以道德现象为研究对象的一门学科。人类社会的道德现象包括道德活动现象、道德意识现象以及与这两方面有密切关系的道德规范现象。所谓道德活动现象,主要指人们的道德行为、道德评价、道德教育、道德修养等个人和社会、民族、集体的道德活动;道德意识现象指个人的道德情感、道德意志、道德信念,以及各种道德理论和整个社会的道德意识;道德规范现象一般指人们在社会实践中形成的应当怎样或不应当怎样的行为原则和规范,是调整人和人之间关系的伦理要求或道德准则。一般地说,服刑人员的犯罪行为都是违反伦理道德的。而且许多服刑人员的是非观念、道德观念往往是颠倒的、错误的,需要根据人类社会的道德规范、社会主义的道德规范给予指导与规正,以帮助他们建立正确的是非、价值观念。

人体生理学,简称生理学,是以生物机体的生命活动现象和机体各个组成部分的功能为研究对象的一门学科。人体生理学的任务就是研究构成人体各个系统的器官和细胞的正常活动过程,特别是各个器官、细胞功能表现的内部机制,不同细胞、器官、系统之间的互相联系和相互作用,并阐明人体作为一个整体,其各部分的功能活动是如何相互协调、相互制约的,从而能在复杂多变的环境中维持正常的生命活动过程。生理是心理的物质基础,心理现象以及个体犯罪心理与行为,都离不开个体的生理基础而存在。整个人体可分为8个系统:运动系统、循环系统、呼吸系统、消化系统、泌尿系统、生殖系统、神经系统和内分泌系统。与心理现象关系最密切的是神经系统与内分泌系统。对个体犯罪现象的分析以及服刑人员心理矫治工作的生理维度思考,是国内犯罪学研究与矫正工作中较为缺乏的。

广义服刑人员心理矫治所依据的各门学科之间是相互关联的。因为人作为一个整体,作为研究对象,可以从多角度、多视角地来分析,不同的角度可以发展起不同的研究领域、研究内容,发展起不同的学科范畴。而其中系统、协同的观点,是在运用学科理论分析与矫正服刑人员时应当注意把握的。

参考文献:

[1]吴宗宪.国外罪犯心理矫治[M].北京:中国轻工业出版社,2004:6—7.

[2]邵晓顺.服刑人员心理矫治的操作化程序[J].中国监狱学刊,2010(3):

　　　　111—114.

[3]吴宗宪.中国服刑人员心理矫治技术[M].北京:北京师范大学出版社,2010:2.

[4]吴宗宪.国外罪犯心理矫治[M].北京:中国轻工业出版社,2004:7—8.

[5]邵晓顺.劳动改造的动态发展阶段论[J].劳改劳教理论研究,1990(3):7—11.

[6][美]赫根汉.人格心理学导论[M].何瑾,冯增俊译,海口:海南人民出版社,
　　　1986:155—172.

[7]江山河.犯罪学理论[M].上海:上海人民出版社,2008.

服刑人员心理矫治的操作化程序 *

　　国内服刑人员心理矫治①工作,从 1987 年上海市少年犯管教所开设全国监狱系统第一家心理诊所开始,到目前已有 20 余年历史。20 多年来,我国监狱服刑人员心理矫治工作取得了长足进步。主要表现为:心理矫治的重要性得到普遍认可、心理矫治机构普遍建立、心理矫治队伍不断壮大、广泛使用心理测验量表了解服刑人员心理、心理建档在许多省的监狱得到广泛开展、具体的心理矫治活动在全国监狱中普遍展开等诸多方面。②而有关服刑人员心理矫治的研究也不断发展,如章恩友教授的《中国监狱心理矫治规范化运作研究》,吴宗宪先生的《中国服刑人员心理矫治》及《国外罪犯心理矫治》等。因此,可以这么说,国内罪犯心理矫治工作,在理论与实践两方面都进步非常大,成果相当丰硕。

　　然而,分析我国服刑人员心理矫治理论与实践两方面的情况,却存在着如下问题。在理论上,对心理矫治历史的追溯、心理矫治理论与方法的介绍,以及各犯罪类型服刑人员特定心理矫治方法的介绍相当多,但是对什么人可以作为心理矫治的对象却缺乏理论分析。在实践中,对于非专业(非心理学、教育学、医学专业)出身、从事心理矫治的监狱警察,或者是一些取得心理咨询师资格的监狱民警来说,从自己所面对的罪犯中如何区分出可以进行心理矫治的工作对象,常常并不清晰或存在着这样那样的困难;另一方面,区分出工作对象后,其标准化的操作过程又如何? 许多心理矫治人员并不十分清楚。这两方面问题是监狱警察开展心理矫治工作时首先必须明确的,其实质是服刑人员心理矫治的操作化程序问题。而这恰恰是我国当前心理矫治理论与实践中被忽视的一

---

　　*　本文原载于《中国监狱学刊》2010 年第 3 期。

　　①心理矫治的内涵有广义与狭义之别。狭义的服刑人员心理矫治,是指我国监狱运用心理科学的原理和方法,通过对罪犯开展心理评估、心理健康教育、心理咨询与治疗、心理预测与危机干预等一系列活动,帮助他们消除不良心理及其他心理障碍,维护和恢复心理平衡,促进心理健康,增强生活的适应性,以促进改造罪犯目标的实现。广义的服刑人员心理矫治,则是指凡是能够对服刑人员产生积极影响,使服刑人员能够发生积极变化的活动。本文取狭义内涵。

　　②吴宗宪:《中国服刑人员心理矫治》,法律出版社 2004 年版,第 53—59 页。

个问题。

服刑人员心理矫治的操作化程序,包括两个关键环节。一是从服刑人员中区分出可以进行心理矫治的人。这又包括两个过程:首先是进行心理正常与心理异常服刑人员的甄别;其次,是进行心理健康与心理不健康服刑人员的甄别。心理矫治的对象仅是心理不健康的服刑人员。二是对心理不健康的服刑人员实施标准化的心理矫治,包括一套行之有效的矫治程序。

一、鉴别心理正常与异常的服刑人员

国内有关服刑人员心理矫治工作中,什么类型的人可以进行心理矫治常常不够清晰。这一现象给监狱心理矫治活动带来了低效率与不信任感。监狱心理矫治工作者常常对应当由精神科大夫进行治疗的、具有异常心理的服刑人员实施心理矫治,结果自然是没有效果或效果不佳。

"有异常心理的服刑人员应由精神科大夫负责。"这一点希望每位监狱警察都要明确。因为心理异常,即丧失了正常功能的心理活动,也就无法保证人的正常生活,而且以其异常的心理特点,随时可能破坏人的身心健康。这样的服刑人员,在不经过专门治疗成为正常心理之前,是无法与之正常交流的,心理矫治不可能,更别说教育矫正了。

如何从服刑人员中鉴别出有异常心理的人呢? 下面提供两类鉴别标准——常识性区分标准与心理学区分原则,①供大家参考。

(一)心理正常与心理异常的常识性区分方法

这是非专业人员区分正常与异常心理的一种方法,具体可归纳为四点:

(1)离奇怪异的言谈、思想和行为。服刑人员言谈怪异,如"我是联合国的大将军,统率各国军队,昨天在美国检阅了太平洋舰队,明天要到俄国,检阅波罗的海舰队。"

(2)过度的情绪体验和表现。例如,某服刑人员终日低头少语,行动缓慢;与人交谈十分吃力,甚至想不出词汇,未开言,泪先流;或者彻夜不眠,时而唱歌,时而跳舞,说东说西说个不停。

(3)自身社会功能不完整。例如,一个服刑人员由于他的耳朵长的比别人大一些,就不允许别人摸耳朵,认为其他服刑人员摸自己耳朵,就是讽刺他,为此常常与他人吵架。

(4)影响他人的正常生活。

---

① 国家职业资格培训教程:《心理咨询师》(基础知识),民族出版社 2005 年版,第 257—260 页。

（二）心理正常与心理异常的心理学区分原则

这是从心理学角度对心理正常与异常的区分办法。具体是：

（1）主观世界与客观世界相统一的原则。心理是客观现实的反映，任何正常心理活动或行为，必须在形式和内容上与客观环境保持一致。如果一名服刑人员说他看到或听到了什么，但是在客观世界中，当时并不存在引起他这种知觉的刺激物，那么可以肯定，这个服刑人员的精神活动不正常了，他产生了幻觉。人的精神或行为只要与外界环境失去同一性（统一性），必然不能被人理解。

（2）心理活动的内在协调性原则。一个人的认知、情绪情感、意志行为这三个过程的内容应当是完整的、协调一致的。这种协调一致性，保证了一个人在反映客观世界过程中的高度准确和有效。如果一个服刑人员，用低沉的语调向其他服刑人员或监狱警察述说令人愉快的事；或者对痛苦的事做出快乐的反应，就可以说他的心理过程失去了协调一致性，称为异常状态。

（3）人格的相对稳定性原则。个体的人格在没有重大外部环境改变的情况下，气质、性格、能力等人格心理特征相对稳定，行为表现出一贯性。因此，可以把人格的相对稳定性作为区分心理活动正常与异常的标准之一。比如一个服刑人员一向性格较为乐观、热情，却突然毫无原因地变得悲观、冷漠，就可以判定其为心理不正常。

二、甄别心理健康与不健康的服刑人员

对经过上述方法区分出的心理正常的服刑人员，还需要进行心理健康与不健康的甄别。心理不健康的服刑人员，才是监狱心理咨询师的工作对象。

心理不健康一般分为三类，即一般心理问题、严重心理问题、神经症性的心理问题。它们各有其甄别标准。

（一）一般心理问题的甄别[①]

一般心理问题，是指由现实因素激发，持续时间较短，情绪反应能在理智控制之下，不严重破坏社会功能，情绪反应尚未泛化的心理不健康状态。

对服刑人员中一般心理问题的甄别，主要从刺激的性质、反应的持续时间、反应的强度和反应是否泛化四个维度进行。

维度一：刺激性质。服刑中的各种压力如缺乏劳动技能怕完不成劳动任

[①]　国家职业资格培训教程《心理咨询师》（基础知识），民族出版社 2005 年版，第 299 页。

务、处事失误、现实生活事件如"三课"学习考试不及格等而产生内心冲突,并因此体验到不良情绪(如烦恼、后悔、自责、懊丧等)。

维度二:反应持续时间。不良情绪不间断地持续满一个月,或不良情绪间断地持续两个月仍不能自行化解。

维度三:反应强度。不良情绪反应仍在相当程度的理智控制下,始终能保持行为不失常态,能够基本维持正常的服刑生活、监内劳动与学习、监内外交往,但效率有所下降。

维度四:反应未泛化。自始至终,不良情绪的激发因素仅仅局限于最初事件(例如妻子或丈夫提出的离婚),即没有泛化;即使是与最初事件有联系的其他事件(如子女抚养问题),也不引起此类不良情绪。

(二)严重心理问题的甄别[①]

严重心理问题,是由相对强烈的现实因素激发,初始情绪反应剧烈、持续时间长久、内容充分泛化的心理不健康状态。

其判别维度是:

维度一:刺激性质。引起"严重心理问题"的原因,是较为强烈的、对个体威胁较大的现实刺激。如离婚、子女病重、队长不信任等,使服刑人员体验着不同的痛苦情绪(如悔恨、冤屈、失落、恼怒、悲哀,等等)。

维度二:反应持续时间。从产生痛苦情绪开始,痛苦情绪间断或不间断的持续时间在两个月以上,半年以下。

维度三:反应强度。遭受的刺激强度越大,反应越强烈。多数情况下,会短暂地失去理性控制;没有监狱心理咨询师的帮助,靠"非专业的干预"或让服刑人员"自然发展",难以解脱痛苦;对服刑人员在监内的生活、交往等有一定程度的影响。

维度四:反应充分泛化。服刑人员的痛苦情绪不但能被最初的刺激引起,而且与最初刺激相类似、相关联的刺激,也可以引起此类痛苦,即反应对象被泛化。

(三)神经症性的心理问题

这是一类已接近神经衰弱或神经症,或本身就是神经衰弱或神经症的早期阶段。因此,可以按神经症来进行甄别。

神经症与正常心理的区分,可从心理冲突的性质入手。心理冲突有常形与变形之分。心理冲突的常形有两个特点,一是它与现实处境直接相联系,涉及

① 国家职业资格培训教程《心理咨询师》(基础知识),民族出版社2005年版,第301页。

重要生活事件,如服刑人员遇到对方提出离婚。二是带有明显的道德性质。心理冲突的变形也有相应的两个特点,一是它与现实处境没有什么关系,或者它涉及的是生活中鸡毛蒜皮的事,如某服刑人员每天饭后就陷于吃药还是不吃药的痛苦冲突之中:吃药怕肝硬化和上瘾,不吃药怕睡不着。二是不带明显的道德色彩。如该服刑人员,不能说吃药和不吃药何者道德何者不道德。心理冲突的变形是神经症性的。

三、服刑人员心理矫治的步骤

对服刑人员的心理矫治,可分为如下四步。

第一步:心理评估

对服刑人员的准确心理评估,是心理矫治的前提与基础。有学者指出我国监狱在服刑人员心理评估上存在的不足:对评估重视不够、评估方法简单、评估过程不严密。[①] 从本质上说,我国监狱目前在心理评估中存在的主要问题是评估方法上的不足。这种不足主要表现为两方面:一是方法简单,二是不能正确运用这些评估方法。

对服刑人员的心理评估,应当综合运用会谈法、测验法、观察法、实验法、产品分析法等,其中主要是运用前三种方法来评估与诊断。

会谈法是每一位监狱心理矫治工作者都必须掌握的基本功之一。说到谈话,似乎每个监狱警察都会,其实不然。这是因为,熟练的会谈技术在心理咨询临床中是最难掌握也是最难做好的事情,这是一种"伟大的艺术"。还因为,长期以来监狱警察与服刑人员间的谈话,被称之为"高山上的喊话",是一种不平等的谈话。当长期在监狱从事服刑人员教育改造工作的监狱警察来从事心理矫治工作时,如果以这种不平等的谈话方式来从事咨询会谈,无疑阻碍了会谈法功能的发挥,不能取得有效的评估资料。

会谈法是一种有目的的交谈。它要求监狱心理咨询人员在会谈时保持中立的、非批判性的态度,不能用指责、批判性语言阻止或扭转来访罪犯的会谈内容。在整个会谈过程中,监狱心理咨询人员的面部表情、提问的语调、动作,均不能表达出对会谈的哪类内容感兴趣,即接待、提问、倾听过程中,监狱心理咨询师的态度必须保持中性。这是有效会谈的前提条件。

心理矫治的会谈,一般以问题为中心来展开,或称之为"病史采集法"。可以围绕以下提纲为主要内容:身份资料、来访的原因和对咨询的期望、现在及近

---

① 章恩友:《中国监狱心理矫治规范化运作研究》,中国市场出版社 2004 年版,第 75—82 页。

期的状况、对家庭的看法、早年回忆、出生和成长情况、健康及身体状况、教育及培训、工作记录、娱乐、性欲的发展、婚姻及家庭资料、社会基础、自我描述、生活的转折点和选择、对未来的看法等。在会谈中，不同类型服刑人员的谈话内容可以有所区别，如对财产型罪犯，可重点会谈出生和成长情况、教育及培训情况、工作记录、社会基础、自我描述、生活转折点和选择、对未来的看法等。对暴力型罪犯，可重点会谈对家庭的看法、出生和成长情况、教育及培训情况、社会基础、自我描述、生活转折点和选择等。对性欲型罪犯，可重点会谈对家庭的看法、出生和成长情况、健康及身体状况、性欲的发展、婚姻及家庭资料、自我描述等。

心理咨询师的观察不同于罪犯之间的相互观察，虽然罪犯间的观察结果对监狱开展心理矫治是有帮助的，应当记录在案作为辅助资料。心理咨询师的观察亦不同于一般监狱警察日常对服刑人员的观察，这种观察对开展心理矫治亦是有帮助的，而且当管教民警按照心理矫治方案协助进行观察并记录时，监狱警察的观察就成为有目的的观察，构成监狱心理矫治评估工作不可或缺的组成部分。但是，心理咨询师的观察一般在咨询过程中完成。它主要用以了解来访罪犯的精神状态和行为特点。由于个体精神活动和行为涉及的面很广，使观察者无从下手。心理咨询师可以参考马隆（M. P. Malon）和沃德（M. P. Word）1976年提出的12个内容来进行观察，如外表与行为、交谈过程中的语言特点、情绪状态等。

心理测验，是依据心理学理论，使用一定的操作程序，通过观察人的少数有代表性的行为，对于贯穿在人的全部行为活动中的心理特点作出推论和数量化分析的一种科学手段。心理测验一般由一套标准化后的题目组成，供被测者回答。心理矫治中的心理测验主要有三类：智力测验、人格测验以及心理评定量表。它们用以评估来访服刑人员的智力状况、人格特征以及当前的心理行为性质如焦虑、抑郁等。

对来访服刑人员实施心理测验，一般应在会谈之后，即对其心理问题进行了初步的理解和判断，如初步确定来访罪犯的问题属于某一方面的问题（如情绪、思维、人际关系、行为习惯、人格特征等），然后为确定理解和判断的可靠性，再选择针对性的问卷和量表作测验。

心理测验结果如果与观察、会谈法的结论不一致，不可轻信任何一方。必须重新进行会谈，而后再进行测评。以笔者的了解，在监狱心理矫治中，心理测验结果与观察或会谈结果不一致的情况是不少的。例如，COPA－PI测验显示该服刑人员人格趋于外向，但观察结果为内向，此时，监狱心理矫治人员一定不能就此放手，必须深入下去，弄清楚其中的原因，以得出明确的结论。

第二步：制订矫治方案

这是服刑人员心理矫治的关键环节。在我国监狱心理矫治工作中，仅停留于简单的心理评估，没有实质性的心理矫治是普遍现象。这其中的主要问题之一，是缺乏高素质的专业人员。有人调查了 145 所监狱"罪犯心理矫治目前存在的问题与困难"，有 133 所监狱（占 91.8%）选择了"专业人员缺乏"。[1] 但令人高兴的是，近期我国监狱主管机关提出了监狱心理矫治人员要占服刑人员的 1%。这对促进我国监狱心理矫治工作的深入必将起到积极作用。

服刑人员心理矫治方案的主要内容包括：求助服刑人员的概况，诊断与甄别诊断，确定使用的矫治方法，确定矫治的步骤和阶段，明确阶段性矫治目标及评估方法，明确最终矫治目标及评估办法，心理矫治人员安排，等等。

目前国内服刑人员心理矫治活动，这一步骤最为薄弱与缺乏。缺少这一步骤，后面的步骤无从谈起，开展服刑人员心理矫治也就成为一句空话。在专业人员配备到一定程度之后，应当积极开展有计划、有目的、有针对性的个别化心理矫治活动。

第三步：实施矫治方案

制定矫治方案后，接下来就是要按照确定的步骤和阶段按步实施。在实施过程中，应当按照矫治方案确定的阶段性目标及评估方法及时进行效果评估。

阶段性效果评估后会出现两种情况，一是达到预定的矫治效果，那么应当继续实施下一步矫治方案，二是没有达到预定的矫治效果，此时就应当适时调整矫治方案。调整方案时需要注意的是，应当与服刑人员协商，而不能仅由心理矫治人员一人或一方作出决定。

第四步：矫治效果总评估

矫治方案中已经明确了最终矫治目标及评估办法，也就是对心理矫治最终效果及评估有了一个指导性的方案。监狱心理矫治人员应当按照这个指导性方案进行认真准确的评估，不能省略。

矫治效果评估主要通过服刑人员本身、一起服刑的人、服刑人员的家庭成员以及监狱心理矫治人员来进行。通过这样全方位的评估，才能保证效果评估的准确性与全面性。

矫治效果的评估方法主要有：服刑人员的自我分析报告、对被矫治者的心理测验、共同服刑人员的观察与评价、服刑人员家庭成员的观察与评价、监狱心理矫治人员的观察与评价。

矫治效果评估的最后结果，应当是一份较为全面的分析、鉴定报告。

---

[1]　章恩友：《中国监狱心理矫治规范化运作研究》，中国市场出版社 2004 年版，第 21 页。

对一名限制减刑服刑人员的心理矫治*

2012 年 3 月至 7 月,笔者前往浙江省某监狱对限制减刑服刑人员进行专题调研,共与 36 名该类罪犯进行了面谈。对其中一名出现失眠等心身障碍并主动要求咨询的服刑人员进行了 9 次心理咨询,基本实现该服刑人员心身障碍转归、接受"限减"事实、人生目标重组的咨询目标。

一、咨询对象基本情况

李某,男,1977 年 8 月出生,浙江温州人,因故意杀人罪被判处死刑缓期二年执行,并处"限制减刑"。2012 年 2 月 2 日送至浙江省某监狱关押改造。

二、心理咨询过程

第一次咨询　时间:2012 年 4 月 4 日上午 9:30—10:54

因笔者计划对每名限制减刑服刑人员至少作一次谈话,故本次咨询是笔者主动约谈。初次谈话了解到以下信息:

(1)犯罪事实(李某自述,未查阅档案):2010 年 10 月某日,李某与某火车站候车室从事"黄牛"生意的被害人发生冲突,用匕首将之杀害。之前李某从事"黄牛"生意时,被害人作为候车室"黄牛"生意老大,要求其交份子钱,因不同意发生过冲突。李某认为自己从事这份工作,是朋友介绍,而且身体不好(先天性心脏病),是来挣口饭吃,没必要向被害人交钱,因此当被害人要求其交份子钱时给予了拒绝。

所谓"黄牛"生意,是在火车站售票处附近带领买不到火车票的旅客进站上火车,然后由旅客给予一定报酬(每人次收取 30、40、50 元不等)。每个这样的"黄牛",虽然非火车站工作人员,但都有一把火车站某扇门的钥匙从而能够进入火车站台。

* 本文收录于《循证矫正研究:2013 监狱矫正论坛》,姜金兵主编,中国长安出版社 2013 年版。

（2）李某首先谈到"限减"问题，觉得想不通，因为有先天性心脏病（心脏上多长了一个血管），"能活着出去吗？"每天都在想这个问题，现在自己已35岁，限制减刑至少要在监狱关押25年（大多数限制减刑服刑人员的理解），能活到60岁吗？李某认为换了别人也会这样想。李某主诉：半夜醒来常常睡不着，或者睡得很浅，同监舍有点小动静就会被吵醒，常常一晚上要起来上厕所四五次。晚上醒着就老想限减要坐牢25年，自己也控制不住地想。有时被吵醒后他人倒睡着了，自己却睡不着，越想睡越睡不着。来监狱两个多月都是这样子，每天大概能睡二三个小时。这样早晨起来就没有精神，整天无精打采，心中觉得很痛苦。

（3）家人情况：母亲60岁，父亲62岁，都是小学文化。父母认为自己没什么文化，所以对子女要求很严格，要求好好读书，但采用粗暴的管教方式，打骂为主，为此，哥哥姐姐，包括自己，都离家出走过。

哥哥、姐姐学习成绩都不好，但李某成绩直到初二一直都是好的，一般在班里前5名。初三因抢同学的旅游鞋被判刑一年半，在看守所服刑，1994年刑满释放。父母为了减少对李某以及整个家庭的影响，就给李某改名，再把其户口迁到杭州某地，在这边又读了三年书，相当于高中，然后送到上海音乐学院读书，因为李某从小到大都喜欢音乐。在音乐学院学习一年多，学声乐、钢琴等。被捕前李某主要是在温州、上海、江苏、杭州一带的酒吧做乐队，月收入1万元左右。

（4）李某2003年结婚，一年多后离婚，没小孩。双方在酒吧认识，2个多月后结婚，李某自认为是"闪婚"。离婚后一直有女朋友，但不固定。

（5）李某有四次前科，除了1994年判刑一年半，1998年因打架判刑两年，2003年劳教6个月，后来又被强制戒过一次毒。李某在初中时开始吸毒，直到2008年，就吸食"海洛因"，开始时是向家里要钱吸毒，后来主要是用做乐队挣的钱吸毒。开始几天吸一次，后来每天吸。2008年之前，李某认为自己除了吸毒和做乐队外，没干其他正经事。

（6）2008年在上海演出时，发生了汶川大地震，李某与乐队就去了绵阳、北川，感触非常大。感触最大的一件事是，李某与其他一起去的人访问一户人家，地震前家人加上亲戚有40多人，地震后只剩下11人。因而觉得要珍惜生命，珍惜身边活着的人。李某等人在那边主要是教小学生弹琴。

有一次李某等4人帮一户人家摘平菇，劳动了两个多小时后，老农把平菇拿去卖，李某问他卖了多少钱，说卖了40多块。当时觉得自己4人劳动这么辛苦，可只卖了这么一点钱，觉得农民真是太辛苦！人生差异这么大！原来自己对社会、对家里这不满、那不满，但比比他们，真是"身在福中不知福"，因此，李某认为自己彻底醒了，也彻底戒了毒，对家里也孝顺了。比如收入1万块，会给父母5000元,这样持续了一年多。又如在杭州买了房子,就把妈妈、外婆接来,有空时经常买点东西去看看。家人看到李某的变化也很高兴。

(7)2010年李某感到自己身体越来越差,乐队没法做下去,因为患有先天性心脏病,酒吧乐队的巨大声响、乐队的旋律叩击心脏,让他受不了。到2010年8月李某不做乐队了,但不敢跟家里说,怕他们担心。没钱了又不敢说,怕家里人认为又把钱拿去吸毒去了,这样经朋友介绍就到某火车站做"黄牛"生意去了。

(8)回顾自己一生,李某认为基本上是跟社会上的小混混在一起,还觉得这样过得很有面子。李某认为2008年大地震之前自己是没有是非观念、没有对错标准的。认为只要自己敢去做,都是对的;不违背自己的意愿,忠于自己的意愿,满足自己的欲望,这才是人生。

直到2008年后,李某才觉得做人要有责任心,觉得自己以前太自私了,辜负了父母、哥哥姐姐的期望。当时家人觉得很奇怪,怎么一下子变好了,人完全变了。

第一次谈话后笔者感到:李某因患先天性心脏病而担心生死问题,担心能否活着走出监狱,从而引发失眠等心身障碍,并具有一定的强迫性思维,需要接受心理咨询,并认为此类"限减"服刑人员的咨询目标是:近期是改善心身障碍,解决失眠问题;中期是转变认知,接受"限减"事实;远期是正确应对面临的人生问题,重组人生目标,以适应监禁生活,并能够完善人格,较为快乐地生活。

第二次咨询　时间:2012年4月10日上午8:55—9:55

在笔者决定要约李某作第二次咨询时,管教民警也向笔者反映,李某提出来希望跟笔者再谈谈。

(1)李某首先对前次谈话表示感谢,认为谈后感觉好多了,原来憋在心里闷得慌,所以想再找笔者谈谈。

(2)笔者说,李某主动要求咨询挺对的,接下来按心理咨询程序走。首先,笔者讲解了心理咨询的保密原则。接着,双方商量咨询目标:第一步,改善身心障碍,改善晚上睡眠不好的问题。希望通过咨询,改善睡眠质量,晚上少起夜。第二步,对服刑25年,即"限减"有比较正确的认识,对"限减"事实能接受。第三步,对人生的看法,能更完整、更符合现实状况;有正确的、符合李某目前现实状况的人生观念,或者说对人生要重新规划,确立起能够适应监狱生活的人生目标。同时,双方商定一星期咨询一次,每次50至60分钟。

(3)一小时的咨询,李某除了回答笔者的少数问题,基本上是在谈自己的人生经历,以及对"限减"的悲观看法和不满态度。李某认为自己在监狱关一二年可以接受,25年或者27年,没什么区别,太长了,出去要60多岁,感到害怕。按李某说的："(一生中)以前没什么怕的,这次是真怕了!"

李某说,当时自己拿刀去跟"老大"打架,本想把对方打伤,让他到医院躺几天,赔给他医疗费完事;或者再打得严重点,把对方打伤自己给判个一二年。根本没想到把对方捅死,自己还判了"限减"。

同时,李某认为监狱行政味重,一级管一级,觉得不适应。因为是做音乐的,感性强,缺乏理性,在监狱里又不能做自己喜欢做的事,真不知怎么过下去。

李某认为整个"限减"人群心情比较压抑,因为都要 25 年以上。有的"限减"罪犯说了一句抱怨的话,大家都会有同感,心情马上就会沉重起来。因此,李某认为跟"限减"人员去交往,会带来心情的压抑。听说以后"限减"人员要关押在一起,认为气氛会不好。

(4)李某在社会上时写过博客,保存在网上,向笔者提出希望打印出来带给他。博文名为"将键盘进行到底"。李某觉得自己只有手指触碰到键盘,才觉得是有生命的,否则只有吸毒与做音乐,没其他事好做、能做。

(5)笔者主动提起李某的外婆,因为首次谈话时说起过。问李某外婆来看过吗?回答说,外婆 80 多岁了,虽说要来看,但叫她不要来。外婆来肯定要哭的,她很关心李某。2008 年汶川回来,李某知道孝敬家人,也幸亏孝敬过家人。外婆跟李某说,村里其他老头、老太有手机了,给她也买一个,好听李某他们电话,也可以给他们打电话。李某于是给外婆买了老年人手机,给手机设置了 1,2,3,4,一键拨号的,1 是谁,2 是谁……上次在杭州时,晚上 8 点还给李某打电话,说怎么怎么样,在干什么呢,"你看,我(指外婆)也能联系到你了……"说到外婆,李某神采飞扬,脸上生动,像换了一个人似的。

关于外婆,李某认为她"走"时自己肯定不能送了,甚至父母去世也送不了。笔者说:"从人性角度,自己的亲人,比如外婆,应当让你们去送一送,更不用说父母。希望我国这方面进步了,更人性了,能够实现这个愿望。"李某说,听到这些话从一个穿警服的人(每次咨询笔者都穿着警服)嘴里说出来,感到很高兴。

(6)笔者提出,如果能在监狱里弹琴、做音乐,那就好了。李某认为不敢想。笔者认为,从人性关怀角度,应当让服刑人员的才能在监狱里得到运用、发挥,既能使自己有事做,又能让他人快乐,是个好事,希望监狱到一定时候能考虑这些事。

(7)笔者问李某是否曾经接受过心理咨询。李某回答说,在上海音乐学院读书时得过抑郁症,接受过心理咨询,但没有接受药物治疗。可是现在与那次不一样。那次自己不想说话,不想与人交往,心情很不好,想一个人呆着。

整个咨询过程中,李某说话意识较强,基本上是他在说,笔者在听,但李某叙述时声音较为低沉,显得心情颇为沉重。偶尔说到一件事,声音提高一下,其中在说到外婆时,整个叙述声音都较为响亮。因此,咨询中有意扩大这种情形,鼓励李某多叙述与外婆的交流及如何孝敬老人的过程。

(8)针对李某失眠等心身障碍,咨询师教给他放松疗法——深呼吸,讲解了深呼吸的原理,以及具体的做法。

(9)谈话结束时,安排李某做了SCL-90与SAS。

心理测量结果:

SCL-90:躯体化1.5,强迫症状2.5,人际关系敏感1.78,抑郁1.92,焦虑1.8,敌对1.33,恐怖1.43,偏执2.0,精神病性2.2,其他(该因子是反映睡眠及饮食情况的)3.14。SAS:标准分40,无焦虑。

(10)综合咨询会谈与测验结果,笔者诊断李某为严重心理问题(从刺激性事件持续时间、社会功能轻微受损、有所泛化得出该诊断结论)。同时,根据李某会谈中所反映的情绪与认知特征,笔者认为李某存在自杀的可能,因此,咨询中除了缓解睡眠障碍之外,决定以支持性心理疗法为主,同时配之以认知行为治疗,并积极关注李某的情绪变化。

第三次咨询　时间:2012年4月18日下午14:15—15:15

(1)笔者首先把李某第二次咨询时要求打印的"将键盘进行到底"交给他(打印前征求了分监区领导的意见并得到同意),同时对李某说,这段文字写得挺优美的。李某首先表示衷心感谢,然后说文字优美不优美是其次的,首先是自己当时生活、心情的写照,是心情的流露。笔者与李某对其网上的其他博文做了交流,觉得另外一篇博文写得也不错。李某说当时自己开了博客、网络空间,也是"圈内人"相互看看,对"圈内人"开放(圈内人指做音乐及相关的人),由此再次谈及当时生活,主要是对自由生活的追忆与向往,并引发对监禁生活,对自己将长期监禁的感慨。李某认为现在唯一支持自己过下去的就是不希望家人担心,因为家里人(父母、外婆等)希望自己好好改造,在监狱好好表现,不要让他们担心。对至少25年刑期,想起来就觉得难以接受。

(2)笔者与李某交流了上次心理测量结果:没有焦虑,但SCL-90测验与睡眠有关的因子得分很高,还有强迫因子得分高,原因大概是晚上老在想25年刑期。

李某对强迫两字很敏感,提高声音说,是的,我还在强迫自己看书,看外文书,这样日子好打发点,过得快点。李某与笔者还交流了看外文书的情况。笔者对李某开始学英语表示赞赏,给予了积极鼓励。

(3)笔者与李某就做音乐、组建乐队等事项进行了交流,主要是笔者向李某请教乐队运作、酒吧乐队构成、一个晚上乐队活动内容等问题。李某说自己不仅组织过乐队,还曾做过主唱、晚会主持人,写过歌、谱过曲,以及编过舞等,因为在上海音乐学院这些都学过。

笔者指出，是否从事音乐这样"美"的事情，使自己积累了美的基础，所以2008年到汶川去了之后，身上美的东西被激发出来，后来变得那么好了？是否表明身上善的能量、美的能量很强大？李某认为，这也不是的。做音乐，主要不是美的象征，是自己对生活的感受、对现实的感受，是心情的流露，是情绪的表达，更多的是情绪性的东西。去了汶川，主要是体会到了亲情的宝贵，应当珍惜现有的亲人，体会到家人的重要，所以也只是对家人好。

（4）笔者问李某晚上睡眠情况，李某说晚上仍睡不好，所以白天精神不好，要打哈欠。笔者随即再次讲解深呼吸及其原理，李某说这个他做了效果不好。笔者随后教了肌肉顺次放松法，从手、手臂、头、肩、胸、腹、大腿、脚的顺次放松，做了示范，要李某跟着做。李某说这个好，他试试。

（5）李某对监狱生活中的不便，如必须定时洗衣服、规定每次洗衣服的种类等向笔者提了出来，希望能够通过咨询师的反映而得到改善。笔者表达了向分监区领导反映的意愿，但对这种规定能否得以改变不能保证。

第四次咨询　时间：2012年4月25日上午9：00—10：10

（1）笔者首先问李某放松疗法有没有坚持去做。李某回答每天都在做。咨询师对此作了肯定，随即讲解了肌肉顺次放松疗法的原理。

（2）关于睡眠问题，李某表示改善不大，晚上还是需要起来几次。笔者指出这需要时间来改善，要求李某坚持做肌肉顺次放松疗法，李某表示会坚持去做的。

（3）笔者与李某讨论了他正在做的英语学习，李某认为自己是在把曾经学过的英语再捡起来，时态、语法、单词等，系统、全面地学，是自己跟自己较劲，有点强迫的样子。笔者对此作了肯定，并对自己在大学期间学习英语的情况与李某作了交流。

（4）因监狱正在调犯，李某问自己有前科是否会送大西北？主要是担心自己身体不好，不愿去大西北。笔者对调犯作了解释以打消其顾虑，随后跟李某讨论了笔者了解的一名不服判决的罪犯被送大西北的案例。讨论中宣讲了一些法律知识与法制观念问题，特别谈论了犯罪的社会危害性问题。

（5）与李某分享了笔者与其他"限减"罪犯谈话后总结出来的对"限减"的态度：无奈、淡定。无奈的是法律判决，以及在强大的国家机器面前个人的渺小，"现在只能如此"；淡定，则从佛学角度作了解读，并与"舍得"进行了联系、分析，以此希望李某能对"限减"态度有所转变。

李某再次谈到"限减"让他感到了真正害怕。以前没什么好怕的，比如打架坐了两年牢，没害怕。这次犯罪主观上没想把对方打死。然后对整个犯罪过程作详细回忆，讨论了法院判决"限减"原因，可能因为自己有前科。

笔者首先与李某讨论了其犯罪的社会影响,在火车站杀人,人群密集地,社会影响太大、太坏。李某表示同意,并对自己的犯罪行为是故意伤害还是故意杀人有点疑惑。笔者认为,把被害人捅了七刀,故意伤害不是的,应该是故意杀人。可能一开始是想伤害对方一下,但在那种特定情形下失去了控制,并不以伤害为目的,而且可能为了保护自己,想把对方杀了也不足惜,这样性质就变了。然后与李某一起讨论了形成杀人动机的内心历程。

(6)笔者建议,发生这么大的事,希望李某好好去思考一下自己走过的人生,反思一下以往的心路历程。心理学研究认为,人的认知、情绪、行为是联结在一起的,以前的犯罪行为是这样,现在监狱里的各种表现包括失眠等心身障碍也如此。笔者与李某一起分析了形成这些认知的过程,是从小学、中学一点一点形成的,2008年虽然思想变了,但还是比较狭隘的,只是对家人好,而不是对社会的爱与责任,一个人需要有社会责任感。笔者希望李某去思考这些问题,并结合英语特长,在帮助外国籍服刑人员(该监狱有外国籍罪犯)、帮助其他服刑人员过程中体会人生意义,同时李某有音乐特长,可以利用这个特长为更多的服刑人员服务。李某同意自己缺乏社会责任感,对能用音乐特长为大家服务非常感兴趣,并对此进行了较为深入的讨论。

笔者建议,李某把自己的心路历程用歌的形式记录下来,会很有价值。李某说正在准备,但需要乐器来配合,在外面时自己是一边写歌词、一边弹琴、一边谱曲来完成的,现在没条件。笔者为此建议可以先把歌词写下来,李某表示同意。

第五次咨询　时间:2012年5月7日下午14:00—15:00

本次咨询笔者与所在单位同事朱老师共同参与。

(1)笔者首先问李某肌肉放松疗法是否坚持在做,有没有效果?李某回答说在做的,但没有质的变化,比如同监舍一名犯人晚上老说梦话,会影响到自己休息,不过对自己还是有帮助的,因为有些东西还受到外界客观原因的影响。

(2)笔者问有没有给家里写信,相互联系上后情况怎么样?李某回答说,电话打过了,每个月还有接见。

(3)笔者认为,李某现在精神状态不错,比一个月前咨询时好多了,李某表示同意。笔者问,25年问题是否经常去想?李某回答,还是不敢去想,回避这个问题,就强迫自己去学习,学外语,还强迫自己去写点东西,写点歌,想整理以前写的东西,等等。但觉得自己精力顾不过来,学外语、写歌,两者不能兼顾,因为写歌很费时间。不过,学外语也好,写歌也好,只是想过得充实点,不能改变些什么。李某认为,对普通"非限减"犯人来说劳动、挣分能早点出去,而对"限减"罪犯来说劳动没有用,因此劳动不想参加,而学英语的唯一目的是想日子过得快点。

（4）笔者问李某这几天有没有给外籍犯服务。李某回答说，前几天有一个马来西亚犯人进来就安排到他所在的监舍。另外还有一个外籍犯刚分到监区去，原来也住在他所在的监舍，并谈论了如何为他们服务的情况。笔者认为这是监狱有意这样安排的，因为李某懂外语，并认为做这些事挺有价值，挺有意义。

（5）笔者指出，学英语占据了许多时间，但总有烦、闷的时间，不知是否这样？李某认为，看守所时最烦，刚来时也差不多，想睡觉但是思想又很活跃，比如晚上9点半到12点半会一直不想睡。但是现在好多了，会强迫自己睡觉。笔者指出，这可能有两个原因，一是生理上还不很累，二是有个坎，对这个事（限减25年）心理上过不了。李某认为是这样。现在自己对"限减"的事还是回避，没那么大的胸怀，心理还没那么强大。另外一个原因，从限减裁定下来到现在4个月不到，想起来还是很沉重的，沉重得喘不过气来（说到这，李某开始流泪。因笔者和朱老师都没有带餐巾纸，朱老师走出门去找餐巾纸）……就不去想……（李某断续地说）

笔者停止说话，让李某的负性情绪得以宣泄。过了一会笔者说，这是否认机制，其他"限减"的人中也有人是这样子的。笔者又停止说话，等待李某的情绪宣泄。此时朱老师找到餐巾纸递给李某，李某表示了感谢，笔者表示了歉意：忘了准备餐巾纸。

（6）笔者跟李某作分析，社会上自由惯了，行为是随意的，但这儿不能随意，要遵守监规纪律。李某认为，这个还好的，但（犯人）组长管得严，会有强烈的挫折感，心里会有挫败感。在外面，心情不好，可以找个地方去散散心，玩儿几天。在这儿根本不行，即使偶尔去发泄一下也不可能，这是违反制度的。大环境还能忍受，都在围墙内了（指在监狱里了），自己做错了，必须承担这个事（指坐牢）、接受这个事，但监狱管理中会有区别性对待，比如有的犯人有关系，就方便点，上个厕所，洗个衣服，就可以去。而没有关系的，就得按规定来，什么时候上厕所、洗衣服，等等，都得按规定来，因此，只能压抑自己。李某担心自己老这样压抑自己，是不是会爆发出来，怕自己压抑不住。笔者指出，把自己的想法谈出来，跟笔者谈出来，是好的。笔者也许可以跟具体管理部门去沟通一下，这也可以说是一个好的沟通渠道。李某说，自己老在想，在这种情况下，是不是会使自己思维、心理变得不健康？如监狱管理中，有的犯人组长叫你干什么就干什么，要你到东就到东，不能到西。对此，李某认为自己很反感，但又无奈。笔者认为，一个方面这有个适应过程，另外会造成有的人行为退化，会听天由命，行事被动。李某认为，在这种高压下，不能打架、不能吵架，自己能守住这条线，但磕磕碰碰少不了，小动作少不了。这些想法、这些思想，自己还没跟别人说过，今天跟笔者说了，因为在监狱里，大家文化背景不同、家庭背景不同、成长环境不同,服刑人员之间不一定能交流。

(7)笔者建议,对于服刑人员来说,自己的权益、自己的事,可以去反映,这是服刑人员的权利。正常的诉求,可以反映,当然要在监狱制度规定范围内,因此,要对监狱制度好好学习、研究一下。

对监狱生活中的困难,比如洗衣服的规定造成的不便,笔者与李某进行了讨论,李某希望分到监区去,一是自由点,另外就是是否可以发挥自己的特长,做音乐的特长?

(8)在本次咨询快结束时,李某谈起对笔者专门给他打印的肌肉顺次放松的材料很感动。李某说,在外面此事也许不值一提,是太小的事,但在这儿,在里面,很感动。

笔者希望李某继续去练,有规律地去做,比如每晚坚持去做。李某表示会坚持去做的。笔者也谈了自己练习肌肉顺次放松法取得的效果,以增强李某练习的信心与积极性。

同时,笔者也谈到,监狱有监狱的规定,咨询中对于来访者提出的要求,笔者会跟监狱去做沟通,但不一定能起作用或改变具体规定。李某说这个他知道的,懂的。同时,李某表示他很享受与笔者的谈话过程,笔者也表示很高兴与李某的交谈。

笔者建议李某对人生目标去思考一下,对今后人生做个思考,但可以一步一步来,比如目前学英语,专注于英语,这个也很好。然后去思考能够发挥自己特长的,注意去发现在监狱规定范围内自己能做的事。李某表示同意。

在这次咨询的整个过程中,李某语气都较为高亢,经常有笑声,虽然中间曾经流了一次眼泪。

第六次咨询　时间:2012 年 5 月 21 日下午 14:03—15:17

因为出差,第五次咨询与第六次咨询间隔时间较长。因此,咨询开始时向李某作了解释并表示歉意。

(1)笔者问李某目前的状况如何?李某回答好多了,最近睡眠好多了,并对笔者表示了感谢。

(2)李某向笔者再次表示要求分到监区去,笔者回应这要跟相关部门去沟通。笔者与李某谈到一日生活情况,李某说自己在学习英语,学习"新概念英语"第三册,正在学"过去完成时"。

交流一些时间后笔者表示李某精神状态比以往好多了。李某认为主要是睡眠好多了,一般晚上 9 点半睡觉,有时能够一直睡到早上 3 点,然后还有睡觉的欲望。李某再次对笔者的咨询表示感谢,并说睡觉好了,白天精神也好了。笔者问,精神好有哪些表现?李某说,心里平静了,平静得下来;否则,精力不好,会浮躁,没有耐心,学习会烦恼,沉不下心来。笔者对李某的进步表示感到高兴。

(3)笔者再次与李某谈论咨询目标。目标一,改善睡眠;目标二,接受"限减"判决。李某表示,目标二还是做不到,没有那么大的胸怀,心理上还是过不了。"比如有一天去监狱医院时张警官对我们说,目前'限减'暂定27年。一听到27年,心情……"笔者师回应:"你还是否认。"李某答:"否认不是的,是无奈,是一种被动感,坦然接受做不到,算是回避吧,能不触及就不去触及。比如自己每天一起床就学习,一题一题做英语题目,使自己没有空闲时间,一直做到吃中饭,觉得这样过心里好点。"笔者问:"是否想到27年,心要抽紧一下(并用手比划心抽紧的样子)? 是否每天想? 甚至一天想几次?"李某回答:"是要强烈地抽一下,那天听到27年,心揪起来,情绪一下子拉下来,很强烈地,自己现在想起那天情景心里还是很强烈的那种感觉。每天想倒是没有的,自己尽量不去想,如果别人不提起会好几天不去想。"笔者说:"第三个目标,人生要重新规划,25年也好,27年也好,相当于半个人生,怎么过? 要去重新构建。如果在外面,人生规划可能是买房、结婚、生小孩、孝敬父母,但现在都不可能了,要重新规划。"李某说:"有考虑,也这样想过,比如英语拿出来重新学。"笔者说:"对于'限减'人员,国家总会有个政策,会有个安排,政策下来了,我们就按照它去做。但自己怎么过,要有个考虑,比如定上、中、下三个对策。上策,比如像你,原来做音乐的,监狱如果有个乐队,你能去加入,当然不是每时每刻,但60%甚至80%的时间能去做音乐,这是最好的。"李某说:"想法有的,跟你说的差不多,或者完全吻合。前几天也这样憧憬。"笔者说:"中策,你的音乐才能只有在监狱组织的新年晚会上露一手,或监狱、监区文艺活动时展现一下。当然,在展现后有可能向第一种情况转化。下策,什么事也做不了,就跟其他'限减'人员在一起,但希望不要沉沦地、消极地去生活,也能去做自己能做的事。"李某已经有对今后生活这样在想了,这个挺好的。

(4)笔者询问了李某亲情电话与接见情况。亲情电话打给妈妈,接见目前也是妈妈来接见,不希望哥哥姐姐来接见,因为接见有压力,接见后心里总会不平静。从亲情电话说起,笔者与李某交流了澳大利亚与美国监狱管理情况,特别是高戒备度监狱管理情况,李某也认识到像限减人员,应当是高戒备度监狱关押的。笔者还询问了李某父母特别是父亲的情况。李某说,父亲62岁了,入了教会,挺忙的,生意不做还去关心生活困难的人。笔者说,你父亲这样做挺好的,有人间大爱思想,关心他人,帮助他人,但李某做得却不够好,反其道行之了。李某回答是的,当时自己没认识到,想这就是我的人生,想活得跟人不一样,要怎样就怎样。笔者问,是否从中学开始变得这样了? 李某说是的。随后李某与笔者一起回顾了中学开始与父母的冲突、反抗、逆反等,而父母又不懂子女心理逆反期的教育方式,还一味地打骂与专制管理,结果造成李某逃学、离家出走,并结交了一些不那么好的朋友。

(5)本次咨询结束前,笔者再次总结了咨询目标及李某的表现,并要求李某坚持做放松疗法。

第七次咨询　时间:2012年5月29日上午8:55—9:05

(1)笔者首先给李某反馈关于要求分到监区去的事跟入监分监区领导沟通情况,分监区规定要等到限减人员在入监分监区待4~6个月后才考虑。李某到6月2日才满四个月,所以还需要等待。

(2)李某反映现在睡眠好多了,以前睡得浅,现在睡得深,昨天有同监舍的人说,李某睡觉都打呼噜了。睡得确实比较香,对笔者表示感谢。

(3)笔者认为,李某对今后有想法,这个是好的,但还不能接受限减事实,这是个事。李某说:"有时想随它去吧,可能自己比较消极,动力也没有,很消沉的样子。不过,对同监舍的一名20多岁的犯人,我说你现在20多岁,出去才40多岁,还有很多机会,不要太消沉。他们也会问我,可能因为我知识多点(文化程度高些),正面接触时我还是会给他们积极的一面。"

(4)李某要求笔者把他在QQ空间上的歌词打出来给他,想对以前写的歌整理一下。告诉了笔者QQ号与密码。打印的歌词有"伸出你的手"与"无题"。"伸出你的手"写于2008年汶川地震时。笔者鼓励李某把现在的心情、正面的东西写成歌词,也许可以影响更多的人,对监狱、对社会发挥好的作用。

(5)笔者与李某再次讨论了人生目标问题。首先,限制减刑,要在监狱至少过27年,这个应当说是没法改变的。虽然有的限减人员总是抱着过些时间国家法律总会改变的,这样也许他们就不用坐27年,但这个可能性实在是很小的,或者说是不可能的。因此,希望李某有这样一个明确的认识。李某表示,不会去做无谓的幻想,有的"限减"人员是在说,过两年法律会改的,但自己不抱这个希望。笔者认为,像李某的犯罪,事实清楚无异议,对判决与服刑时间只能接受。李某表示,现在不太去想时间问题,转变思维方向,如何在这儿每天能提高生活质量,过充实点。因为大的生活环境改变了,在这儿自己能做点什么要清楚。生命的绝对意义已经失去,只能说相对的。相对以前的价值观,已经不可能,价值观要颠覆掉,能做什么、只能做什么要清楚。笔者表示,李某的这个概括很好,很有智慧。李某说:"跟别人不会去讲,这是自己最心里的东西,面对咨询师,没必要去美化、去逃避,这是对咨询师的不信任。"笔者表示:"这是相互的,你这样坦露心迹,如果咨询师能帮助到你,这也是帮助你的基础。"

(6)笔者谈到对李某现在状况的感受,一是对李某的精神状态挺满意的,或者说比第一次咨询时有了明显的变化;二是睡眠改善;三是李某现在跟人交往,能帮助人,非常正面;四是学英语,学其他东西,挺好的。汶川回来对家人好,爱有点狭窄,现在帮助他人,这个爱就扩大了。

(7)笔者与李某讨论起在监狱的生活目标,希望能发挥李某特长,60%～80%的时间能够用音乐为旁边人服务,但可能会比较难做到。李某认为,现在生活还是很不确定的东西,自己也不坚定,下意识会去想,一年、两年后会怎么样,或者5年、10年后爸爸妈妈去世了,那会怎样?不知道自己会是什么样子(说到这些,李某眼圈开始发红,难过并流下眼泪)。笔者等着李某情绪宣泄,然后缓慢地说:"爸爸妈妈可能还是能等到你出去,但外婆可能是……",李某说外婆现在虽然身体还好,但必然等不到的,所以上次接见时,要求爸爸妈妈要好好生活,这样出去了还可孝敬他们。希望爸爸妈妈能活得长一点,能给他们送终。因此,心里还是有很多压力,还有好多事没有做。笔者说:"跟你交流启发了我,人总在关系中,不仅仅是自己。"李某说:"现在是这样想的,人不能只是自己;我也在反思自己,小时候,一直到2008年前,我只有自己,是否太自私?从不考虑家人,对家人不负责任,对周围人不负责任,对女朋友也一样。吸毒、乱性都可接受,不负责,只考虑自己的感觉与感受。"笔者说:"你的价值观问题、人生指导思想问题,2008年你反思了一下,这次要好好反思一下。"李某说:"是的,这次是彻底的,自己情商、智商也可以,以前觉得自己很了不起,现在想想却是狗屁。"笔者说:"人回忆往事,每个人都会觉得有不如意,但你走到这个样子,是以往很大的错误造成的,但已经是这样了,又不可改变,这是痛苦的,会自责。但是,古语说'朝闻道,夕死可矣。'现在知道了道理,总是欣慰。可以说,你现在知道怎么做人,知道了'人'一撇一捺如何写了,但自己的人生发展可能受限很多,可是可以考虑怎么对家人,怎样孝敬父母,从家人方面多思考,为他人多着想。这也是人生的一部分。"

(8)咨询结束,安排李某再次做SCL-90。本次测量结果与4月10日的测量结果如表3.1所示。

表3.1 SCL-90两次测量结果比较

因子	躯体化	强迫症状	人际关系敏感	抑郁	焦虑	敌对	恐怖	偏执	精神病性	其他
4月10日	1.50	2.50	1.78	1.92	1.80	1.33	1.43	2.00	2.20	3.14
5月29日	1.00	2.00	1.33	1.46	1.30	1.17	1.14	1.67	2.10	2.00

从两次测验结果的对比可以看到,李某经过这段时间的监狱生活与咨询,SCL-90各项因子得分全部减低了,表明其精神状况确实得到改善。

第八次咨询 时间:2012年6月5日上午9:28—10:34

(1)笔者首先把李某要求打印的资料给他,李某表示感谢,并一起讨论了李某加入的 QQ 群及其音乐空间里的东西等。

（2）笔者问李某英语还在学习吗？李某回答说现在停了下来，因为单词量太大，需要巩固。笔者跟李某交流了记忆的规律，并一起讨论了记忆的类型及短时记忆如何转化为长时记忆的方法。李某说，学英语听力很重要，但在监狱里没办法练，只能自己轻声念，如果老是读出来会影响他人，是不可以的。英语还有一个表达问题，在监狱里也没有办法，没法练。这些就是限制。

（3）李某谈起最近有点浮躁，有点烦躁，学习效率也受到影响，主要还是想分下去，分到监区去。笔者建议李某换换学习的东西，报纸也可看看。李某说，看的报纸是上个月的，不过在监狱里有这个也不错了。这次咨询地点刚好是在阅览室，有当天及近几天的报纸，问李某为什么不来看。李某说，阅览室不允许他们进来，或者说只允许一星期进来借一次书，不允许进来看报纸，也不允许借报纸看。笔者问，电视呢，看新闻联播吗？李某说，有时出来看看（该分监区只在监舍大厅里有电视机），但有时就在房间看看书。笔者问，浙江新闻看吗？李某答，有的服刑人员不喜欢看浙江新闻，而喜欢看言情剧、相亲节目等，自己看了头都大了，不喜欢看这些。

（4）笔者看了帮李某打印的歌词，认为写得相当好，问李某是否是自己当时的情感流露。李某说，写歌词需要一个"点"。当时写"伸出你的手"，是半小时写完的，然后马上叫来吉他手一起配乐。写这首歌时是在上海，还没去汶川，听到地震，真实情感爆发出来，那个"点"爆发出来，就写下来了。笔者说，这是生命力的绽放。李某说，从上海郊区坐车到市区大约 40 分钟，在车上歌词涌出来，回去一整理就好了，拿琴一合就成了这首歌。这个也不是每时每刻都有的。笔者认为，这是高峰体验，创作的乐趣。

李某说，但是现在……有时过得很盲目，一年后、两年后……亲情这方面，随时间过去，生活常态化后，家里会越来越淡化，那会怎么样？自己有时很脆弱，感情很脆弱，肯定会经历父母死亡那么一个阶段……（李某开始难过并流泪）……笔者说，父母对小孩总是牵挂的，母爱父爱不会变，但总有老去的一天，而兄弟姐妹情感不一样。李某说，自己的姐弟、兄弟情感还是好的。笔者认为，兄弟姐妹之情与父母之爱是不同的。但即使时间长了，姐姐哥哥抛弃李某也是不可能的。李某认为是这样；但时间长呢？淡化肯定的，那时哥哥姐姐来接见会变成是一种责任与义务，变成要去看看。笔者说，父母可能是主动的、强烈的接见意愿表达，但哥哥姐姐可能是觉得要来看看你。但也不一定，有的兄妹、姐弟关系很好的。李某也认为，自己兄弟姐弟关系是好的，姐姐是从小照顾自己的。但也不去这样想，不去这样希冀。笔者说，这是对的，有时如果想得太美好，一旦没实现，可能会痛苦，并认为李某比较理性。李某表示同意，并举例说："上次给母亲打电话，我说'下星期来接见吧'，我妈说，'不是的，是这个礼拜，我东西都准备好了。你爸也从温州过来，也会来'。我说，'爸身体不好就不要来了'，妈说'要来的，要来的'。"李某说："自己真正体会到了父母对子女的关心之情，以前确实太自私了。现在父母看到我还容易点，一个月能见到一次以前在社会上时看到我还不那么容易。"笔者说："听你现在的语言表达也确实能为家人考虑。应当说你是幸运的，父母能常见到。监狱里有的四川、贵州的服刑人员，父母见一面还真不容易，你相比较还是幸福的。"同时认为李某整理歌词是蛮好的事，学英语也蛮好的，多动动脑子对自己有好处。李某说，自己会努力去做，但现在监狱的各种安排，会把自己的安排弄得支离破碎的，没有完整支配的时间，分到监区去会好点。笔者听后说，李某的要求会跟分监区再沟通一下。当然，决定权在监狱有关部门，不在笔者手里。今天李某的叙述，也是一个倾诉与宣泄，希望有帮助。而且李某有想法，想做点什么，这个挺好的，希望一直这么努力下去、做下去。它是有意义、有价值的，对自己、对社会都有价值，要把现在自己想的、周围人想的，用歌表达出来，挺有价值。李某说，很感谢笔者，自己心里话说出来轻松了许多。同时，自己想的跟笔者讲的差不多，也是这样一种想法，因此会这样去想、去做的。

第九次咨询　时间：2012 年 6 月 29 日上午 8：56—10：02

第八次咨询与本次咨询间隔时间有三个多星期，主要是因为笔者到另外一个监狱去调研限制减刑服刑人员的情况，同时又参加了一个心理学方面的专业培训，另外李某从入监分监区分到监区去服刑改造了，笔者在确定李某的具体服刑地点时花费了一些时间。

八次咨询下来，笔者认为基本实现了第二次咨询时商定的咨询目标，因此计划结束对李某的心理咨询。

（1）笔者问李某分到监区的感受，李某认为挺好的，而且 4 个多月能够分下来，觉得很幸运。当然，面对新环境，相互之间较为陌生，要让大家接受自己需要时间。到监区后想看书就可以看书，要休息就可以休息，不像入监分监区那样要遵守诸多规定。（该监狱目前规定限制减刑服刑人员暂不参加监狱生产劳动。）

（2）笔者对李某说，八次咨询下来，收到了效果，想跟李某商议结束咨询。李某说，很感恩，自从与咨询师谈后，自己的行为发生了很大变化，监狱警官对自己的表现也比较认可，因而能够 4 个多月就分下来。笔者说，接下来李某的服刑生活将进入一个较为稳定的阶段。李某表示同意。

笔者与李某一起回顾、讨论了咨询目标的确立与发展过程。应当说三个咨询目标都有了改善。首先，睡眠情况。李某认为比刚来监狱时好多了，可以说现在睡眠基本正常。其次，接受"限减"事实难一点。李某说，自己不太去考虑这个,过好当前的,想得越多,期望的东西越多、越强烈,反而会适得其反。第三,关于今后生活。有两个部分,一是学习,李某正在学英语。笔者认为这个挺好,希望李某能够持续地学习下去。另外,笔者在跟其他限减服刑人员谈话时,有人也希望在监狱里学英语,因此是否可以组织一个英语兴趣小组共同学习。李某表示赞同,而且表态可以教教他们。二是音乐,是否可以有一个音乐兴趣小组?李某表示更希望有这个。不管是英语兴趣小组,还是音乐兴趣小组,李某表示都很愿意干。李某说,人有时需要相互鼓励、相互支持,也会相互影响,特别如英语,要相互学习,创造一个学习交流的环境。

(3)李某认为现在国家对限制减刑的政策应当说是明确的。有的服刑人员说法律5年一变,限制减刑这样的事也会变的,但自己认为不可能改变,也不这么想。持有这样的认识,法律没有变化也就不会有失望;如果政策改了,对"限减"人员来说是好事的话,会很高兴。

(4)李某回忆说,自己刚来监狱时,心情不好,不想说话,不想跟人打交道,真怕自己得抑郁症。笔者表示同意,也有这个担心。但三个月下来,觉得李某好多了,从那种状态中走了出来。李某表示同意笔者的结论。笔者说,这是李某生命力的体现,而且李某能分析在这个环境下自己能做什么,愿意做什么,然后自己就去做什么,又符合监狱的规定,这个挺好的,是李某今后能够在任何环境中生活得好的一个法宝。

(5)笔者与李某一起讨论了"限减"罪犯的关押模式。从浙江情况看,对"限减"服刑人员可能会采取集中关押与分散关押相结合的方式。到一定时期,比如过了2年,经评估危险性低的,可能就分到"非限减"监区去;但是如果在"非限减"监区表现不好,又会送回"限减"监区。

李某认为,"限减"犯人肯定排斥出工、收工这样的生活,因为劳动没钱,津贴就这么一点,"分"也没用。这样就会希望在里面生活质量高点、好点。笔者认为,像李某这样家里有支持的,会有这样的想法。但对"三无"人员,可能愿意去劳动,挣点津贴用于自己生活。李某认为,有这种情况,但心中肯定会考虑,劳动挣"分"没用,又这么辛苦,就给这么一点钱,心中会失衡。另外一个方面,对监禁在里面的人只要不违法的事都应当允许他们去做,比如锻炼、饮食。"限减"人员要关这么长时间,需要锻炼身体,要不然身体机能会萎缩掉;而饮食,李某表示现在就吃不下了,一天常常吃两餐。笔者认为,这个要区别看,像李某在社会上时生活条件好、吃得好,就会觉得监狱吃得差;有的可能与外面时差不多;但有的服刑人员就觉得比社会上时吃得好。李某表示同意,因为各人原来生活状态不一样。

(6)李某对结束咨询有点儿留恋,但笔者告诉李某,任何一个心理咨询最后都要分离。心理咨询师是帮扶一阵,来访者最终需要靠自己去获得进一步成长,去应对环境的不断变化。同时也指出,如果遇到非常紧急的、自己又一时处理不了的情况,还是可以再联系笔者或者是监狱的心理咨询师。最后,笔者对李某表示感谢,一个是使笔者对"限减"服刑人员这样一类人有了更好的了解,同时也对能帮助到李某感到高兴。而李某对笔者也表示了衷心的感谢。

三、体会

对李某的心理矫治,笔者获得以下三点体会:

(1)"限减"罪犯开展心理矫治有其必要性。在对李某进行心理矫治的同时,笔者对其他 35 名"限减"罪犯也进行了一至两次的个别谈话或咨询性谈话,其中多名"限减"罪犯有同样的咨询需求。比如,有一名"限减"罪犯在第二次咨询谈话时说,非常感谢笔者的前次谈话,因为压在心头的话没有人可以说,而一直压着太难受了。该名"限减"罪犯的问题是,他因入监不能抚养年迈的母亲,要求二个姐姐抚养,大姐同意但二姐不同意。为此强烈要求自己的儿子去起诉二姑姑,并跟儿子说如果看不到起诉书就不要再来接见。因此在与笔者第一次谈话时急切地问如何去起诉他的二姐。他说,这种事跟监舍的犯人说了没用或者还会笑话他;跟管教民警说可能不感兴趣或者说他们太忙没时间听他细细说。正是这样一个问题入监后一直压在他的心头,使他饭不思、茶不香、睡不好,心情非常压抑。这名服刑人员的情形具有典型性,即因服刑产生的许多事项,同犯间不想说或不能说,而面对监狱民警可能又不敢说,因此,有效的倾诉或宣泄就可以通过心理咨询来实现。

另外,"限减"罪犯由于关押时间长以及限减的特征性,可能在其关押的三个阶段会出现心理问题的暴发期。一是 2 年后从死缓减为无期,使他们真正认识到"限减"与"非限减"的差别性,此时可能会有一个心理问题的集中产生期。二是关押数年后,关系紧密的亲人去世等重大生活事件引发的丧亲之痛而产生的情绪问题、心理支撑感缺失所产生的"心理空洞"等,这是需要特别关注的一个阶段。三是年纪较大的"限减"罪犯服刑 15 年左右的时间后生理衰老、疾病增多所引发的心身障碍,可能较容易产生自杀行为。

判刑本身是一个重大的生活事件;而与"限减"相伴的一个普遍性的重大生活事件是恋人的分手或家庭的破裂;而且"限减"罪犯在长期监禁生活中会更多、更容易出现其他类重大生活事件,因此,心理咨询特别是支持性心理咨询确有其必要性。

(2)"限减"罪犯的心理咨询目标及其操作流程。从对 36 名"限减"罪犯的谈话与心理咨询情况看,他们心里普遍不接受 25 年或 27 年这样一个关押时间,普遍采用回避或否认机制。从短时间来说,否认机制对"限减"罪犯具有一定的心理平衡与保护作用,但终究是一个消极的心理防御机制,需要加以调整。因此,通过咨询使他们能够接受或一定程度上接受限减事实,应当成为一个主要的咨询目标。同时,面对将要在监狱服刑25年以上这样一个事实,"限减"罪犯的人生目标或人生规划需要进行调整。对于年轻的"限减"罪犯来说,人生精力最为旺盛的阶段将在监狱中度过;对于中年"限减"罪犯来说,人生经历最辉煌的阶段也一样将要在监狱里度过。他们按照社会化过程所建立起来的人生目标或人生规划,已经不可能实现,需要进行深度调整或重置。从对36名"限减"罪犯的谈话来看,进入监狱6个月以上的,还只有少数人在这方面有点考虑,更不用说入监6个月以下的,大多数还未能去作思考,需要通过心理咨询或个别教育等途径让他们意识到并逐步作出调整。另外,一些"限减"罪犯因入狱及"限减"判决产生身心障碍,这是心理咨询首先需要解决的,可以设定为优先的咨询目标。因此,本案例中李某三个层次的咨询目标具有普遍适用性,适用于其他"限减"服刑人员。

咨询目标一旦确定,心理咨询应当围绕着咨询目标来展开。然而,咨询目标的实现不是一蹴而就的,需要咨询师运用心理学的理论、技术与方法有序地开展工作。一旦达到咨询目标,就可以考虑结束咨询活动,促使服刑人员去自我成长。本案例提供了这样一个框架与操作流程。

(3)"限减"罪犯咨询目标与改造目标的关系。大多数"限减"罪犯认为自己失去了改造目标。服刑人员的改造目标一般是"早点出去",但这对"限减"罪犯已经不可能,因此目前的考核体系对他们基本没有了激励作用与价值,需要创新。监狱的改造目标是把服刑人员改造成为"守法公民"。因此,罪犯的"改造目标"与监狱的改造目标并非同一。这种矛盾性在其他类罪犯中也存在,只是在"限减"罪犯身上表现得更加突出。如何统一这两个"改造目标",需要监狱民警运用个别教育与心理矫治技能对罪犯进行引导。

心理咨询目标可分为大目标与小目标。大目标即"终极目标",是促进来访者的心理健康和发展,充分实现人的潜能,达到完善人格,最终拥有健康、快乐的生活。[①] 因而对社会自由人的咨询来说,"守法公民"只是部分来访者的一个小目标,甚至对大部分来访者不会去设置这样一个咨询目标,但是对犯罪人来说,"守法公民"虽不是一个终极目标,但却是一个极重要的目标。这是对"限减"罪犯以及所有犯罪人咨询时需要把握的一个基本点。同时,对犯罪人的咨询,仍然需要去追求心理咨询的大目标——完善人格、健康快乐地生活。这是心理咨询的本质规律所要求的。在笔者对李某的心理咨询中这一点得到了较

---

① 郭念锋主编:《心理咨询师(三级)》,民族出版社2005年版,第76—77页。

好体现,即在追求心理咨询大目标的同时,在整个咨询过程中也时刻注意把握李某的犯罪行为及其内在心理原因,用法学、犯罪学、犯罪心理学等知识去分析、阐述,以促使李某建立起法制观念,实现监狱改造目标。

另外,对36名"限减"罪犯的谈话中,笔者感到他们的主观恶性或说人身危险性有差别。少数"限减"罪犯其人身危险性确实非常高,他们在杀害他人时不计后果,感到对方威胁到自己时即会拔刀杀人。笔者在与他们进行一对一谈话时感受到了这种危险性,因而建议对这些"限减"罪犯做心理咨询时要注意做好安保措施,或者安排一名助理咨询师来共同实施。对他们的个别教育也应当安排两名民警一起做。当然36名"限减"罪犯中也有一些人其人身危险性并不高,甚至可能还低于许多"非限减"的暴力型罪犯。因此,对"限减"罪犯需要作进一步分类,在评估他们的人身危险性后,把人身危险性程度低的"限减"罪犯分散到"非限减"罪犯监区关押是可行的。

亚隆团体辅导技术矫正顽危犯实验研究 *

　　监狱顽危犯的成因是比较复杂的,但是他们肯定与其心理问题相关联,孤独、愤怒、痛苦、仇恨等消极情绪的存在,必然影响罪犯的改造态度和行为,使部分罪犯出现抗拒改造、自伤自残、自杀甚至脱逃等违规违法行为。根据勒温的"心理场理论",治疗师与组员构建起来的共同体会产生某种团体动力。如果共同创造出温暖、无拘束的团体氛围,在团体动力的作用下将使团辅组员获得矫正性体验,实现认知、行为、情绪的改善。据此理论,我们运用亚隆团体辅导技术,对未成年犯管教所的顽危罪犯进行了教育转化实验。现将实验过程与结果报告如下:

一、实验对象

　　1.人数:10人(团体辅导进程中有1人刑满释放,1人调回原籍服刑),男性,农村户籍。

　　2.文化程度:两人初中毕业,两人读完初中二年级,1人读完小学五年级,4人读到小学二年级(上了小学二年级第一学期),1人念完小学一年级。

　　3.年龄:在16岁至20岁之间,平均年龄18.4岁。

　　4.刑期:从有期徒刑2年到11年不等,平均刑期5年8个月。

　　5.罪名:7人为抢劫罪,1人为抢劫、盗窃、脱逃罪,1人为盗窃罪,1人为故意伤害罪。

　　6.籍贯:浙江、青海、甘肃、宁夏、江西、贵州、四川、安徽各1人,湖北2人。

　　7.改造表现:均为未成年犯管教所根据"顽危犯确立标准"确定的危险分子,主要表现为自信心低、情绪暴躁、易冲动等心理与行为问题,有1人诊断为中度抑郁症。

---

　　*　本文由作者和蒋小霞共同合作完成。蒋小霞:浙江省未成年犯管教所心理健康中心民警,国家二级心理咨询师。

二、实验设计

(一)理论基础

团体心理辅导是在团体情境中提供心理帮助与指导的一种心理咨询形式。它是通过团体内人际交互作用,促使个体在交往中通过观察、学习、体验,认识自我、探讨自我、接纳自我,调整、改善与他人的关系,学习新的态度与行为方式,以发展良好适应的助人过程。[①]

按照团体辅导活动有无计划与目标为划分标准,可把团体辅导分为结构式团体辅导和非结构式团体辅导。结构式团体辅导是为了帮助成员解决心理与行为问题,事先做了充分的计划和准备,根据团体所要实现的总目标以及每次活动目标来设计相应活动内容与程序的团辅形式。非结构式团体辅导是指带领者事前对团辅的活动内容不作具体计划,其主要任务是促进成员的互动,对团体目标与方法很少介入,团体目标与团体进程由成员在互动中自己探究的团辅形式。非结构式团体辅导需要带领者具有较深厚的心理学底蕴、丰富的临床经验以及团体辅导知识与技能。

亚隆团体心理治疗又称人本—存在主义团体心理治疗,是一种非结构式团体辅导,其工作原理主要是:[②](1)亚隆认为"人们内心的困扰均源于人际关系的冲突,最好的解决之道就是利用团体的动力去化解。"而"真正有效的团体心理治疗首先要为病人(组员)提供一个场所,使他们置身其中能与他人自由地互动,然后帮助他们识别并且理解自己在互动中出现的问题,最终使他们改变那些适应不良的模式。"因此,团体治疗师要为组员创设一个能与他人自由互动的场景,帮助组员识别并理解自己在互动中出现的各种行为与心理问题;治疗师关注于团体活动中"此时此地"的人际互动并开展工作,使组员产生改变的动力,获得成长。(2)促使组员产生治疗性改变的"疗效因子"有11个,分别是:希望重塑、普遍性、传递信息、利他主义、原先家庭的矫正性重现、提高社交技巧、行为模仿、人际学习、团体凝聚力、宣泄、存在意识因子。这些疗效因子互相依赖,既不独立存在,也不单独起作用。(3)团体的发展一般经历形成期、风暴期、规范期、执行期和结束期五个阶段。治疗师在不同的阶段需要把握并发展有所

[①]　樊富民著:《团体心理咨询》,高等教育出版社2005年版,第4页。
[②]　[美]Irvin D. Yalom,[加]Molyn Leszcz著:《团体心理治疗——理论与实践》(第5版),李敏、李鸣译,中国轻工业出版社2010年版。

差异的工作任务。(4)在治疗师和组员的共同努力下,团体呈现为一个"微型的社会",组员们的不良行为模式在团体中得以重复呈现,并在团体人际互动中得到改变。团体还会呈现为一个"家庭模型",组员曾经的家庭经历与互动方式在团体中会再次经历,并在团体动力的正性作用下使组员获得矫正性体验,从而修正对自身各方面的认识。这是一种具有动力取向的团体心理治疗。

(二)预实验情况

2013 年 10 月 16 日至 12 月 24 日,对亚隆团体辅导技术在未成年犯管教所顽危犯转化中的效用进行了预实验。预实验由笔者和浙江省未成年犯管教所心理健康指导中心蒋小霞两位咨询师作为团体带领者(治疗师),对 12 名顽危犯进行了亚隆团体辅导。通过 10 次团辅活动,取得了预期的疗效,团辅组员对自己的行为特别是违规行为进行了反思,就如何与他人有效、良性互动开展了较为深入的探讨,多种负性情绪得到较好的宣泄,对存在的意义和今后的人生目标作了一定的探讨,明确了成长的意义和人生发展的方向。在带领者和全体组员的共同努力下,团体呈现为一个"微型的社会",组员们的行为表现与思想认识得以呈现,并在团体互动中获得了矫正性体验,提升了改造正能量。12 名顽危犯均得到成功转化,从 2013 年 12 月团辅结束以来,未再发生过严重违规行为,其中 2 名参加团辅的组员还成为监区文化建设的骨干力量。预实验的良好疗效,鼓舞了带领者。

(三)正式实验之组员筛选

在全所确定的 80 余名顽危犯中挑选改造表现不良最突出的 10 人组成正式实验的组员。他们的不良表现主要是自信心不足、人际交往不良、易与人发生冲突、生活学习劳动各方面均不积极、不主动等。

(四)团体辅导设置

对每位组员先进行"入组访谈",然后进入团体辅导。团体辅导活动每周一次,每次一个半小时,计划团辅 30 次(实际开展了 27 次),在每周一上午进行。

团体辅导时由两名带领者与 10 名顽危犯围成一圈而坐。团体活动不预先设置活动主题,由组员自由发言,其他成员给予真诚反馈。任何组员可以对其他人的反馈进行再反馈,亦可随时谈论自己想谈的主题。组员从团体成员的反馈及团体互动过程中获得感悟,得到提升。带领者针对组员在团体中的表现与团体进程作适时、适当的引导。

（五）实验效果检测

1. 心理量表前后测数据比较

在团辅进行过程中前后分三次对全体成员进行情感量表（AS）、孤独量表（UCLA）、自尊量表（SES）、匹兹堡睡眠质量指数（PSQI）四个量表的测量，得出组员实验前后以及实验过程中的情感平衡能力、孤独感、自尊感以及睡眠质量的变化情况，作为实验效果检测的主要指标。

2. 民警反馈

在团辅过程中及团辅结束后向管区民警了解组员的改造行为表现情况，以佐证测量数据改变情况，并可与组员总结作对照。

3. 组员总结

团辅结束时要求组员撰写参加团体辅导的体会，并在团辅活动结束两个月后对组员作回访。

（六）实验思路

对参加团体辅导的顽危罪犯的心理状况进行测量，然后进行 30 次的亚隆团体辅导干预，在干预结束时再进行后测。对比前后测心理测量结果的变化，就可以确定实验干预的效果。具体如图 3.2 所示。

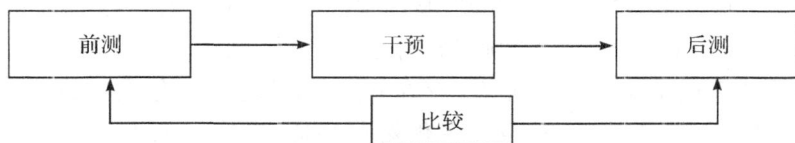

图 3.2 实验思路

三、实验过程（干预过程）

（1）正式团辅前，带领者对每位组员进行了"入组前访谈"，以了解他们的人格特征、成长情况等，并告知每位组员团体辅导的规范，特别是保密原则。

（2）第一次团辅开始时，带领者重复了入组访谈时与每个组员交代的团辅设置：团体辅导每周一次，每次一个半小时，每周一上午进行。并再次强调了保密原则：团辅组员可以和团体外他人谈论自己在团体中的感受与自己的情况，但不能谈论团体其他成员所谈的内容和情况。同时强调了坦诚原则，希望组员能够真诚反馈其他组员所说所谈后的内心感受。带领者讲解团体的进程模式：带领者不给团体设置话题和方向，所有的话题都由组员自己发起、自己决定谈什么以及什么时候来谈论它们。

第一次以及随后的若干次团辅为团体形成期。通过带领者与组员的共同努力,使团体逐渐发展成为一个"工作团体"。团体初次活动主要是相互了解、克服焦虑。随后的几次团辅活动是组员为自己在团体中定位,寻找参加团辅的意义,表现出对参与团辅的犹豫等。为了更好地评估组员参加团辅的效果,在第一次团辅活动结束时,要求每位组员完成 AS、UCLA、SES、PSQI 四个心理评估量表(识字能力不足的组员在他人帮助下完成)。

在第三、第四次团辅结束后,分别有一位组员提出想退出。带领者在第四、第五次团辅前跟他们做了个别谈话,了解想退出的原因,肯定了他们在前几次团辅中的表现以及对团体发展所作出的贡献,希望他们能够坚持团辅活动到 12 次之后再考虑是否退出。同时,在团体内,带领者不断评估组员的认知、情感、行为的变化,并给组员们带去前行动力。之后直到整个实验结束,不再有组员要求退出,团辅组员始终保持在 10 人(后两人因客观原因退出,团辅组员为 8 人)。

(3)随着团体的推进,团体安全性逐步得到组员的认可,团体凝聚力逐渐形成与发展,团体进入工作阶段。这是解决组员各种认知、情绪、行为问题的阶段,也是调整、改善他们原有适应不良模式的阶段。组员们纷纷呈现各自的困惑,以及在未成年犯管教所学习、劳动和日常生活中与警官、他犯的各种各样的冲突;在团体中宣泄他们的消极情绪;表达曾经或当前的自伤自残的行为,一段时间来自己想自杀的意念与冲动,等等。所有的心理、行为、情绪问题,在团体中基本得到了真诚反馈与良性互动,从而提高了组员对自身困惑的理解,帮助组员渡过一个又一个心理难关,明确了自身心理、行为、情绪问题的表现特征与产生原因,在改造表现反复中逐渐克服了存在的问题,呈现出螺旋式成长的特征。

在团体辅导的工作阶段,带领者仍然只是适当、适时的引导,不指示、不灌输、不作教导式教育,也不强调组员在团体中或者回到团体外的改造生活中该做什么、不该做什么,主要是给予组员真诚的关心、理解、支持、鼓励与陪伴。在这一阶段,组员呈现的心理与行为问题以及各种困惑,常常是组员们自己相互讨论、相互批评、相互交流的方式进行并解决;带领者作为团体的一员,必要时也会提出建议或看法,但带领者只是其中的一分子,带领者一般不强调自己的权威性,不要求组员必须听从并遵照执行。如果组员们自己已经解决了问题,不需要带领者的建议或看法,带领者就不说不做,只是倾听,但是认真地倾听、入神入心。只有当团体遇到阻滞或者组员对问题的解决难以为继时,带领者才作适当的引导,或者提供一个新的角度、新的视角供大家讨论。对于某些组员提出的疑难问题或困惑,当其他组员都不能解答时,带领者也会给予较为科学的解释,比如,有组员问什么是同性恋? 自己的某些行为表现是否是同性恋?

带领者在工作阶段以及整个团体辅导阶段,坚持两个原则:一是以组员的利益为团体最高利益;二是如果组员与带领者都想说话,总是组员优先;而且只要组员在说话,带领者非特殊情况不打断。

(4)在团体辅导的后期,为了更好地巩固、内化组员们在前期阶段形成的情感支持与自我探索的成果,留出若干周时间来进行回顾与总结,处理团体辅导结束常常会带来的离别情绪与分离焦虑。

带领者在进行到第 23 次时开始作分离的准备,提醒组员离结束还有 8 次时间。在接下来的每次团辅时都提醒组员离结束还剩下的次数。在进行到第 25 次时,未成年犯管教所根据整体工作安排要求本实验提前结束,带领者向组员们宣布了所里的决定并进行了专门的讨论,加速结束阶段的进程。

团体进入结束阶段后,带领者有意识地向组员提出回顾或总结的要求,带领者也会归纳并肯定某位组员团辅以来的进步与成长情况,让组员看到自己的变化与进步。对组员在团辅结束阶段再呈现出来的深层心理问题,一般不再展开作深入讨论,因为如果没有足够的时间来开展相应的工作,可能会给组员造成心理伤害。团辅的最后一次(第 27 次),在回顾、支持与相互鼓励中结束,也结束了对顽危罪犯的整个干预过程。

四、实验前后测结果与分析

(一)测量工具

为检测团体辅导效果,本实验选用 4 个心理测验量表作为测查工具,分别是:

(1)情感量表(AS):用于测查一般人群的心理满意度。正性情感 5 个项目,得分越高正性情感越强;负性情感同样有 5 个项目,得分越高负性情感越强;整个量表共 10 个项目,总分范围为 1~9 分,得分越高,表示情感平衡能力越强。

(2)孤独量表(UCLA):用于评价对社会交往的渴望与实际水平的差距而产生的孤独。共 20 个项目,总分范围为 20~80 分,得分越高,表示孤独程度越强。

(3)自尊量表(SES):用以评定青少年关于自我价值和自我接纳的总体感受。共 10 个项目,总分范围为 10—40 分,得分越高,自尊程度越低。

(4)匹兹堡睡眠质量指数(PSQI):用于评定个体的睡眠质量。量表共有 18 个自评条目。18 个条目组成 7 个成分,分别是睡眠质量、入睡时间、睡眠时间、睡眠效率、睡眠障碍、催眠药物、日间功能障碍,每个成分按 0~3 等级计分,累积各成分得分为 PSQI 总分;总分范围为 0~21 分,得分越高,表示睡眠质量越差。

(二)测量数据分析

由于两名组员因客观原因中途退出,他们只做了第一次心理测量。因此,以下结果分析中只呈现其他 8 名顽危犯的心理测查结果。

1. 情感量表测查结果分析

(1)正性情感测量结果。8 名顽危罪犯正性情感变化情况如表 3.2 所示。

表 3.2　正性情感前后测量情况

测量时间	赵某	王某	钱某	孙某	周某	吴某	郑某	李某
第一次	0	2	4	1	3	4	3	3
第二次	0	3	1	4	3	4	4	3
第三次	5	3	3	4	4	3	4	1
第二次减第一次	0	+1	-3	+3	0	0	+1	0
第三次减第一次	+5	+1	-1	+3	+1	-1	+1	-2

注："第一次"表示第一次测量时间,即 2014 年 3 月 10 日;第二次为 8 月 4 日;第三次为 10 月 20 日。下同。

从表 3.2 结果可以得到,第二次测量跟第一次测量时相比,即经过近 5 个月的团体辅导,顽危罪犯的正性情感总体上得到一定程度的改善,从平均 2.5 分提高到 2.75 分;从个体角度分析,3 人正性情感得分增加,4 人没有改善,1 人正性情感得分减少。

第三次测量与第一次测量时相比,即经过 7 个多月共 27 次团体辅导,顽危罪犯的正性情感总体上得到了较大改善,从平均 2.5 分提高到 3.375 分;从个体角度分析,5 人正性情感得分增加,3 人正性情感得分减少。

(2)负性情感测量结果。8 名顽危罪犯负性情感变化情况如表 3.3 所示。

表 3.3　负性情感前后测量情况

测量时间	赵某	王某	钱某	孙某	周某	吴某	郑某	李某
第一次	5	2	4	4	1	5	3	3
第二次	1	3	1	3	3	1	1	4
第三次	3	3	2	5	3	3	2	1
第二次减第一次	-4	+1	-3	-1	+2	-4	-2	+1
第三次减第一次	-2	+1	-2	+1	+2	-2	-1	-2

从表 3.3 结果可以得到,第二次测量跟第一次测量时相比,即经过近 5 个月的团体辅导,顽危罪犯的负性情感总体上得到较大改善,从平均 3.375 分减低到 2.125 分;从个体角度分析,5 人负性情感得分减少,3 人负性情感得分增加。

第三次测量与第一次测量时相比,即经过 7 个多月的团辅,顽危罪犯的负性情感总体上得到了改善,从平均 3.375 分减低到 2.75 分;从个体角度分析,仍然是 5 人负性情感得分减少,3 人负性情感得分增加,但在负性情感变化的具体人员上前后有差异。

（3）情感平衡能力测量结果。8 名顽危罪犯情感平衡能力变化情况如表 3.4 所示。

表 3.4　情感平衡能力前后测量情况

测量时间	赵某	王某	钱某	孙某	周某	吴某	郑某	李某
第一次	0	5	9	2	7	4	5	5
第二次	4	5	5	6	5	8	8	4
第三次	7	5	6	4	6	5	7	5
第二次减第一次	+4	0	−4	+4	−2	+4	+3	−1
第三次减第一次	+7	0	−3	+2	−1	+1	+2	0

从表 3.4 结果可以得到，第二次测量跟第一次测量时相比，即经过近 5 个月的团体辅导，顽危罪犯的情感平衡能力总体上得到了改善，从平均 4.625 分提高到 5.625 分；从个体角度分析，4 人情感平衡能力得分增加，1 人没有改善，3 人情感平衡能力得分减少。

第三次测量与第一次测量时相比，即经过 7 个多月的团辅，顽危罪犯的情感平衡能力从平均 4.625 分提高到 5.625 分，总体上看，第二次测量到第三次测量期间变化不明显；从个体角度分析，4 人情感平衡能力得分增加，2 人没有改善，2 人情感平衡能力得分减少。

从情感量表的上述三个部分测量结果来看，经过亚隆团体辅导干预，顽危罪犯总体上正性情感增加，负性情感减少，情感的平衡能力增强。因此，亚隆团体辅导技术对顽危犯情感状态的改善有促进作用。

2．UCLA 孤独量表测查结果分析

8 名顽危罪犯孤独感变化情况如表 3.5 所示。

表 3.5　孤独感前后测量情况

测量时间	赵某	王某	钱某	孙某	周某	吴某	郑某	李某
第一次	65	52	58	43	54	54	55	44
第二次	62	39	46	37	43	59	56	49
第三次	52	48	65	38	37	43	51	46
第一次减第二次	+3	+13	+12	+6	+11	−5	−1	−5
第一次减第三次	+13	+6	−7	+5	+17	+11	+4	−2

从表 3.5 结果可以得到，第二次测量跟第一次测量时相比，即经过近 5 个月的团体辅导，顽危罪犯的孤独感总体上得到了改善，从平均 53.125 分减少到 48.875 分；从个体角度分析，5 人孤独感得分减少，3 人孤独感得分增加。

第三次测量与第一次测量时相比，即经过 7 个多月的团辅，顽危罪犯的孤独感总体上得到了进一步的改善，从平均 53.125 分减少到 47.5 分；从个体角度分析，6 人孤独感得分减少，2 人孤独感得分增加。

从 UCLA 孤独量表的上述测量结果来看，经过亚隆团体辅导干预，顽危罪犯总体上孤独感得到持续的、较大的改善。因此，亚隆团体辅导技术对顽危犯内在孤独感有较好的改善作用。

3. 自尊量表（SES）测查结果分析

8 名顽危罪犯自尊感变化情况如表 3.6 所示。

表 3.6　自尊感前后测量情况

测量时间	赵某	王某	钱某	孙某	周某	吴某	郑某	李某
第一次	40	35	23	24	27	28	25	25
第二次	33	29	31	19	25	24	23	24
第三次	29	26	23	18	23	19	23	23
第一次减第二次	+7	+6	−8	+5	+2	+4	+2	+1
第一次减第三次	+11	+9	0	+6	+4	+9	+2	+2

从表 3.6 结果可以得到，第二次测量跟第一次测量时相比，即经过近 5 个月的团体辅导，顽危罪犯的自尊感总体上得到了提升，从平均 28.375 分减少到 26 分；从个体角度分析，7 人自尊感得分减少，1 人自尊感得分增加。

第三次测量与第一次测量时相比，即经过 7 个多月的团辅，顽危罪犯的自尊感总体上得到了进一步的提升，从平均 28.375 分减少到 23 分；从个体角度分析，7 人自尊感得分减少，1 人自尊感得分不变。

从自尊量表（SES）的上述测量结果来看，经过亚隆团体辅导干预，顽危罪犯总体上自尊感得到持续的、较大的改善。因此，亚隆团体辅导技术对顽危犯内在自尊感有较好的提升作用。

4. 匹兹堡睡眠质量指数（PSQI）测查结果分析

8 名顽危罪犯睡眠质量变化情况如表 3.7 所示。

表 3.7　睡眠质量前后测量情况

测量时间	赵某	王某	钱某	孙某	周某	吴某	郑某	李某
第一次	16	8	8	7	3	13	4	12
第二次	19	12	14	2	4	10	3	3
第三次	17	9	7	4	2	4	3	3
第一次减第二次	−3	−4	−4	+5	−1	+3	+1	+9
第一次减第三次	−1	−1	+1	+3	+1	+9	+1	+9

从表 3.7 结果可以得到,第二次测量跟第一次测量时相比,即经过近 5 个月的团体辅导,顽危罪犯的睡眠质量总体上得到了改善,从平均 8.875 分减少到 8.375 分;从个体角度分析,4 人睡眠质量得分减少,4 人得分增加。

第三次测量与第一次测量时相比,即经过 7 个多月的团辅,顽危罪犯的睡眠质量总体上得到了进一步的改善,从平均 8.875 分减少到 6.125 分;从个体角度分析,6 人睡眠质量得分减少,2 人得分增加。

从匹兹堡睡眠质量指数(PSQI)的上述测量结果来看,经过亚隆团体辅导干预,顽危罪犯总体上睡眠质量得到了较大改善。因此,亚隆团体辅导技术对顽危犯睡眠质量有改善作用。

五、讨论——亚隆团体辅导技术对顽危罪犯的矫正效应

(一)关于亚隆团体辅导对顽危罪犯的实验效应

正如前面所述,亚隆团体能够建构出"微型社会"与"原生家庭模型",并通过团体动力(疗效因子)使组员获得矫正性体验。监狱顽危罪犯绝大多数曾经经历的社会交往与家庭关系是冷漠、被歧视、被贬低甚至遭受遗弃。他们基本缺乏温暖、友善、支持、共情的人生体验。因此,"友善的社会关系"与"温暖的家"正是这些顽危罪犯的矫正所迫切需要的,也是让他们产生正性情感、认知与思维所必需的,是促使他们积极改造的内生动力。本次团体辅导实验,参与其中的多名组员认为团体是一个"温暖的家",是一个"陪伴与支持"的处所。这让他们感受到了家的温暖,也体会到了人与人之间相互的爱与心理支持。因此,不管是带领者与组员共同创设出来的"微型社会",还是带领者与组员共同构建的"温暖的家",都给参加团体的每位顽危罪犯带来新体验,让他们获得正能量,促使他们去重新思考人生目标,获得自我成长与发展的动力。这些改变从以下三个方面得到了明确的佐证。

1. 前后测数据表明亚隆团体辅导对顽危犯转化具有正效应

首先,根据前述前后测数据比较,表明参加团辅顽危罪犯总体上正性情感增加,负性情感减少,情感的平衡能力增强。其次,团辅成员的孤独感得到持续的、有效的改善。再次,团辅成员的自尊感得到持续的、有效的提升。最后,总体上看团辅成员睡眠质量得到了较大改善。

从三次测量数据的前后对比可以得到,亚隆团体辅导首先是在顽危罪犯的情感能力、孤独感、自尊感方面产生了改善与提升作用,随着团体辅导进程的发展,在顽危犯的睡眠质量上亦产生了改善,也即亚隆团体辅导对组员的改善首先是在心理层面发生,然后可能扩展至生理层面,对团辅罪犯的某些身心障碍

可能产生了改善作用。

2. 团辅顽危犯参加亚隆团体辅导后的矫正性体验

团辅结束时,带领者要求每位组员对自己在团辅过程中的收获与感受作书面的总结与回顾。现摘录部分内容如下(注:摘录内容为团辅组员原话,括号中的字为笔者所加):

组员赵某说:"……时间过得真快,转眼间 7 个多月过去了,我们的心理团体辅导课也马上结束了,此时此刻,心中也有点舍不得,心中也难免会有点失落。我不得不说,这七个多月来真得(的)让我学到了很多,也解决了许多改造中的问题。在接下来的改造生活中,再也没有这么一个地方可以让我们诉说,遇到困难后也或许没有那么几个人会来给你真诚的建议,也没有了老师们的支持与鼓励。……在每周一的团辅时间里,是我一周下来最期待的,可以把自己所遇到的不愉快的事情讲出来,这样感觉自己的身心都会变得轻松一点。(团辅)让我学会了感恩,也给我增添了改造的动力。……我只能说,这段时间真的让我过得很开心,在这段时间里学到的东西,做人做事的方法,相信我会终身受益。"

组员王某以"一起的日子"作为团辅结束时的总结标题。其中说道:"在这些日子大家都比较了解我,也给我一些反馈的话提(题),我在这里很感谢大家,有(尤)其是两位老师的领导下,我走出了痛苦的日子,在这里的每一天都是很真诚的,也很他(踏)实,过的也快。所以几次下来也很感谢这个团队。来的那一天,我都(就)知道会有结束,我做好了种(准)备,只是提前结束了,但是我不知道以后不来会有什么感觉,我现在很难说,我们的这段日子我会铭记在心,这是我在牢(劳)改生涯中最温暖的地方……"

组员钱某表示:"自从我参加本次活动以后,虽然大的改变没有,但也学会了忍让和改掉有些毛病与不足之处。比如:容易激动、害怕、钻牛角尖,等等。现在的我不容易激动,也不感觉害怕,以前我害怕与人交往,但现在没有那种害怕的感觉了,反而是常常和大家聊天,在管区组织活动的时候还能主动报名参加,还敢上台唱歌,以前的我在父母面前都会害羞,更别说要当着管区一百多人放声高歌……这二十几次下来,多谢蒋老师和邵老师的陪伴与教导,是你们让我学会了一些东西。不是说学会了什么大道理,而是我学会了一些最基本的与人相处的道理,不得不说这是我的一种自我突破……"

组员郑某说:"来参加心理辅导那么多次,最大的收获是轻松、快乐,以他人的经历、教训,来当作自己的经历和教训,从中获取经验。也许只是一点点评价(反馈),可是让我受用一生,并且让我明白只有自己才是自己最好的心理老师,并且让我坚定了自己人生目标。"

组员周某说:"自从今年(2014 年)3 月来到心理健康指导中心后,在这里我懂得了很多,让我明白了怎样更好的(地)解决困难,克服困难。让我的心灵成长得也很快,也让我的改造道路越来越顺利了。这个地方对我们服刑人员的帮助真的很大,我希望这个活动能一直坚持下去,能帮助更多的人。"

3. 管区民警对参加团辅顽危罪犯矫正效果反馈

为了实现团辅效果检测的多维性,我们向组员所在管区民警了解团辅效果。部分管区反馈情况如下:

一管区民警反馈:所里开展了对顽危犯的团辅活动,管区抱着试试看的想法,让管区的两名顽危罪犯参加了所里的团辅。起初他们的心态改变不大,情绪还是比较低落,人际关系也比较紧张。但一段时间之后,管区在与他们的交流中感觉其情绪明显有所变化,也能主动与民警交流思想,谈自己的看法和观点,也逐步地融入到了改造集体中。目前参加团辅的两名顽危罪犯整体思想稳定,情绪较以前有了明显的改善,整个精神状态较好,也能与民警和其他罪犯积极进行沟通。

二管区民警反馈:本管区参加团辅的服刑人员原来内向、自闭,不与同犯交流,也基本不与警官交流。参加团辅后增长起来的自信也延伸到了改造中。现在,他能在小组评议时举手表态,能在上课时踊跃发言,还能当着大家的面唱《单身情歌》,成了不折不扣的"活泼小王子"。

测量结果与组员、民警的反馈表明,亚隆团体辅导对顽危罪犯的外显行为、内在认知与情绪状况都能产生正性影响作用。从总体上看,亚隆团体辅导能够使顽危罪犯正性情感增加、负性情感减少,提高其情感平衡能力,并且对顽危罪犯的内在自尊感、孤独感产生良性变化。这种变化也体现在顽危罪犯的自我体验与感受当中,正如他们所说的,参加团体辅导后让他们"身心感到轻松""学会了感恩""增添了改造的动力",并外化为行为,"融入改造集体中""能与民警和其他罪犯积极进行沟通",还能够使一个存在一定社交恐怖的罪犯"主动参加管区的活动""上课踊跃发言",等等。这符合心理学研究结论:个体的认知、行为、情绪是一个系统、一个整体,三者紧密联系、互为因果。个体行为的变化,会逐渐对个体的认知、情绪带来变化;而个体的认知改变,也会使其行为、情绪发生改变;同样地,个体的情绪变化,也必然会影响到个体的行为与认知。这也正是团体辅导中带领者所应关注的重点内容,也是团体工作的中心所在。[①] 因此,带领者在团体辅导时应充分重视顽危罪犯的认知、情绪、行为的变化。而顽危罪犯在认知、情绪与行为上改善,也必然会使他们逐步走出"顽危"状态,并最终部分或全面地矫正了他们,实现监狱的终极目标——身心健康的守法公民。

---

① [美]Marianne Schneider Corey、Gerald Corey 著:《团体:过程与实践》(第七版),邓利、宗敏译,高等教育出版社 2010 年版,第 6 页。

本次亚隆团体辅导实验亦证明,此类团体辅导不仅适用于未成年顽危罪犯,同样也可用于成年顽危罪犯,是转化顽危罪犯的有效手段之一。

(二)本实验存在的不足

由于本次实验对象为未成年犯管教所目前顽危犯中最难改造的人员,难以再选择能够与之对应的对照组,因此,只是一个单组前后测的实验研究。这一实验设计常常不能排除无关因素的干扰,比如,实验对象中多名组员为未成年人,可能无法排除因个体自然成长(即成熟因素)所带来的自尊感提升和/或孤独感降低的效应。

矫正机构中期教育内涵与指导思想

如果认为服刑人员入监、出监之外的服刑时间为服刑中期，那么对于服刑人员的教育改造工作主要是在中期教育环节完成的。中期教育是矫正机构教育改造工作的关键环节，准确理解中期教育的内涵，明确中期教育的目的以及指导思想，是值得研究的基本理论问题。

一、矫正机构中期教育内涵

中期教育是从改造时间段上区分出来的一个阶段，对于一个服刑数年的犯罪人来说，中期教育占据了他大部分的服刑时间。同样地，对于矫正机构及其工作人员来说，对服刑人员的教育改造工作，也主要安排在这个时间段内来完成。因此，对矫正机构与服刑人员来说，中期教育都是最为重要的一个教育环节。

（一）中期教育含义

矫正机构，包括监狱、未成年犯管教所、公安看守所以及社区矫正机构，是我国对已生效判决、裁定或决定的犯罪人实施教育改造的组织单位。对监狱、未成年犯管教所等监禁刑矫正机构的犯罪人，按照司法部《监狱教育改造工作规定》（2003 年 8 月 1 日起施行），其入监教育的时间为两个月，出监教育的时间为 3 个月。入监后到出监前的时间为服刑改造中期。中期教育是指矫正机构对服刑人员在服刑改造中期所开展的各项教育矫正工作的总称。

针对中期教育的上述含义，有以下三个方面需要作进一步的说明。一是自2013 年 1 月 1 日开始施行的《刑事诉讼法》第二百五十三条第二款规定："对被判处有期徒刑的罪犯，在被交付刑罚前，剩余刑期在三个月以下的，由看守所代为执行。对被判处拘役的罪犯，由公安机关执行。"因此，公安看守所关押了余刑三个月以下的服刑人员，对他们的教育改造，没有必要区分入监教育、中期教育、出监教育，根据他们的服刑时间制订一个完整的教育矫正方案与措施并实施就可以了。另外，对余刑在三个月以上一年以下的服刑人员，虽然被送到监狱等监禁刑矫正机构执行刑罚，但是由于在监狱的时间短，对他们的教育改造也应当作特殊的处理。从教育他们的角度来看,建议把这些服刑人员集中关押,并采取针对性的个别矫正、分类矫治与集体教育。二是在现实的教育改造活动中,部分监禁刑矫正机构的入监教育与出监教育时间并没有严格执行司法部的规定,比如有的监狱入监教育与出监教育都安排一个月。这种情况是存在的。那么,中期教育的时间就是从入监教育一个月结束后到出监教育一个月前的时间段。三是社区矫正机构针对非监禁刑服刑人员的中期教育,既可以把整个服刑期间作为中期教育阶段,也可以区分出类似监禁刑矫正机构的三个教育时间段,原则上建议对社区矫正服刑人员在有一个起始教育后方可进入中期教育阶段。这个起始教育时间不一定是一个月或两个月,可以是一次或数次,根据教育对象与教育资源等因素综合考虑后给予安排。也可以安排一个结束教育的时间段与教育内容,教育时间同样视具体情况而定。

从我国矫正机构教育改造的现实状况来看,中期教育在监禁刑矫正机构如监狱、未成年犯管教所特征明显,因此,本文主要针对这些矫正机构中所开展的中期教育来阐析,并提出针对性的、具体化的对策措施。非监禁刑矫正机构在开展服刑人员的教育改造工作时可以参照本文的相关内容来设计与安排,有的内容亦可直接应用。其他类型矫正机构可参考本文的内容来开展相应教育矫正活动。

(二)矫正机构中期教育现状

对服刑人员的教育改造工作,不管是矫正机构的管理部门,还是承担具体矫正任务的工作人员,或者是从事矫正研究的学者,从总体上看都是重视的。有学者对中国监狱教育改造状况包括中期教育进行了深入的分析与探讨,指出我国监狱对罪犯的教育改造工作非常重视,整个行刑活动坚持以改造人作为宗旨,贯穿于监狱行刑活动的全过程,代表着国际行刑的发展方向,符合人类社会进化的要求。同时,近年来,我国行刑管理机关制定和修改了教育改造罪犯的新制度措施、调整和补充了教育改造的内容、积极寻找教育改造的新载体,取得了良好的成效。但是,我国监狱教育改造工作也存在一些问题:教育改造手段弱化、内容方式陈旧、经费严重不足、教育设备落后、时间没有保障、人员不足、素质不适应等。[①]

另有研究者指出,教育改造作为改造罪犯的基本手段之一,是在马克思主义国家学说、毛泽东改造罪犯的思想指导下形成的,是在邓小平理论、"三个代表"重要思想、科学发展观的指导下发展的。教育改造工作在改造人、造就人中具有不可替代的作用,成为中国特色监狱制度的重要内容。在构建社会主义和

---

① 冯建仓、陈志海主编:《中国监狱若干重点问题研究》,吉林人民出版社 2002 年版,第 105—124 页。

谐社会、深入推进依法治国的时代进程中,坚持和发展教育改造罪犯的思想,推动教育改造工作的创新发展,是历史进步的必然,是法律赋予监狱机关的重要职责。同时,我国监狱的教育改造工作存在诸多矛盾,比如刑罚惩罚性与教育自主性的矛盾、安全保障性与教育自由性的矛盾、劳动强势性与教育针对性的矛盾、教育者职责多样化与教育专业化的矛盾等。[①]

正如《教育改造罪犯纲要》(司发通［2007］46 号,2007 年 7 月 4 日)中所说的,多年来,监狱系统在党中央、国务院的正确领导下,深入贯彻党的监狱工作方针,紧紧围绕提高罪犯改造质量,大力开展对罪犯的法制、道德、文化和职业技术等教育,针对不同类型的罪犯,实施有针对性的教育改造工作,并不断改革创新,在罪犯心理矫治、改造评估、服刑指导、教育改造工作社会化等方面进行了积极的探索,取得了显著成绩,对于罪犯在服刑期间增强法律意识和道德观念,掌握文化知识和劳动技能,从而顺利地回归社会,发挥了重要作用。当前,监狱工作面临着前所未有的发展机遇,也面临着严峻的挑战。监狱在押犯的构成日益复杂,重大刑事犯、暴力犯、涉毒涉黑犯等罪犯数量不断增多,与危害国家安全罪犯、“法轮功”罪犯的改造与反改造斗争日益尖锐,改造罪犯的难度加大。从教育改造工作本身来看,教育改造罪犯的科学性有待进一步增强,方式、方法和手段有待进一步完善和创新,教育改造质量有待进一步提高。因此,如何正确地认识教育改造工作,特别是中期教育活动的地位与作用,创新教育改造特别是中期教育的方式、方法与手段,最终提高对服刑人员的矫正效益,是摆在我国矫正机构以及矫正学研究者面前的一个紧迫的课题,有其重大的价值与意义。

我国监狱在教育改造工作上的现实状况,其实也是中期教育的现实表现。监狱教育改造工作取得成效,是监狱整体教育改造活动的结果;而监狱教育改造工作中存在的问题与矛盾,其实集中表现在教育改造中期阶段所存在的问题与矛盾。因此,如果把监狱等矫正机构的中期教育研究清晰起来,寻找到有效的对策,那么监狱等矫正机构目前教育改造中存在的问题将基本得以解决。

(三)矫正机构中期教育功能与地位

中期教育是整个教育改造工作的中心环节,处于教育改造工作的核心地位。这是因为:

1.从教育改造时间分配分析来看,中期教育往往占据了服刑人员整个教育改造时间段的大部分时间。除了服刑人员的刑期或者余刑在数月的情况之外,其他处于监狱等监禁刑矫正机构的服刑人员,都要接受一定时间的教育矫正活

---

① 俞振华主编:《监狱教育改造方法研究》,浙江人民出版社 2012 年版,第 11—12 页。

动安排。根据司法部《监狱教育改造工作规定》，入监教育的时间为两个月，出监教育的时间为三个月。除了这五个月的时间，服刑人员的其余时间都是处在教育改造的中期阶段。对于刑期几年、十几年、二十几年以及无期、死缓犯来说，中期教育的时间往往是数年，甚至十余年、二十余年。因而，关键的问题是，如何根据服刑人员如此长的一个中期教育时间段，安排数个有针对性的、前后连接的、层层递进的教育过程，这是矫正机构及其工作人员应当认真思考的问题。对于社区矫正机构来说，一般不存在入监、出监教育阶段，整个服刑过程就是一个进行有效管理、开展针对性思想教育的过程，因而，整个社区矫正时间段即相当于监狱的中期教育阶段。

2. 从教育改造内容分析，入监教育内容与出监教育内容表明，中期教育承担着教育改造活动的主体工作。根据司法部《监狱教育改造工作规定》，入监教育的内容是进行法制教育和监规纪律教育，以引导其认罪悔罪，明确改造目标，适应服刑生活。出监教育的内容是对罪犯进行形势、政策、前途教育，遵纪守法教育和必要的就业指导，开展多种类型、比较实用的职业技能培训，以增强罪犯回归社会后适应社会、就业谋生的能力。在出监教育阶段，监狱还应当邀请当地公安、劳动和社会保障、民政、工商、税务等部门，向罪犯介绍有关治安、就业、安置、社会保障等方面的政策和情况，教育罪犯做好出监后应对各方面问题的思想准备，使其顺利回归社会。而针对服刑人员的犯罪思想、犯罪心理等所开展的法制教育、道德教育、文化教育、技术教育、劳动教育，以及个别教育、分类教育、集体教育与心理矫治等教育方式方法的运用，基本上要在入监后、出监前展开。因而，可以说，服刑人员中期教育的内容是否具有针对性，教育方式是否运用得当，教育活动的组织是否全面综合，对服刑人员犯罪思想、犯罪心理的教育矫正起决定性作用，关系到整个教育改造工作的成败；离开有效的中期教育，服刑人员的改造会成为空中楼阁、无根之木，是不可能取得良好效果的。

二、矫正机构中期教育目的

教育目的明确了通过教育过程要把受教育者培养成什么样质量和规格的人。因而，教育目的控制教育对象的发展，对教育实践活动起指导和支配作用，并促使教育过程科学化。[①] 明确矫正机构中期教育的目的，是中期教育首先要解决的问题。

---

① 南京师范大学教育系编：《教育学》（第三版），人民教育出版社 2005 年版，第 145—151 页。

（一）矫正机构教育目的的内涵

1.刑罚目的与行刑目的

在阐述矫正机构的教育目的之前，首先需要清晰两个概念，即刑罚目的与行刑目的。

（1）刑罚目的。刑罚是由国家最高立法机关在刑法中确立，由法院对犯罪人适用并通过特定的机构执行的最为严厉的强制措施。刑罚的目的集中体现了国家处理犯罪与刑罚的基本立场，它直接决定着刑事法律运用的导向。在刑罚的目的论上，主要有报应刑论、目的刑论，以及折衷论。

刑罚目的的报应论主要是指刑罚的目的视为对犯罪行为之完全的回报。报应论认为刑罚是犯罪的必然结果，犯罪是刑罚的前提原因，犯罪与刑罚之间存在基本的因果/报应关系。犯罪是对法律的破坏和社会秩序的威胁，从而破坏了犯罪人对社会应该背负的个人义务，而刑罚作为对犯罪的法定报应，就是为了恢复被破坏的法律秩序，从而最终维护社会的稳定存在。[①] 以教育为内核的目的论则认为，刑罚不是为了报应犯罪，对犯罪处以刑罚是为了使犯罪人将来不再犯罪，刑罚的适用就是一般预防和特殊预防。刑罚目的的折衷论则既承认刑罚对犯罪的报应或正义的报应，又主张刑罚的预防目的。这种"相对的报应主义"把刑罚目的归纳为：一是特别预防，刑罚意在阻止罪犯本人将来再犯罪；二是拘禁，使之不再危害社会；三是矫治，给予罪犯仁慈待遇，使之重返社会；四是一般预防，刑罚通过惩罚防止社会效仿犯罪的行为；五是教育，教育公民识别善恶；六是报应，犯罪人因对其他人或社会造成损害，他自身也要受到伤害。[②] 而国内较为通行的刑罚目的论认为，刑罚的目的是预防犯罪，保卫社会。它是一种预防犯罪的刑罚目的论，贯穿于刑事立法、刑法适用和刑罚执行的整个过程。预防论在处理特殊预防和一般预防的关系时，针对不同的阶段有所侧重。一般来说，刑罚的创制以一般预防为主，特殊预防为辅；在刑罚适用阶段，则一般预防与特殊预防并重；到行刑阶段，特殊预防显得特别重要，因为贯穿于行刑（除死刑立即执行外）之中的教育改造是使犯罪人重返社会的最基本的保证之一。

（2）行刑目的。它是指国家和社会通过行刑活动所要达到的预期结果。它依附于刑罚的目的而成立，是国家"刑罚意志"具体体现的一个方面；行刑目的是国家对行刑结果或目标的确定及追求。行刑始于刑罚的必然或自然附属，本身不具有独立的目的性，刑罚目的的变迁衍生出行刑的目的，随后刑罚本体的

① 李川著：《刑罚目的理论的反思与重构》，法律出版社 2010 年版，第 7 页。
② 金鉴主编：《监狱学总论》，法律出版社 1997 年版，第 197 页。

目的便与行刑的目的如同形影。基于此,我国刑罚执行机关行刑的目的可表述为:实现国家审判机关经有效刑事裁判确定的,施加于犯罪行为人身上的具体的刑罚;通过刑罚的执行,实现刑法确定的预防和减少犯罪的基本目标;同时,转变犯罪行为人的不良人格与品德,矫正行为恶习,并传授一定的科学知识和劳动技能,使之能重返社会,成为遵纪守法的自食其力的公民。[①]《监狱法》第1条规定:"为了正确执行刑罚,惩罚和改造罪犯,预防和减少犯罪,根据宪法,制定本法。"正确执行刑罚,是国家制刑、量刑的立法和司法要求,体现刑罚的目的;惩罚和改造罪犯,是行刑的中心任务和目的要求;预防和减少犯罪,体现刑罚目的与行刑目的的统一性,一般通过特殊预防和一般预防来实现。

对刑罚目的与行刑目的两个概念的阐析表明,两者的区分具有相对性。刑罚目的指向整个刑事司法活动,而行刑目的仅指向刑事执行活动,换言之,刑罚目的在制刑、求刑、量刑与行刑诸阶段都要得到体现,而行刑目的只体现于行刑阶段。两者表现为包含的关系,因此,两个目的的内涵表现出统一性特征。

2.教育目的之内涵

从刑罚目的的历史发展看,教育矫正的思想蕴含其中;依附于刑罚目的的行刑目的,教育矫正的目的蕴含其中。教育目的是指矫正机构的教育目的,它是指矫正机构及其工作人员通过一系列的教育改造活动最终所要达到的结果,即要把服刑人员教育成怎样规格与质量的人。《监狱法》第3条规定:"监狱对罪犯实行惩罚与改造相结合、教育和劳动相结合的原则,将罪犯改造成为守法公民。"这一规定明确了教育矫正罪犯的根本目标——将罪犯改造成为守法公民。

国内学者对"守法公民"作为矫正机构的教育目的基本没有异议,持较为一致的认识;同时,许多学者认为,"守法公民"这样一个教育目的较为抽象,比较笼统,缺乏可操作性,需要进一步细化。但是,在进一步解读"守法公民"的内涵时出现了一定的差异性。有学者认为,守法公民可分为三种人群:社会精英、普通大众与低劣人群,改造罪犯的合理目标应当是普通大众一类的守法公民,即道德品质、职业发展和经济收入等方面均属于中等的普通人;同时认为,把"低劣人群"作为改造目标也是可以的,只要他们遵守法律、不再重新犯罪,就基本实现了改造罪犯的目标。[②] 另有研究者认为,将罪犯改造成为守法公民是监狱改造的基本目标。这个守法公民的底线是守法,不再重新犯罪,同时,还应当具备当今社会合格公民的本质特征,即以公民的独立人格为前提,以自由、平等、

---

① 金鉴主编:《监狱学总论》,法律出版社1997年版,第231页。
② 吴宗宪著:《罪犯改造论——罪犯改造的犯因性差异理论初探》,中国人民公安大学出版社2007年版,第255-258页。

民主为理念;以权利与义务的统一为基础;以合法性为底线。① 教育目的的上述细化,具有了一定的可操作性,突出了守法公民的底线——不再重新犯罪。

还有学者认为,将罪犯改造成为社会的守法公民,这是罪犯教育目的的核心问题。培养罪犯良好的思想素质、知识技能素质和身心素质,这是在改造过程中罪犯所形成的具体素质及其结构问题。这三方面的素质中,思想素质的提高是罪犯教育的基础,知识技能素质的获得是关键,健康的身心素质是保证,三者是相互联系的,不可割裂的,他们共同组成了罪犯教育目的的重要内容。② 在这里,教育目的细化为思想、文化、身心素质的提升。然而,何为素质的提升仍然需要进一步具体化,因此,这样的教育目的细化仍然缺乏操作性。

笔者赞同"守法公民"作为矫正机构教育的目的,同时也认为需要对此进行细化。细化的路径有两条,一是如果认为犯罪原因是思想道德的缺陷、行为恶习使然,那么犯罪人道德观念、道德情感、道德意志、道德行为的改善,行为恶习的破除与亲社会行为的建立,是教育目的的具体构成内容;二是针对犯罪人的犯因性缺陷③,包括犯因性生理因素、犯因性心理因素与犯因性社会因素三个方面。④⑤⑥ 由于造成个体犯罪的原因并非矫正机构都能实现变革,比如造成极少数个体犯罪的染色体异常、影响个体犯罪的社会环境因素等,矫正机构及其工作人员对此几乎无矫正工作可做。矫正机构在这三个方面实现矫正机构所能够实现的改善,构成教育目的的具体内容。我们认为,第二条路径更具有可操作性。

细化矫正机构教育目的的途径,有临床的与统计的、静态的与动态的,具体方法有诊断性评估、矫正需要测量、观察与犯罪人自我陈述等。

(二)矫正机构教育目的与矫正机构功能的辨证关系

惩罚与改造是矫正机构的两项基本功能,是现代监狱等矫正机构行刑中不可分割的两个方面。

刑罚所具有的剥夺功能使得犯罪人必须承受就其本意来说不愿意承受的痛苦,刑罚给犯罪人造成的痛苦是刑罚本身的自然属性,如果没有这种惩罚的属性,那么刑罚就失去了它的存在价值。但是,仅仅看到刑罚的痛苦属性是不

---

① 贾洛川著:《监狱改造与罪犯解放》,中国法制出版社 2010 年版,第 54 页。
② 王祖清,赵卫宽主编:《罪犯教育学》,金城出版社 2003 年版,第 24—25 页。
③ 犯因即犯罪原因,是个体实施某一犯罪起诱发、推动和助长作用的各种因素。犯因性缺陷,即具有犯罪原因性质的各种因素,之所以把这些因素称之为缺陷,是基于矫正之意义,把各种犯因性因素病态化。
④ 吴宗宪著:《罪犯改造论——罪犯改造的犯因性差异理论初探》,中国人民公安大学出版社 2007 年版,第 110—218 页。
⑤ 于爱荣主编:《罪犯个案矫正实务》,化学工业出版社 2011 年版,第 28—30 页。
⑥ 邵晓顺主编:《服刑人员心理矫治:理论与实务》,群众出版社 2012 年版,第 262—263 页。

够的,因为这只是看到了刑罚的表面现象。监狱等矫正机构对服刑人员执行刑罚,并不单纯地要对服刑人员实施惩罚,惩罚只是刑罚执行的内容之一。刑罚执行的目的是要将服刑人员改造成为守法公民,实现教育目的,而这一目标必须通过对服刑人员的改造来实现。因此,刑罚执行的另外一个重要内容就是改造。惩罚与改造同属刑罚执行的内容,构成矫正机构的两个基本功能,二者互为条件,交互发挥作用。对服刑人员实施惩罚,是将他们改造成为守法公民的前提,而把服刑人员改造成为守法公民则是刑罚惩罚的目的所在。惩罚与改造在刑罚执行过程中、在监狱等矫正机构行刑过程中是有机结合、缺一不可的。因此,刑罚目的、行刑目的与教育目的在体现出差异性的同时具有一定的统一性。

(三)矫正机构教育目的的层次性

对矫正机构的教育目的进行有效的分层,构建起教育目的的层次性,将有利于矫正机构工作人员更准确地把握教育目的的内涵,从而更好地实现教育矫正的目的。

有学者在把守法公民分成社会精英、普通大众、低劣人群三个层次的基础上,认为监狱等矫正机构的教育目的也有三个层次,即把服刑人员改造成为社会精英类的守法公民、普通大众类的守法公民与低劣人群类的守法公民,而且认为,我国监狱系统在服刑人员改造目标上,似乎都朝着第一种目标努力,也就是朝着把服刑人员改造成为"社会精英"型守法公民的方向努力。而正确的做法,应当把改造服刑人员的合理目标调整到"普通大众"型守法公民,甚至降格以求,把"低劣人群"作为改造目标也是可以的,只要他们遵守法律,不再重新犯罪。① 因此,监狱等矫正机构的教育目的有两个层次,即"普通大众"型守法公民与不再重新犯罪的"低劣人群"型守法公民。

笔者认为,矫正机构教育目的的层次性至少包括两个方面的内容,即教育目的内容上的层次性与教育目的构成上的层次性。

首先,教育目的内容的层次性。在教育目的的内容上,具体地有这样三个方面:一是矫正机构应当实现服刑人员犯罪思想(犯因性问题)得到矫正的目标;二是通过矫正机构的教育改造,能够实现防止刑满释放人员重新犯罪;三是实现行刑的根本目标——把犯罪人改造成为守法公民。三个具体矫正目的之间的关系是:矫正犯罪思想(犯因性问题)是矫正机构应当做到的,也是实现后两个目标的前提和基础;不再重新犯罪是矫正机构所追求的,是行刑目的的基

---

① 吴宗宪著:《罪犯改造论——罪犯改造的犯因性差异理论初探》,中国人民公安大学出版社 2007 年版,第 251—259 页。

本要求,然而实现这一目的非矫正机构一个部门所能左右,还会受到社会环境的诸多影响;守法公民是矫正机构的根本目的,是前两个目的实现后的重要结果,守法公民不仅是没有触犯刑事法律的公民,还是遵守国家其他法律法规的公民。

在教育目的构成内容方面,一个有价值的思路是,教育目的的内容可分为定性与定量两个部分。教育目的的定性内容指明教育目的的方向,构建起教育目的的具体定位;教育目的的定量内容,是教育目的的具体表现,以量化的形式表达。量化形式的教育目的,是矫正机构今后的工作方向之一。

其次,教育目的构成的层次性。从个体角度来分析矫正机构的教育目的,可把它分解为根本目标、个案矫正目标、分项目标以及具体目标四个层次。按我国目前行刑法律规定,犯罪人个体矫正的根本目标仍然是"守法公民";个案矫正目标应当是改善犯因性问题,不因为犯因性问题而再次犯罪;分项目标可细化为生理、心理、行为、认知等,即能够实现对服刑人员犯因性生理、心理、行为、认知因素的改善与转归;每个分项目标之下又可分为若干个具体目标。[①]

三、矫正机构中期教育指导思想与原则

矫正机构中期教育指导思想是本文的核心内容。具备正确的中期教育指导思想是矫正机构及其工作人员有效开展中期教育各项活动的最重要的思想基础与前提条件,必须给予充分的重视。同时,中期教育要遵循一定的原则来展开。

(一)矫正机构中期教育指导思想的内涵

要准确地把握指导思想的内涵,应当从两个层面来理解。首先是组织层面。一个组织的指导思想,是指通过该组织领导者的思维,或者通过该组织的社会实践活动提炼形成的,并经组织领导层或组织机构通过一定的程序确立的、具有高度概括性和宏观统领性的、用以指导某领域工作的思想体系。其次是个体层面。某一个体从事职业实践活动的指导思想,是指该个体所从属的组织的指导思想与个体本身价值观念体系的综合,是用于指导该个体开展或从事职业实践活动的思想观念体系。本文中两个层面的意思综合使用。

在监狱学领域,"监狱工作方针"是一个经常使用的词。监狱工作方针是监狱工作的宏观指导思想,是国家根据一定社会的政治、经济要求,为实现一定时期的监狱工作目的而规定的工作总方向。因此,在本文中,"工作方针"与"指导

---

① 于爱荣主编:《罪犯个案矫正实务》,化学工业出版社 2011 年版,第 48—51 页。

思想"不作严格区分。

矫正机构中期教育的指导思想与矫正机构教育改造的指导思想一脉相承，都是指直接指导监狱等矫正机构开展教育改造实践活动的带有方向性、指针性、政策性的思想体系。但是，两者之间又存在一定的差异性。矫正机构中期教育指导思想特指对处于矫正中期服刑人员的教育矫正活动的指导思想；而矫正机构教育改造指导思想是统领矫正机构全部教育改造活动的指导思想。

矫正机构教育改造指导思想具有以下特征：一是方向性，它应明确地指出改造人的方向，监狱等矫正机构教育改造工作改革和发展的方向。二是全局性，它对所有矫正机构及其工作人员的教育改造工作都起着全方位的调控作用。三是稳定性，矫正机构教育改造指导思想不能经常地、任意地改变。全国性的监狱教育改造指导思想必须通过立法的形式由国家最高权力机关确认。

新中国成立以来，我国监狱教育改造的指导思想经历了数次飞跃。[①] 发展到目前，我们认为，矫正机构教育改造的指导思想，应当有所创新、有所发展；而矫正机构中期教育指导思想更应当具体化。因此，其指导思想应当具体由教育前提、教育思想、教育理念、教育目标四个部分来构成，其中有效的刑罚是中期教育的前提条件，科学与人文、互动与选择是中期教育的主体指导思想，有利于服刑人员成长是中期教育的思想理念，而顺利回归社会是中期教育的目标指向。

（二）矫正机构指导思想的发展过程

我国矫正机构教育改造指导思想，从 1949 年以前就开始提出，并经历了一个逐步发展的过程。

1932 年《中华苏维埃共和国劳动感化院暂行章程》第 1 条规定，设立劳动感化院的"目的是看守、教育及感化违反苏维埃法令的一切犯人"。1949 年《中国人民政治协商会议共同纲领》第 7 条规定："对于一般的反动分子、封建地主、官僚资本家，在解除其武装、消灭其特殊势力后，仍须依法在必要时期内剥夺他们的政治权利，但同时给以生活出路，并强迫他们在劳动中改造自己，成为新人。"

1951 年毛泽东对《第三次全国公安会议决议》进行修改后明确指出："大批应判徒刑的犯人，是一个很大的劳动力，为了改造他们，为了解决监狱的困难，为了不让判处徒刑的反革命分子坐吃闲饭，必须立即着手组织劳动改造的工作。"这就是"三个为了"的监狱工作指导思想。

1954 年《中华人民共和国劳动改造条例》第 4 条规定："劳动改造机关对于一切反革命犯和其他刑事犯，所实行的劳动改造，应当贯彻惩罚管制与思想改

① 中国监狱学会编：《中国监狱学会 20 年（1985—2005）》，法律出版社 2006 年版，第 253 页。

造相结合、劳动生产与政治教育相结合的方针。"这是"两个结合"的监狱工作指导思想。这是我国在监狱工作指导思想上的第一次飞跃。

1964 年中共中央在批转公安部《关于第六次全国劳改会议情况的报告》中明确:"做好这项工作,必须坚决执行中央的既定方针,即改造与生产结合,改造第一、生产第二的方针。"这是我国在监狱工作指导思想上的第二次飞跃。

1994 年我国制定了《中华人民共和国监狱法》。1995 年国务院国发〔1995〕4 号文件《国务院关于进一步加强监狱管理和劳动教养工作的通知》中明确提出:监狱工作要坚持"惩罚与改造相结合,以改造人为宗旨"的方针。这是我国在监狱工作指导思想上的第三次飞跃。

2007 年司法部《教育改造罪犯纲要》指出,教育改造罪犯的指导思想是:以邓小平理论和"三个代表"重要思想为指导,全面贯彻落实科学发展观,牢固树立社会主义法治理念,按照构建社会主义和谐社会的总要求,贯彻"惩罚与改造相结合,以改造人为宗旨"的监狱工作方针,紧紧围绕提高罪犯改造质量,坚持以人为本,充分发挥管理、教育、劳动改造手段的作用,发挥心理矫治的重要作用,推进教育改造罪犯工作的法制化、科学化、社会化,把罪犯改造成为守法公民。

(三)矫正机构中期教育指导思想构成

1.教育前提:有效的刑罚

刑罚是对犯罪行为的否定和对犯罪人的谴责,刑罚的本质在于惩罚性,惩罚性是刑罚的内在属性。刑罚区别于其他责任形式的根本不同在于其严厉性程度。刑罚的惩罚性不仅是报应的需要,也是矫正与预防的需要。可以说,在行刑过程中如果剥离了刑罚的惩罚性,既违背了刑罚自身存在的价值,也否定了定罪和量刑的宗旨。不过在行刑过程中,世界性的发展潮流是矫正因素日益突出,惩罚性逐渐退居其后。然而,不管如何强调矫正的重要性,仍然难以割舍刑罚的惩罚性。如果去除了刑罚的惩罚性要素,就是"只见其人,不见其(罪)行",这显然脱离了刑罚意义上的矫正,并极有可能蜕变为变相的纵容,因而有违刑罚的要义,同样也违背了矫正机构教育矫正的宗旨。

我国监狱等矫正机构的基本职能是惩罚与改造服刑人。西方国家学者对犯罪人惩罚的研究表明,对于少数严重犯罪人来讲,如果不给予一定形式的强制或威胁,他们就不可能寻求或者接受治疗。[①] 这一结论也适用于我国矫正机构的教育改造工作。

从目前世界范围矫正机构的现实存在角度来说,惩罚与改造(矫正)作为行刑这一事物的两个方面,学者们所进行的划分是基于一种认识上的意义,是理

---

① 吴宗宪著:《当代西方监狱学》,法律出版社 2005 年版,第 137 页。

论研究的需要。在事物的实质上,惩罚与改造(矫正)是不可分割的。也就是说我们不能从事物的存在上,划定出行刑的惩罚部分,然后标定行刑的改造(矫正)部分。这表明惩罚与改造(矫正)是统一的。但是,当我们从教育改造角度来检视行刑这一事物时,有效的刑罚就成为必须。如果刑罚缺乏了有效性或正当性,教育改造便无从谈起。例如,因冤案入监的人,从本质上说就没有教育改造的必要。

从制刑、求刑、量刑角度审视,"有效的刑罚"应当使犯罪人的犯罪行为被惩罚是必然的、及时的与严厉的。而从行刑的教育角度来看,"有效的刑罚"是指犯罪人被判处的刑罚类型与量刑的程度应当准确,所谓"罪刑相当、刑当其罪"。应当说,当前我国审判机构的量刑绝大多数情况下是较为准确的,犯罪人是"罪当其罚"。冤假错案总是少数;更多的情况是有的服刑人员即使在"罪刑相当"情况下,还是不能够认罪服法。而刑罚效果的研究表明,如果犯罪人认为对他们所判处的刑罚是公平的,他们被判刑是咎由自取,他们自己应当遭受刑罚惩罚的话,那么刑罚就会产生转变犯罪人的态度和行为的积极效果。相反,如果犯罪人认为刑罚是对他们意志的一种不公平强制,是执法当局权力的一种表现时,那么刑罚就会增强他们的这种信念,就只能会鼓励他们保持自己的消极行为模式。[1] 因此,认罪服法教育是教育矫正工作中首先应当开展的。

2. 教育思想:科学与人文,互动与选择

矫正机构及其工作人员在矫正服刑人员的教育思想上,可分为四个部分,即科学、人文、互动与选择。这四个部分相互间紧密联系,又互相作用。

(1)科学:是指矫正机构及其工作人员对服刑人员的教育矫正应当具有科学精神。科学精神是人们在长期的科学实践活动中形成的共同信念、价值标准和行为规范的总称,是指由科学性质所决定并贯穿于科学活动之中的基本的精神状态和思维方式,是体现在科学知识中的思想或理念。它不仅约束科学家的行为,也给一切社会大众的现实活动与行为以指导。对于一个组织来说,以科学精神为指导来开展各项组织活动是该组织的内在的必然要求。同样地,对于社会每一个体的工作活动来说,工作的方方面面都应当遵照科学的思维,符合科学的规律,以科学的精神来指导自己的各项工作。

矫正机构在教育改造犯罪人的活动中以科学精神为指导,包括两方面的内容。一是理念性的,即一种内置于矫正机构内部的或者根植于矫正工作者头脑中的、用于指导矫正机构及其工作人员组织开展教育矫正工作的科学的思想观念。二是工具性的,即科学地认识犯罪人、科学地矫正犯罪人。两个方面的科学精神相互作用、紧密相连。科学理念指导、规范并保证矫正过程的科学性,而

---

[1] 吴宗宪著:《当代西方监狱学》,法律出版社 2005 年版,第 138 页。

科学的矫正过程要体现科学的理念,科学精神与科学理念体现于科学的矫正过程之中。

科学地认识犯罪人,即要认识到每个服刑人员都是在"人""犯罪人"与"服刑人"三层递进关系中存在,缺一不可。服刑人员作为一个"人",他具有自然性与社会性,而社会性是他的本质属性,体现为"社会关系的总和",但是又不能忽视其自然性的一面。服刑人员作为一个曾经犯了罪的人,必然有其犯罪的原因,存在于服刑人员头脑中的犯罪思想、犯罪心理,是引发其违法犯罪行为的内在原因。思想决定行为,原因决定结果,服刑人员曾经的犯罪行为是由其犯罪思想决定的。服刑人员作为一个正在服刑之人,其心理又与服刑环境紧密相连,服刑环境的存在状态决定服刑人员此时此地的心理与行为,并可能给服刑人员带来长期的影响与改变。三个层面的内涵统一于服刑人员一身,不能割裂。完整而科学地认识服刑人员,应当全面把握他们三个方面的特征性,而并非只认识其中的一面或两面。

科学地矫正犯罪人,即矫正机构及其工作人员的教育改造活动应当是理性的、循证的,符合逻辑规律与教育规律。理性,和感性相对,是指处理问题、解决问题时要按照事物的发展规律来进行处置的态度,考虑问题、处理事情不冲动,不凭感觉做事。理性是基于正常的思维结果的行为;反之,就是非理性。理性的意义在于对自身存在及超出自身却与生俱来的社会使命负责。在我国监狱等矫正机构教育改造活动中非理性的情形大量存在,典型的表现为教育的非针对性、教育模式的单一性、教育过程的单向性、教育过程与效果评估缺乏,等等。

循证矫正是指矫正机构及其工作人员在教育矫正犯罪人时,针对他们的具体问题,特别是针对其犯因性缺陷,按照现有的或者通过研究制定最佳的矫正方法与措施等,结合犯罪人特点与意愿来实施矫正活动的总称。循证矫正专业性和技术性强、要求高、难度大。关键是解决好"证"和"循"两个方面的问题。首先,解决"证"的问题。通过高质量的矫正活动及相应的研究,为循证矫正提供可供遵循的高层级证据;通过制定良好的实践指南、原则、标准或手册,为循证矫正提供可供遵循的最佳证据;通过已有的矫正研究成果,利用计算机、网络等技术手段建立功能完善的证据数据库,为开展循证矫正提供方便高效的证据检索和查询服务。其次,将"循"贯穿于循证矫正实践的全过程,包括从发现和明确矫正问题,到检索、收集解决问题的证据,对证据进行评鉴并从中找出最佳证据(矫正途径),将最佳证据应用于实践,评估应用的结果与效果等若干环节。循证矫正是科学的矫正范式,是我国矫正机构今后发展的方向之一。

教育矫正服刑人员应当符合教育的规律。教育规律有许多,其中的一条规律如教育诸要素之间的联系表现为:教育者按一定的目的要求去改变受教育者,教育者和受教育者之间发生相互作用;教育者和受教育者之间作用与联系是以一定的教育影响为中介的;三者之间联系和作用的结果是受教育者发生合乎目的的变化。① 这一教育规律要求矫正机构和工作人员的教育矫正活动应当具有明确而正当的目的性,矫正者与服刑人员的教育要保证互动性,通过制定并运用有效的教育介质使得服刑人员的身心发生预期的积极变化。只有遵循各项教育规律,才能保证教育矫正活动的有效性。

(2)人文:是指矫正机构及其工作人员对服刑人员的教育矫正应当具有人文精神。人文精神,英文是 humanism,通常译作人文主义、人本主义、人道主义。它是一种普遍的人类自我关怀,表现为对人的尊严、价值、命运的维护、追求和关切,对人类遗留下来的各种精神文化现象的高度珍视,对一种全面发展的理想人格的肯定和塑造。从某种意义上说,人之所以是万物之灵,就在于它有人文,有自己独特的精神文化。没有人文,人不像人,文明将毁灭。人文是为人之本、文明之基。

人道主义行刑论认为,无论犯有罪行的受刑人如何残酷、如何没有人性,人类社会本身在对其进行惩罚行刑时应遵守或体现一定的人类文明标准;行刑在一定程度上应表现出符合人类文明的人文性、宽容性、慈悲性;行刑虽然是报应惩罚,但这种报应惩罚应具有合理性,不能超越人类文明标准去漫无边际地追求报应惩罚的残酷性和严厉性;作为报应惩罚的行刑不应完全否定或剥夺受刑人试图恢复自我人文性的可能性和努力,行刑应包括教育,应通过教育等方法促使受刑人改过自新。人道主义行刑论的基本依据就是人类社会的人文性、宽容性、慈悲性和合理性。②

以人为本的理念在我国的主流思想中得到确立。监狱等矫正机构作为国家司法机关的一部分,应当与时俱进,在各项工作活动中、在教育矫正活动中充分贯彻以人为本的理念。司法部《教育改造罪犯纲要》在"教育改造罪犯的指导思想"中提出了以人为本的指导思想,是我国在服刑人员教育改造工作理念上的进步,值得肯定。

人是社会的主体,社会的一切都是为人服务的,监狱等矫正机构对服刑人员开展的各项管理教育活动同样是立足于改造他们,服务于对服刑人员的改造。因此,一方面矫正机构及其工作人员要看到服刑人员这个"人",服刑人员也是一个有血有肉有情有欲的人,是一个有思维、有认识、有需要、有愿望的个体;另一方面,要强化服刑人员改造自己的主体性,树立服刑人员也是改造自己的主人的思想,并最终实现把他们改造成为守法公民的目标。因而,在教育矫正工作中,必须切实纠正或避免把服刑人员"物"化的现象,教育矫正活动必须

① 南京师范大学教育系编:《教育学》(第三版),人民教育出版社2005年版,第25页。
② 王云海著:《监狱行刑的法理》,中国人民大学出版社2010年版,第18—19页。

反应服刑人员的内在需求,承认服刑人员不仅是教育矫正的客体,而且也是教育矫正的主体。唯有如此,才能更加有利于服刑人员的改过自新。

(3)互动。是指矫正工作人员对服刑人员的教育矫正活动应当具有互动性,建立和具备互动机制。人是交互作用的产物,人从出生时的"自然人"到成年后成为"社会人",是在人与环境的相互作用过程中实现的。这是人的"社会化"过程。人的成长、人的思想的形成与发展都是交互作用的结果,人的思想的变化也是交互作用的结果。每个服刑人员的思想包括犯罪思想的形成与发展,是在与其周围环境主要是社会环境的交互作用中完成的,而其犯罪行为的实现也是交互作用的结果。脱离社会环境的"狼孩",不可能形成人类的思想与行为。① 要实现对服刑人员不良思想的转变,实现"再社会化",同样需要他们处于一个相互作用的教育矫正环境中,通过矫正环境特别是矫正工作人员(以及社会相关机构与人员)与他们的交互作用过程来实现。教育学研究表明,在教育过程中教育主体与受教育的客体的关系,不仅表现为主体对客体的作用,也表现为客体对主体的能动作用。教育者与受教育者之间是一个相互作用的过程。②

教育矫正过程中的交互作用有两种表现形式。一是人与人的交互作用(即面对面),体现为矫正工作人员与服刑人员之间面对面的教育矫正过程,在个别教育中表现得最为明显;二是人与物(机)的交互作用,但它本质上也体现为人与人的交互作用,譬如服刑人员通过对矫正机构提供的教育读物的学习,或者通过对视频资料的学习影响服刑人员并促使其实现思想转变。从表面上看是人与物的关系,其实教育读物也好、视频资料也好,都是具体的人来编写制作的,是人的思维活动的结果,最终体现为人与人的关系。然而,不管是矫正工作人员与服刑人员面对面的教育矫正活动,还是安排服刑人员学习思想教育资料,教育者都应当充分体现或考虑到受教育者这种主观能动性,体现出双方的互动性特征。只有这样才能使教育矫正活动事半功倍;否则,教育矫正效果将事倍功半,甚至没有任何效果都是可能的。有学者指出,如果我们的"干警观"还是唯我独尊、唯我是从,唯监狱工作人员的意志为转移,极少考虑罪犯自身的人格、接受程度和真情实感,就很难使罪犯与干警间产生良性互动,其改造效果也就可想而知。③

(4)选择:是指矫正工作人员对服刑人员的教育矫正活动应当具有选择性,建立和具备选择机制。这种选择性既体现为矫正工作人员对教育对象与教育

---

① 黄希庭著:《心理学导论》,人民教育出版社1991年版,第78—79页。
② 史万兵编著:《教育通论》,教育科学出版社2011年版,第77—81页。
③ 贾洛川著:《监狱改造与罪犯解放》,中国法制出版社2010年版,第54页。

内容等的选择,也特别体现为服刑人员作为被教育者对教育者与教育内容等的选择。矫正机构及其工作人员应当具备这样的一种理念,教育矫正过程具有选择性,并非教育者按自身意愿安排教育内容就能使受教育者得到改变。

人的选择性是人的自主性的体现。思想转变的过程终究是一个自主的过程。虽然诸多学者认为服刑人员思想转变是一个从强迫到自觉的过程,但是仍然不能忽视服刑人员在教育矫正活动中的主体性与选择性。这种自主性体现为受教育主体的主观能动性。思想转变存在一个内在的机制,如果没有服刑人员内因的作用,思想转变过程是难以实现的。

教育矫正活动中的选择性表现为两个方面,一是对教育内容与方式的选择,矫正工作人员需要选择合适的教育内容以合适的教育方式(传播媒介)呈现或安排给服刑人员,服刑人员也必然是选择性地吸收或接受教育内容;二是教育矫正人员双方的选择,教育者与被教育者需要进行匹配。只有实现上述两个方面,才能提高教育矫正的效果与效率,才能保证教育矫正的有效性。而在自主性学习过程中(比如在人机学习方式下),服刑人员对教育者与教育内容都可实现选择的主动性,这样也就更能调动他们的学习积极性并提高学习的效率与效果。因此,运用现代科学技术实现教育内容与方式的人机互动选择,是提升教育效果的有效途径。

(5)科学与人文、互动与选择的关系。在科学与人文的关系上,一种普遍的观点是"人文为科学定向"说,认为"科学是求真,但科学不能保证其本身方向正确;人文是求善,但人文不能保证其本身基础正确,可能事与愿违。"[1]但是,另有学者认为,科学本身具有人文价值,作为人类文化生活重要组成部分的科学,它所内含的精神资源就是建构当代人文精神的宝贵财富。[2] 因此,有学者认为,培养科学精神意味着培养勇于探索的精神、追求真理的精神、忠于事实的精神和自由探讨的精神。在科学活动中贯彻人文精神,意味着在科学活动中体现美的理想和善的价值。科学精神与人文精神在根基处不是分裂的。[3] 我们赞同科学与人文、科学精神与人文精神是紧密相连、相互支撑、共同指导人类文化与精神生活的观点。两者都是在探索和追求客观事物和人类社会的客观规律与真理,但是两者并非同一,科学更加注重对事物客观规律性的探讨,而人文更加关注人的自身价值与精神家园。在当前我国各项建设事业中,科学精神与人文精神的全面贯彻与指导,是需要给予高度关注和认真对待的。作为国家社会管理有机构成部分的行刑矫正机构,以科学精神与人文精神作为指导思想,迫

① 杨叔子:《科学人文和而不同》,载《中国高教研究》2002 年第 7 期。
② 王建平:《"人文为科学定向"说辨析》,载《现代大学教育》2010 年第 6 期。
③ 汪堂家:《科学·科学精神·人文精神》,载《学术月刊》2009 年第 11 期。

切而必需,应当在行刑过程的各个方面包括教育矫正全过程中得到全面贯彻。

需要指出的是,"科学与人文"作为矫正机构与教育矫正工作者在组织教育矫正活动中的指导思想,主要体现在教育者一方,即矫正机构及其工作人员在开展教育矫正活动中要以科学精神与人文精神作为指导思想;一般不体现于受教育者——服刑人员一方。

互动与选择机制,是科学与人文精神在教育矫正工作中的一种体现。承认教育改造活动中矫正工作人员与服刑人员的互动与选择,是教育改造工作科学化的体现。科学的教育改造活动必须关注被教育者——服刑人员的内在身心特征和他们在教育矫正过程中的自主性,这是人文精神在教育改造工作中的体现。从这个意义上说,科学与人文,是矫正机构及其工作人员教育改造工作指导思想的主体内容。

需要明确的一点是,"互动"是矫正工作者与受教育者在教育方式方法上的工作机制,"选择"是矫正工作者与受教育者在教育内容上的工作机制,两者属于教育矫正工作中内容与方法的范畴,统一于每次教育矫正活动中,是矫正机构及其工作人员教育改造工作指导思想的操作层面内容。

3.教育理念:有利于服刑人员成长

有利于服刑人员成长的理念,是指矫正机构及其工作人员在开展教育矫正工作时要着眼于服刑人员的成长。矫正活动的组织与实施要促使服刑人员"破旧立新",产生积极的变化,从而使得服刑人员不断变得更好、更优、更成熟。

有利于服刑人员成长的理念具体表现在三个方面。一是教育内容的组织、教育方法的运用要有利于服刑人员成长。这点似乎是显而易见的,然而在教育矫正的现实活动中并非总是能够实现。比如当我们把劳动教育纳入大教育范畴的时候,劳动教育的组织如何有利于服刑人员成长是值得矫正机构认真思考的。目前监狱等矫正机构所实行的以"生产劳动的过程"替代"劳动教育的内容与方式"的现象,即重视劳动结果忽视劳动教育的现象,并不一定符合"有利于服刑人员成长"的理念。二是当决定何种教育内容、方法时要按有利于服刑人员成长的理念。譬如对不同年龄阶段服刑人员的教育,教育内容与方法要适应其年龄特征,对未成年犯与成年犯的教育要有差别,青年服刑人员与中老年服刑人员的教育内容与教育形式亦需要有所区别,要选择适合他们年龄特征的教育内容与方法,从而使服刑人员能够得到更多更好的积极变化。三是教育内容、方法出现矛盾、冲突或争执时,要按照有利于服刑人员成长的理念来处理。特别是当这种矛盾、冲突与争执是出现在服刑人员与矫正工作者之间或者是矫正工作人员内部时,"有利于服刑人员成长"的理念常常会被放置一边,往往按照有利于矫正工作者的方便来实施教育矫正活动。这种情况在某些矫正工作人员头脑中还被认为是理所应当。当然,损害或牺牲矫正机构或矫正工作者的利益去贯彻"有利于服刑人员成长"的理念并非笔者所同意。但是,并非损害或牺牲矫正机构或矫正工作者的利益,可能只是给矫正工作者带来一定的不便利时,希望能够贯彻这样的理念是笔者所指的。譬如某监区或分监区教育干事制定了一份教育改造计划或方案,因给部分民警带来不便利而遭到反对,那么这份计划或方案的后果,往往或者是放弃或者是修改,而修改时常常不是按照有利于服刑人员的成长为标准的,通常是按照有利于民警便利来修改。笔者认为,"有利于服刑人员成长"理念第三个层面是否能够得到实现,可用于检验我国矫正机构及其工作人员是否达到了职业化的水平。

4. 教育目标:顺利回归社会

监禁刑矫正机构的服刑人员,除极少数外,他们中的绝大多数最终都要回归社会。但如果人回到了社会而依然故我,那么就有可能难以适应社会和在社会上立足,甚至可能重新犯罪又回到监狱。因而,如何使他们能够适应社会,不再重新犯罪,是矫正机构及其工作人员应当予以充分考虑的。顺利回归社会,应当成为监禁刑矫正机构教育改造的目标指向。

犯罪人,从社会学角度分析,是社会化的失败者;对犯罪人的教育改造,又称之为"再社会化"过程。社会化,是指通过社会教化,个体获得知识、技能与规范,习得社会角色,成为一个合格社会公民的过程,也是个体从"自然人"发展成为"社会人"的过程。犯罪人既然没有完成好社会化过程,他们的社会化存在缺陷,那就应当在监狱等矫正机构中补上这一课。因此,从这一角度来说,对服刑人员的教育改造,是完善他们的知识与技能、掌握社会规范、培育社会角色的过程,也是一个为顺利回归社会的准备过程。

从教育矫正维度来分析"顺利回归社会"的教育目标,要求矫正机构不仅要解决服刑人员的犯因性问题,而且需要大力开展文化教育、职业技能教育,以及法制教育,以提升他们的文化水平、技能程度与规范意识。同时,要积极开展专题教育,做好矫正项目设计与训练,促使服刑人员建立良好的社会角色。

从行刑角度来分析"顺利回归社会"的教育目标,要求矫正机构创新行刑方式,大力探索行刑社会化的工作机制,改革目前一维的监禁方式,使得服刑人员主要是刑期较长的服刑人员,从监禁刑矫正机构回归到社会的过程中有一个过渡期。"将一个因犯关押在高度警戒监狱里数年之久,告诉他每天睡觉、起床的时间和每日每分钟应做的事,然后再将其抛向街头并指望他成为一名模范公民,这是不可思议的!""矫正官员和因犯一般都赞成逐步地步入社会比突然地进入社会好。"①因此,应当建立监禁刑服刑人员重返社会制度,比如创立"半开

---

① [美]克莱门斯·巴特勒斯著:《矫正导论》,孙晓雾等译,中国人民公安大学出版社1991年版,第130页。

放型监狱",以及"中途之家"等,并进一步提高假释的比例。"中途之家"在国内已有所开展,[①]需要总结经验,从而能够进一步提升到国家层面而得以推广。"半开放监狱"在中国大陆尚未有突破,需要监禁刑矫正机构在借鉴他国经验基础上来创新。

（四）矫正机构中期教育原则

根据我国监狱法的规定,教育改造罪犯,实行因人施教、分类教育、以理服人的原则。作为教育矫正的基本原则,这是矫正机构对服刑人员实施教育改造时应当遵循的基本准则。因人施教、以理服人构成矫正机构中期教育的原则,除此,还有循序渐进的原则,而分类教育应当是中期教育的方法之一。

1. 因人施教的原则

因人施教是古往今来教育科学中的一条普遍原则,古今中外概莫能外。"孔子教人,各因其才"。"人"作为一个抽象的概念,无论其有多少共同属性,都不能掩盖活生生的个别差异性与个性特征。每一个教育对象,都是在知识水平、接受能力、学习态度等方面各具特色和差异的复杂的个体。教育就必须充分考虑到这些特点和差异性,有的放矢地开展教育活动,才能收到良好的教育效果,达到预定的教育目的。这一点,对于矫正机构的教育改造工作来说也是毫无例外的。

在中期教育活动中,贯彻因人施教的原则,就是要求对服刑人员实施教育矫正时必须从他们的实际出发,根据个体的不同特点,有针对性地开展教育矫正工作。服刑人员作为教育矫正的对象,他们往往具有比一般教育对象更为复杂的特点。进入矫正机构的服刑人员,他们犯罪性质各异,刑期长短不一,原有文化程度差异很大,如何有效地组织教育矫正活动,是个相当困难的事情。而且服刑人员接受能力参差不齐,性格各不相同,日常行为表现有好有坏、时好时坏,对他们的教育,必须分门别类,因人、因事、因时而异。只有贯彻因人施教的原则,才能避免"一锅煮""一刀切"的粗放教育,运用个别化的教育矫正方式进行精耕细作,使每个服刑人员都受到针对性的教育,有效地转化他们的思想并调动起改造的积极性。

贯彻因人施教的原则,不仅要求矫正机构工作人员要深入、细致地了解服刑人员的情况,分析他们存在的各种问题,而且要最大限度地利用服刑人员自身存在的积极因素,促进其思想转化。

2. 以理服人的原则

以理服人,就是在教育矫正过程中,对服刑人员摆事实、讲道理,做耐心细

① http://news.cntv.cn/20110610/106381.shtml,2013 年 2 月 14 日访问。

致的说服教育工作,在解决服刑人员的思想问题时,不以势压人,不以力服人,而要善于疏通、诱导和说服。

理论与实践都证明,凡是思想问题、精神世界的问题,只能靠摆事实、讲道理的办法解决,用简单粗暴的压服方法不但无效,反而有害。因为内心世界活动的自由,是任何人也无法剥夺的。因此,在教育过程中,应当特别注意以理服人,做耐心细致的说服教育工作。

贯彻以理服人的原则,要立足于摆事实、讲道理。摆事实是讲道理的基础,在对服刑人员进行一般教育时,要注意多用说服力强的典型事例,引申出正面道理,把事情的本质分析清楚。在解决服刑人员的具体问题时,也要在实事求是地弄清事实的基础上进行,而不能先入为主,以主观代替客观,以想象代替事实。在此基础上,应区别情况,不失时机地做好说理教育,使说理教育贯穿于矫正工作的各个环节。

3. 循序渐进的原则

循序渐进,就是指对服刑人员的教育矫正,必须有计划、有步骤、有系统地进行,逐步提高他们的思想认识及文化技术水平。

从各门学科的特点来看,不论是思想教育,还是文化和技术教育,每门学科知识都具有严密的逻辑体系,都是由易到难、由简到繁、由浅入深的逐步深入过程。对受教育者来说,没有对前一部分的掌握,就很难对后面的问题作出正确的理解。没有对简单知识的掌握,就很难去学习更为复杂的知识。思想的教育、知识的学习、技术的掌握,都要遵照循序渐进的原则,才能逐渐深化服刑人员的思想认识,保证服刑人员逐步掌握知识技能。

贯彻循序渐进的原则,要制定科学的教育计划并有步骤、有系统地落实教育计划;要对服刑人员的教育坚持不懈、持之以恒;要坚持做长期的、大量的、细致的教育矫正工作。指望靠突击等做法完成教育任务,实现教育目的,是不现实的,也是十分有害的,必须坚决摈弃。

贯彻循序渐进的原则,要正确对待服刑人员在教育改造过程中出现的反复。由于人的认识的复杂性,原有错误思想的顽固性,服刑人员的思想矫正并非一蹴而就,往往会出现思想的反复,"前进两步倒退一步"。为此,必须在循序渐进的基础上,搞好反复教育,抓反复、反复抓,使服刑人员的认识问题得到逐步解决,从而巩固正确认识,实现矫正目的。

循序渐进的原则,不仅在思想、文化、技术等教育中要得到体现,而且在集体教育、分类教育、个别教育时也要遵循。它体现于教育矫正工作的全过程。

矫正机构中期教育的指导思想与原则是互相联系、紧密相连的。因人施教、以理服人、循序渐进的教育原则,深刻体现了科学与人文精神。同时,在中期教育过程中贯彻这样一些原则,也要求矫正机构工作人员对服刑人员的教育矫正活动的方式与内容应当是互动与选择的。只有这样,才能调动被教育者的改造积极性,并做到有的放矢。

四、矫正机构中期教育流程

(一)工作流程与教育流程

1.工作流程

矫正机构教育改造工作流程,简称工作流程,是指入监教育、中期教育、出监教育三个前后相继的工作阶段。根据有关规定,监狱等矫正机构应当对刑满释放人员回归社会后的情况进行调查,以评估教育改造工作的质量和效果。这个部分的工作内容称之为"向后延伸",如果它不包含在出监教育阶段中,则构成教育改造工作的第四个工作阶段。

根据司法部《监狱教育改造工作规定》,入监教育的内容包括宣布罪犯服刑权利和义务,开展法制教育与监规纪律教育等;还要了解掌握罪犯的基本情况、认罪态度和思想动态,进行个体分析和心理测验,评估危险程度、恶性程度与改造难度,并提出改造建议。在入监教育结束时还需要进行考核验收。入监教育的工作过程包括入监适应阶段、集中训练阶段、考核鉴定阶段等。

《监狱教育改造工作规定》中出监教育的内容包括形势政策前途教育、遵纪守法教育、就业指导、实用职业技能培训,以及邀请社会部门来监介绍国家政策与社会现实情况,教育罪犯做好出监思想准备。同时,要对罪犯改造效果进行综合评估,寄送《刑满释放人员通知书》。另外,应当对刑释人员回归社会后的情况进行了解,以评估教育改造工作的质量和效果,总结推广教育改造工作经验,提高教育改造工作质量。出监教育的工作过程包括分析与总结阶段、补充教育与学习阶段、巩固与提高阶段等。

2.教育流程

教育矫正流程,简称教育流程,是指以教育对象的评估分析为起点,通过制订并实施针对性的教育矫正方案,最后评价教育矫正效果的这样一个具有前后逻辑关系的教育过程。因此,它主要包括评估诊断、制订并实施矫正方案与矫正效果评价三个过程。评估、矫正与效果检验,是教育流程的核心内容。

教育流程的三个构成部分,在个别教育、分类教育中表现明显,也应得到体现,在某些集体教育活动中也应如此。但在一些集体教育中不一定要具备完整的三个部分,比如对全体(监狱、监区或分监区)服刑人员讲解某方面法律知识,入监教育阶段讲解服刑人员权利义务,出监教育阶段宣讲国家有关就业、安置、社会保障等政策。诸如此类的集体教育,一般不需要对全体服刑人员进行评估,制订一个相关教育方案并实施,对教育效果作评价这样两个部分就可以。

在目前教育改造的现实工作中,教育流程不完整的情况可能较多地存在。教育方案中或方案执行时,只有一个实施过程,缺乏对教育对象的评估分析以及矫正效果评价,即使方案中有对教育对象的分析,也往往是方案制订者根据已有经验或经过简单的观察分析后得出的。这会造成教育矫正活动缺乏针对性,陷入随意性,科学化不足,也必然影响到教育改造的效果。因此,对于追求教育改造工作科学化的我国各类矫正机构来说,做到教育流程的完整性是一个前提条件。

3.工作流程与教育流程的关系

每个教育改造工作流程都包含有许多个教育矫正流程。每个教育流程只是工作流程的一部分,若干个教育流程构成一个工作流程。工作流程相对独立,教育流程可跨越工作流程,但一般应在一个工作流程内完成整个教育流程。如果一个教育流程在一个工作流程内没有完成,在下一个工作流程内可继续执行。比如某个教育方案在入监教育阶段完成了一部分,则可在中期教育阶段继续实施未完成的部分。对某些短刑期服刑人员来说,比如余刑一年以下特别是三个月以下的服刑人员,可能会出现(某个)教育矫正流程未能完成就已刑满释放的情形。对此,矫正机构要与社会安置帮教部门加强沟通,在可能的情况下,由社会安置部门继续完成必需的教育矫正流程,以实现对服刑人员的教育改造。

(二)评估、矫正与效果检验

1.评估

服刑人员评估就是应用科学的方法和工具了解服刑人员的内在特征及其相关情况的过程。

从教育改造的角度来看评估内容,它包括三个方面:一是要了解服刑人员的犯因性缺陷,为教育矫正活动指明具体对象;二是要了解服刑人员的一般性差异方面的特征,为合理地管理、教育他们服务;三是要了解服刑人员的社会关系方面的情况,包括家庭状况与曾经的社会交往情况等,明确服刑人员的社会支持系统,为教育改造服务。

评估的时间分布有两种类型:一类是入监阶段的评估、服刑中期阶段评估与出监阶段的评估。这是从教育改造工作阶段性角度所划分的评估,是服刑人员从一个工作阶段转入另一个工作阶段所作的评估。另一类是每个教育方案制订前、实施过程中、实施结束后的评价。这是一个完整的教育矫正流程内所需的评估。教育方案制订前的评估以及实施结束后的评价比较容易理解,教育方案实施过程中的评估似乎较为难以理解。我们说,对服刑人员的教育矫正,并非一个"点"或者一个"面"上的矫正,往往需要对他们进行综合矫正,需要多个"点"或多个"面"进行系统矫正,这样就需要在每一个"点"或每一个"面"实施矫正后对矫正进展情况作出评估,此其一。其二,即使是对服刑人员某一个方面进行的矫正,往往也并非一蹴而就,需要一步步地来开展教育矫正工作,那么每完成一步教育矫正活动就需要进行一个简要的评估,以明确矫正的效果。正是从这个角度说,评估统一于矫正活动过程中,矫正过程包含有评估过程。另外,矫正活动结束后的效果检验,从某种意义说也是一个评估过程。

从目前我国监狱等矫正机构服刑人员评估现状来看,评估什么和用什么评估都存在一些问题。这两个问题其实反映了缺乏科学的评估工具的问题。因此,评估工具的开发,迫切而必需。目前监狱系统应用较多的是心理测验,虽然有其价值,但是对于矫正评估所要清晰的犯因性缺陷,已有的心理测验不能满足需要。开发针对性的评估工具,包括犯因性问题访谈清单和犯因性缺陷调查问卷(或称之为"矫正需要评估量表"),是中国矫正机构的工作走向科学化的重要基础。另外,目前我国矫正机构年轻的工作人员比例大、非矫正相关专业(除教育学、心理学、社会学、犯罪学等专业化的其他专业)的矫正工作者众多,标准化的评估工具更有必要性。

2. 矫正

矫正包括制订与实施矫正方案两个步骤。

制订矫正方案是指预先拟订服刑人员教育矫正的具体内容、行动步骤和矫正方法的过程。这一过程的结果,就是制订出切合实际的、有效的、有针对性的教育矫正方案。

教育矫正方案可分为以下三种类型。分类一:宏观的与微观的矫正方案。宏观的教育矫正方案可分为省级(省监狱管理局、省司法厅社区矫正管理部门、省公安厅公安看守所管理部门)、监狱、监区直至分监区级的教育改造总体方案或计划。微观的教育矫正方案是指针对某一具体犯因性问题制订的矫正方案。分类二:个别教育方案、分类教育方案、集体教育方案,以及其他方法类(如社会帮教)矫正方案。这是以教育方法为维度的教育方案分类,在矫正机构中一般不常用。分类三:思想教育计划、文化教育计划、职业技术教育计划等。这是以教育内容为维度的教育方案分类。在当前的矫正机构教育计划中,分类一中宏观类教育计划是较为常见的,特别是监狱系统,每年的教育计划是制订成文的。可是,分类一中微观的教育矫正方案是目前较为缺乏的,但也是教育改造工作深化发展所必需的。这方面需要创新与发展。

实施矫正方案就是将服刑人员教育矫正方案付诸实际的活动。在实施过程中,矫正工作人员要做好相应记录工作。

制订与实施两个步骤中,制订矫正方案的过程更为关键。在制订了针对性的、综合的教育矫正方案之后,特别是针对犯因性问题所做的矫正方案,常常需要狱政管理、教育改造、劳动改造、心理矫治等多手段的综合运用,需要某个部门来牵头、多部门共同合作,或者以某个民警为主、多部门若干个民警分步实施矫正,因而,实施过程中的计划性、相互支持与配合是甚为重要的,需要各司其职,在教育矫正的现代理念指导下做好各自承担的工作。强调以前面所述的中期教育指导思想来指导教育矫正方案的实施,是因为无论方案制订的多么完善,在实施过程中总是会出现各种各样的问题是方案所没有包含的,此时就需要矫正工作人员有正确的指导思想来处理这些问题,并要遵循教育矫正的原则以及以制订该矫正方案的内在要义为宗旨。

然而,正如前面所提到的,由于目前我国矫正机构年轻的工作人员比例大、非矫正相关专业(不是教育学、心理学、社会学、犯罪学等专业)的矫正工作者众多,因此,如何切实有效地实施矫正方案可能会成为一个问题。在制订了切实可行的矫正方案之后,"干部是决定因素"。因此,面对当前民警构成上的困境、专业人员的不足,开发教育矫正的"专家系统"有其必要性。循证矫正工作模式应当加快推进。

3. 效果检验

对教育矫正效果的评价,是教育改造工作的重要组成部分。进行这方面的工作,既是衡量服刑人员矫正质量(服刑人员自身的积极变化情况)的需要,也是检验某一阶段教育改造工作质量(矫正工作人员的工作效率与结果)的需要。它对于改进服刑人员教育改造工作和提高教育改造质量,都具有十分重要的意义。

教育矫正效果评价有三种类型。根据前述教育矫正方案的"分类一",教育矫正效果的评价有宏观教育改造方案的效果评价与微观矫正方案的效果评价。各级宏观教育改造方案实施结束后所作的总结以及年度教育改造工作总结,是一类教育改造效果评价。针对服刑人员的犯因性缺陷所制订的矫正方案实施结束后所作的矫正效果评价,又是一类矫正效果检验。另外,根据司法部《监狱教育改造工作规定》,要求对服刑人员刑满释放后进行追踪考察,以评估教育改造工作的质量和效果。这是第三类改造效果评价。

矫正效果检验的标准,主要是方案中所制订的教育改造目标的实现情况与程度。如果经检验实现了教育改造的目标,那么教育矫正的效果就达标了。如果没有实现教育改造的目标或者矫正目标只是部分得到实现,那么矫正效果检验就是不达标或基本达标。对于没有完成矫正目标的情形,应当认真分析其原因,对制订的矫正方案进行修正,甚至重新制订教育改造的方案。而对刑满释放人员的改造效果检验如果没有达到教育矫正的目标,在反思监狱教育改造工作的同时,监狱相关部门需要与社会有关部门进行沟通并采取合理合法的补救措施,以实现教育改造的目的——守法公民。

如何更准确地评价教育矫正的效果,是一个值得矫正机构重视的问题。目前我国矫正机构对教育改造的效果评价往往是定性的,而且评价的人员通常只是矫正工作人员。这常常导致非客观化,需要加以改进。扩大评价人员的主体或者采取第三方评价,是一个改进方向。而开发评价工具,使得矫正效果检验定性与定量相结合,是应当努力的方面。

(三)教育流程循环

对服刑人员教育矫正的现实情况表明,服刑人员在教育改造过程中的反复是经常出现的现象。这一方面表明矫正方案需要修正,另一方面可能需要制订一个新的矫正方案重新开展教育矫正工作。同时,对服刑人员的认识,包括对其犯因性问题的准确掌握有时会是一个递进的过程,就是在矫正过程中发现了造成服刑人员犯罪的新的犯因性因素。这就需要对原先制订的矫正方案进行修正,或者针对新发现的犯因性缺陷再制订一个针对性的矫正方案。另外,因各种原因也会造成宏观的或年度的教育改造方案或计划也有可能出现目标达不到的情形,或者是年度教育改造目标达到后,需要在此基础上进行新的教育改造工作,以保证整体教育改造工作目标的实现。这些情形都表明,对服刑人员的教育改造工作,它是一个循环往复的过程,常常需要在前一个阶段工作的基础上开展新一轮的教育矫正活动。新一轮的教育改造活动,仍然需要对矫正对象进行评估,然后制订新的矫正方案、实施该矫正方案,并评价矫正的效果。如此循环往复(见图 3.3),最终实现教育改造的根本目标。

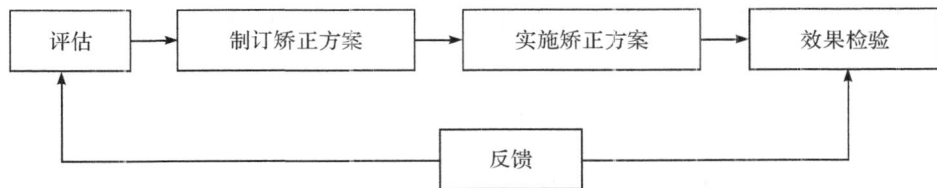

图 3.3　教育流程

参考文献:

[1]冯建仓,陈志海主编.中国监狱若干重点问题研究[M].长春:吉林人民出版社,2002.

[2]俞振华主编.监狱教育改造方法研究[M].杭州:浙江人民出版社,2012.

[3]南京师范大学教育系编.教育学(第三版)[M].北京:人民教育出版社,2005.

[4]李川著.刑罚目的理论的反思与重构[M].北京:法律出版社,2010.

[5]金鉴主编. 监狱学总论[M]. 北京:法律出版社,1997.

[6]吴宗宪著. 罪犯改造论——罪犯改造的犯因性差异理论初探[M]. 北京:中国人民公安大学出版社,2007.

[7]贾洛川著. 监狱改造与罪犯解放[M]. 北京:中国法制出版社,2010.

[8]王祖清、赵卫宽主编. 罪犯教育学[M]. 北京:金城出版社,2003.

[9]于爱荣主编. 罪犯个案矫正实务[M]. 北京:化学工业出版社 2011.

[10]邵晓顺主编. 服刑人员心理矫治:理论与实务[M]. 北京:群众出版社 2012.

[11]潘国和主编. 监狱学基础理论[M]. 上海:上海大学出版社,2000.

[12]中国监狱学会编. 中国监狱学会 20 年(1985—2005)[M]. 北京:法律出版社,2006.

[13]郭明主编. 监狱学基础理论[M]. 北京:中国政法大学出版社,2011.

[14]赵卫宽主编. 罪犯教育[M]. 北京:中国政法大学出版社,2010.

[15]兰洁主编. 监狱学[M]. 北京:中国政法大学出版社,1999.

[16]张建明主编. 社区矫正理论与实务[M]. 北京:中国人民公安大学出版社,2008.

[17]王云海著. 监狱行刑的法理[M]. 北京:中国人民大学出版社,2010.

[18]吴宗宪著. 当代西方监狱学[M]. 北京:法律出版社,2005.

[19]陈伟著. 人身危险性研究[M]. 北京:法律出版社,2010.

[20]史万兵编著. 教育通论[M]. 北京:教育科学出版社,2011.

[21][美]克莱门斯·巴特勒斯著. 矫正导论[M]. 孙晓雳等译,北京:中国人民公安大学出版社,1991.

[22]周雨臣著. 罪犯教育专论[M]. 北京:群众出版社,2010.

[23]陈志海著. 行刑理论的多维探究[M]. 北京:北京大学出版社,2008.

矫正机构中期教育工作模式

新中国的监狱工作在世界范围内独具特色,创造了辉煌的成就。在新的历史时期,中国监狱工作如何在吸收世界行刑成功经验的基础上,与时俱进,创新监狱工作模式,是一个重大的理论研究课题。

一、新中国监狱工作模式回顾

新中国成立以来中国监狱的工作模式究竟有哪些?翻阅监狱学及相关学科资料,尚没有一个总体的、完整的阐述。劳动改造模式是新中国监狱工作的典型模式,应当没有异议;但是,这一模式的起始与持续时间,尚未有一致的结论。当前一个时期以来,中国监狱工作模式是监管安全模式,绝大部分监狱工作者不会有异议,但是学界对此褒贬不一。而从事监狱理论研究与从事监狱实务工作的一些人,则提出了中国监狱工作的特殊学校模式;这一模式在相关监狱学理论研究资料中亦有所体现。因此,本文将阐述新中国监狱工作的三种模式,即劳动改造模式、特殊学校模式与监管安全模式。首先对工作模式作解读。

(一)工作模式含义解读

1.模式与工作模式

《现代汉语词典》(商务印书馆 2002 年修订 3 版)对"模式"的解释是:"某种事物的标准形式或使人可以照着做的标准样式。"从模式的这一表述即得知模式对人们的意义。

与"模式"相对应的一个词是"模型"。模型是指对于现实世界的事物、过程或系统的简化描述,或其部分属性的模仿。随着科学技术的进步,人们将研究的对象看成一个系统,从整体的行为上对它进行研究。这种系统研究不在于列举所有的事实和细节,而在于识别出有显著影响的因素和相互关系,以便掌握本质的规律。对于所研究的系统可以通过类比、抽象等手段建立起各种模型。① 对现实世界的事物、过程或系统的简化描述,常常构成一种模式。而建立模型的过程,从某种程度上说,也是构建一种模式的过程。因此,本文认为"模式"和"模型"是意义同构,内涵上不作区分。

工作模式是指他人或某个组织在某项工作中可以照着做的标准样式。它是对某项工作模型化的建构过程。从该项工作的纷繁复杂的现象中识别出具有显著影响的因素及相互关系,以便掌握该事物的本质规律,从而指导今后的工作或给他人工作以参照。

2. 行刑模式与监狱工作模式

有学者指出,所谓行刑模式,是指具有典型意义的某种刑罚执行方式。其典型意义表现在,它是在特定的行刑目的的指导下,适合特定行刑对象所采取的一种具有特定内容和方法的行刑方式。这种行刑方式因其显著的独特性和差异性而在学理和应用上具有比较或借鉴意义。② 这一定义指出,总结、归纳出来的行刑模式,是矫正机构在今后的行刑过程中或者说在今后的教育矫正工作中可以参照使用的一种行刑方式。因而,行刑模式也就是监狱工作模式,具体到教育矫正工作领域,也就是教育矫正工作模式。

3. 监狱工作模式的构成要素

监狱工作的运行需要由多种要素构成,包括行刑对象、行刑者、行刑环境、行刑内容和方法等。③ 具体可分为两个方面:

(1)监狱工作的有形要素。行刑对象、行刑者和行刑环境是监狱工作的有形要素。行刑对象即服刑人员,是行刑的核心要素,不同行刑模式映应不同行刑对象的行刑需要。行刑者即监狱工作人员,他们代表国家并以特定的岗位分工分担刑罚权能,承担不同的行刑任务。不同国家行刑者的构成有着较大区别,我国监狱工作者都是人民警察,而在美国等西方国家,行刑者除了警务人员,还有大量非警务编制的专业技术人员或管理人员。行刑环境包括物理环境和制度环境。它们是监狱工作模式的重要组成部分。

(2)监狱工作的无形要素。主要包括行刑目的、行刑内容和方法等。它们的差异可以区别出不同的行刑模式。在这些无形要素中,行刑目的是第一位的,它决定行刑内容和方法。行刑目的包含了行刑的依据和理念。

---

① 中国大百科全书出版社编辑部编:《中国大百科全书·自动控制与系统工程卷》,中国大百科全书出版社 1991 年版,第 313—314 页。

② 郭明主编:《监狱学基础理论》,中国政法大学出版社 2011 年版,第 154 页。

③ 郭明主编:《监狱学基础理论》,中国政法大学出版社 2011 年版,第 155—156 页。

（二）新中国监狱工作主要模式

1. 劳动改造模式

劳动改造，包括广义和狭义两层含义。就广义而言，是指我国刑罚执行机关对被判处死刑缓期两年执行、无期徒刑、有期徒刑的服刑人员实施惩罚和改造的刑罚执行制度。就狭义而言，是指我国刑罚执行机关以劳动改造为基本手段对服刑人员实施的改造活动。本文所说的劳动改造模式取广义。

新中国成立以后到党的十一届三中全会之前，我国刑罚执行机关主要是在广义上使用劳动改造。因此，这段时间的中国监狱工作模式，可称之为劳动改造模式。

有学者认为，新中国大规模改造罪犯的历史，在很大程度上就是劳动改造罪犯的历史。尽管在改造当中，监管手段、教育手段和劳动手段同时并用，但在主导思想和主导措施上，始终以劳动改造为基本理论、基本制度和基本实践的。在这个基本点上，无论是决策层还是执行层，历来是思想明确、认识一致、前后一贯和行动统一的。[①]

首先，劳动改造模式在决策层是明确和坚定的。以毛泽东为首的最高决策层，为我国惩罚和改造罪犯制定了基本的思想、方针、政策和制度。而这些基本的思想、方针、政策和制度，是明确而又坚定地以劳动改造为基本思路的。其次，劳动改造模式在执行层得到不折不扣的落实。在30多年期间，广大干警始终遵照中央劳动改造罪犯的部署和指示，设计、规划、组织罪犯的劳动改造工作。劳动无论在时间、空间和在实际内容上，都占了改造活动的绝大比重。从世界范围看，这一监狱工作模式虽非中国所独创、首创，但是却在中国得到全面实践而独特。

我国实施劳动改造模式30多年，取得了辉煌的成就。成功地改造了日本战犯、国民党战犯和反革命犯，改造了数以千万计的其他各类刑事犯罪人，并为新中国监狱创造了较为雄厚的物质基础，积累了较为丰富的劳动改造罪犯的经验。

劳动改造模式在计划经济时代可以得到顺利实施。但是到了新的历史时期，各种问题和弊端日益显露出来，并且许多问题非常严重，到了积重难返的境地，不从体制上、根本上动大手术，是无法解决的。

劳动改造模式存在的问题主要有：一是劳动改造手段异化。惩罚与改造构成监狱的基本功能，劳动只能定位于改造手段上，否则就会偏离监狱工作的中心。但是在行刑实践中，罪犯劳动在一定程度上发生了异化，一些监狱将罪犯

---

① 金鉴主编：《监狱学总论》，法律出版社1997年版，第569—570页。

的劳动生产视为获取经济利益的手段,以经济效益为中心,民警的考核与经济效益挂钩,罪犯的考核以劳动任务完成与否为指标,劳动好就是改造好现象明显。二是劳动改造效果差。劳动没有与相应的教育相结合,不可能取得改造的效果。而我国现行的劳动改造中,绝大多数监狱唯劳动是劳动,除了劳动还是劳动,根本没有相应的教育措施和手段,罪犯的全部时间和精力都在劳动上。有的监狱即使有一点教育,也是针对性不强,徒有形式走过场,根本起不到改造的作用。而且罪犯的劳动不是根据改造的需要,而是根据生产效益的需要来安排,不考虑罪犯的思想实际,不针对罪犯的犯罪思想,过分地、超限度地进行劳动。三是有法不依的现象仍然存在。监狱不遵守罪犯劳动改造工作法律法规的现象较多存在。法制观念不强,法律意识、法律神圣不可侵犯的观念尚没有建立起来。①

改革和完善我国罪犯劳动改造制度,首先必须建立并实现监狱经费国家全额保障制度,同时要优化监狱执法环境,完善法律制度,还原罪犯劳动改造的本来面目,逐步实行罪犯劳动工资制,使我国的监狱工作回归到惩罚和改造的本质轨道上来。

2. 特殊学校模式

党的十一届三中全会后,为了适应国家改革开放和社会主义物质文明和精神文明建设的需要,对罪犯的文化、技术教育在监狱系统得到广泛开展。1981年4月,《人民日报》以"既改造人、又造就人"为题,报道了辽宁省辽源一支队在罪犯中系统地开展文化、技术教育的消息,揭开了监狱系统办特殊学校的序幕。②

1981年8月,全国第八次劳改工作会议(简称"八劳"会议)召开。"八劳"会议明确提出"要加强对罪犯的教育改造工作,把劳改场所办成改造罪犯的特殊学校"的任务。1982年1月,中共中央发出的《关于加强政法工作的指示》,进一步强调指出:"劳改、劳教场所是教育改造违法犯罪分子的学校,它不是单纯的惩罚机关,也不是专搞生产的一般企业、事业单位。"从此,各地对办特殊学校进行积极尝试,相继涌现出一批办学工作开展得较好的单位。

1982年10月,公安部劳改局在山东省潍坊劳改支队召开办学工作现场会。会议研究和交流了把劳改单位办成改造罪犯的"政治熔炉"、文化技术教育的"职业学校",并提出了三五年内把全国大多数劳改单位分期分批办成改造罪犯的特殊学校的目标,以及办学的五条标准。这五条标准已不仅限于教育改造,还包括队伍建设、罪犯管理、劳改经济等多方面内容,办特殊学校已成为促

① 冯建仓、陈志海主编:《中国监狱若干重点问题研究》,吉林人民出版社2002年版,第156—166页。
② 中国监狱学会编:《中国监狱学会20年——1985—2005》,法律出版社2006年版,第255页。

进监狱工作整体发展的一个综合目标。1988 年 12 月，司法部印发《劳改场所特殊学校开展上等级活动的实施意见（试行）》，提出了特殊学校上等级活动的指导思想、目的要求、等级标准和考核的指标。到 1998 年底，全国办成特殊学校的监狱达到 655 个，占全国监狱总数的 94.84％。[①]

创办特殊学校的工作，为我国监狱的教育改造注入了新的活力，推动了监狱教育改造的正规化发展，对克服形式主义、促进监管改造工作、提高改造质量，起到了积极的推动作用。如果说建国初期开始的全国大规模组织罪犯劳动改造工作，使劳动改造制度成为中国监狱制度的一大特色，那么到 80 年代初开始，以创办特殊学校为主要活动载体的教育改造工作，则成了中国监狱制度的又一特色，是新中国监狱工作史上的一次飞跃。

但是，有学者认为，虽然司法部提出创办特殊学校的要求，对教育改造的推动作用是巨大的。可是到了后期，由于制订的目标和要求不切合实际，造成各监狱在学校基础设施上投资大、浪费多。到 1994 年以后，司法部就不再强调创办特殊学校，并对创办特殊学校的有关事项不再提起，给人一种似乎创办特殊学校是错误的感觉。因此，各监狱都纷纷转移工作重点，从一个极端走向另一个极端，致使许多监狱干警产生了教育改造工作不重要的错误想法。1994 年以后，司法部开始创建现代化文明监狱活动，与创办特殊学校的政策没有承接起来，造成了这一政策的不连续。由于政策的不连续，造成特殊学校较为完备的教育设施改作他用，致使许多监狱的各种教育设施非常简陋、破旧，难以继续维修和使用，也满足不了现代教育矫正的要求。[②]

3. 监管安全模式

监狱安全，主要是指监管安全，是监狱工作物质、制度和精神状况最基本、最直接的反映，是第一层面的。它的第一层面性，还决定了无论中外各国，或任何历史阶段，都始终把监狱安全放在首位予以重视和关注。监狱时刻把监管安全工作放在首位来抓，无论是监狱上级机关的要求，还是监狱自身的要求，都时时处处突出监狱安全工作。这就形成了我国监狱工作的监管安全模式。这是进入 21 世纪以后到目前为止我国监狱工作的主模式。

有研究者认为，目前由于受到一系列条件的制约，监狱工作还停留在安全模式的层面，从监狱工作的政策导向看，监狱安全是监狱最重要的工作，在具体的工作措施落实上，更是以是否安全为衡量标准，对罪犯矫正工作的考核也是以安全为中心。[③] 这是笔者所见资料中首次出现安全模式，并对这一模式进行了反思。

---

① 中国监狱学会编：《中国监狱学会 20 年——1985—2005》，法律出版社 2006 年版，第 255 页。
② 冯建仓、陈志海主编：《中国监狱若干重点问题研究》，吉林人民出版社 2002 年版，第 128 页。
③ 于爱荣等著：《矫正技术大原论》，法律出版社 2007 年版，第 74—75 页。

根据"监管安全模式",在监狱安全上,要坚持高标准、严要求,从讲政治高度真正做到认识到位。确保监狱安全,必须坚持务虚与务实相结合,围绕安全目标,力促安全防范观念新突破。要通过各种行之有效的形式,使广大干警清醒地认识到我们站在"火山口"、坐在"炸药库",增强危机感,做到警钟长鸣,常备不懈。要引导广大干警"三破除三树立",即:坚决破除把安全稳定工作仅仅看作是管教业务工作的陈旧观念,牢固确立"稳定压倒一切"的指导思想,坚持把安全稳定工作作为全局性、综合性的工作来抓;坚决破除满足于现有成绩、不求进取的自满思想,牢固树立争创一流,为实现"三个绝对不能""四个绝对不允许"的目标而努力的雄心壮志;坚决破除监狱发生安全事故不可避免、无关大局的错误认识,牢固树立"安全稳定无小事"、防微杜渐的安全防范意识,不断增强做好监狱安全工作的责任感和自觉性。要层层落实安全工作责任制,做到领导到位,工作到位,责任到位。坚持一把手对监狱安全负第一位责任,从目标、责任、检查、考核、奖惩等方面建立激励机制。对发生重大安全事故的单位和领导,实行"一票否决"制度。① 要完善各项监管安全工作制度,通过职责的明确,管理的规范,发现和消除安全工作的"死角",使安全防范工作横到边、竖到底、无断层,从而形成一个全天候、全方位、全员性的安全防范新体系。② 这是有关学者对监管安全模式所作的明确而清晰的阐述。

中国监狱监管安全模式的实施,保证了监狱的安全稳定工作取得持续成效。由于各级监狱机关和全体监狱人民警察的严防死守,共同努力,目前我国监狱的主要安全指标下降到了新中国成立以来的最低水平。近几年,我国监狱的罪犯脱逃人数都保持在个位数的水平。

有研究者对监管安全模式进行了反思,认为近年来有关监狱工作的要求不全面,工作重点发生了偏差。司法部提出监狱工作必须确保监狱安全和监内秩序稳定,做到"两个一,一个确保",甚至提出确保监管安全是监狱工作的目标,并且把监狱安全定位在干警的严防死守上,忽视罪犯的教育改造。这只能说是治标不治本,即使能保住监狱的安全,也是暂时的,不能持久,而且长时间的严防死守会疲惫干警的精力,留下爆发更大安全事故的潜在危险和隐患。③ 因此,即使是同一本书的不同作者,对比他们对监管安全模式的认识,相互间是有差异的。

笔者多次参加华东六省一市监狱学研讨会、长三角监狱学(高峰)论坛、某省以及该省各监狱的理论研讨会,在监狱安全上的共同表现就是强调监管安全的"三个绝对不能""四个绝对不允许";还有的学者强调要把服刑人员 24 小时

① 冯建仓、陈志海主编:《中国监狱若干重点问题研究》,吉林人民出版社 2002 年版,第 75 页。
② 冯建仓、陈志海主编:《中国监狱若干重点问题研究》,吉林人民出版社 2002 年版,第 84 页。
③ 冯建仓、陈志海主编:《中国监狱若干重点问题研究》,吉林人民出版社 2002 年版,第 128 页。

监控起来以确保监狱的安全稳定。对此,笔者愿意从辩证唯物主义角度作一分析。马克思的辩证唯物主义认为,运动是绝对的,静止是相对的,一切事物都处在永恒的运动、变化和发展之中。全部科学都证明了这个辩证唯物主义的原理。从微观世界到宏观世界,从宏观世界到宇观世界,从无机界到生命有机界到人类社会,都无时无刻不处在运动变化之中,不存在绝对不动不变的东西。肯定事物处在绝对的运动之中,并不是否认事物有某种静止的状态,有某种稳定的形式。不过,这只是在物质运动过程中的静止或稳定,是物质运动的特殊形式或一定状态,因而静止是暂时的、有条件的、相对的。① 监狱的安全稳定,应当是运动过程中的相对静止或稳定状态。如果认为监狱安全稳定是一种绝对的"静止状态",那么它就不应该发生任何事故。显然,古今中外的监狱到目前为止还没有实现。如果承认监狱安全稳定的"相对性"、有条件性,那么所谓的"三个绝对不能""四个绝对不允许"的监狱工作目标可能就违反了辩证唯物主义的基本原理。

　　笔者在考察美国、澳大利亚等国矫正机构时,多次与矫正机构工作人员交流有关监狱安全稳定以及发生安全事故后的处置途径与方法。澳大利亚新南威尔士州 Brush Farm 矫正中心主任 Alan Moran 先生介绍说,澳大利亚对犯人脱逃的处置是,一旦犯人脱逃由第三方开展调查,以明确管理人员的责任;然后根据调查结果来处理。② 而美国沃斯特市的 Sheriff 在回答笔者关于犯人脱逃如何处置的问题时说,一旦发生犯人脱逃,监狱的防暴队首先出动;2 小时后还未能抓获,则当地的治安警察会卷入;同时当地检察官会介入调查,以确定犯人脱逃与警察具体行为的关系,如果两者之间存在因果关系,检察官就会起诉该警察或若干警察,如果两者之间没有关系,警察做到了他应尽的职责,那么犯人脱逃与任何人都没有关系。因此,监狱发生安全事故后如何科学地问责,在目前我国的监狱管理中是个问题。有学者反思了我国监狱系统问责制现状,认为存在若干误区:一是问责简单化。只要发生事故就责任追究,忽视事故发生的"偶然性、未确定性和难有效控制性"等因素,结果是造成一些工作责任心强、工作实绩突出的干部也同样受到处理,无法真正实现问责制是"促进各级履行相应责任"的目的。二是问责扩大化。问责主要是对负有直接责任的干部问责,要明确事故与监狱警察工作的因果联系。而现实往往是将发生的事故严重程度与处理相应职级和数量的干部相联系,容易造成被问责人员范围扩大,使问责制背离实施的初衷。三是责任推脱现象。各级领导为了减少自身责任,在出

---

　　① 萧前、李秀林、注永祥主编:《辩证唯物主义原理(第三版)》,北京师范大学出版社 2012 年版,第 44 页。

　　② 邵晓顺:《澳大利亚矫正机构学习考察记录》,载《浙江监狱》2011 年第 12 期。

台文件、工作部署时，一味高标准严要求，把责任转嫁给下层，最后转移到基层。四是问责容易受舆论影响。由于整个监狱系统缺少积极应对媒体的严密预案及娴熟的应对技巧，监狱及其警察的责任追究往往受媒体影响。[①]

监管安全模式偏离了监狱工作的本质规定性，应当纠正。监狱安全是监狱开展各项工作的前提与基础，监狱安全不能保证则监狱开展各项工作都要受到影响。然而，监狱安全绝不是监狱工作的一切与全部，应当正确定位监狱安全工作，辩证认识监狱安全与监狱功能——惩罚与改造之间的相互关系，让我国的监狱工作回归到监狱本质功能上来。只有这样，才能使中国的监狱工作走上科学发展的轨道，才能推动我国监狱工作取得更大成就。

二、西方国家监狱工作模式简析

不同学者对西方国家矫正机构工作模式从不同角度进行了阐释。本文选择了其中三种作介绍，希望给我国监狱等矫正机构的教育矫正工作以启示。

（一）专业化行刑模式分类

美国监狱学者克莱门斯·巴特勒斯根据对美国监狱的研究，在其所著的《矫正导论》中，从"目的—内容—方法"角度，提出了康复模式、重新回归模式和惩罚模式等多种具有代表性的行刑模式。[②]

1. 康复模式

该模式盛行于 20 世纪 30 年代至 20 世纪 50 年代的美国。实证犯罪学派为这种模式提供了理论依据。它的论点是：服刑人员只是病人，而非坏人，正是他们的疾病驱使其犯罪。康复模式（或医疗模式）的意图旨在将监狱转化为治疗服刑人员疾病的医院。治疗者意在帮助服刑人员解决驱使其犯罪的内在冲突，使他们因此而得到康复。为了使服刑人员康复，就要对服刑人员进行分类。通过社会调查、心理和病理检查以及精神病学检查探知服刑人员的心理需求，并据此安排其参加适当的活动。从 20 世纪 30 年代的心理疗法开始，各种治疗方法随后进了监狱大门，心理剧、交往分析、现实疗法、行为矫正和集体疗法是其中最为流行的。康复模式到了 20 世纪 70 年代初逐渐失去支持，到 70 年代中期在许多矫正机构受到了冷落。

2. 重新回归模式

该模式产生于 20 世纪 60 年代的美国，重新回归思想是社区矫正得以建立

---

① 范思：《以科学精神指导并推进监狱维稳工作》，载《浙江警官职业学院学报》2012 年第 2 期。
② ［美］克莱门斯·巴特勒斯著：《矫正导论》，孙晓雾等译，中国人民公安大学出版社 1991 年版，第 21—24 页。

的理论基础。重新回归模式的任务和挑战在于将服刑人员置于社区环境中，帮助其重新适应社会生活。重新回归模式把社区当作治疗中心，认为监禁只应作为最后的一种手段来使用。在此模式中，给服刑人员提供了广泛的重新回归活动项目，包括提前释放、工作释放、教育释放以及探亲等。20世纪70年代中期，由于严厉惩处罪犯政策所导致的监狱拥挤，居住环境管理不良以及社区的排斥，重新回归模式逐渐衰落。

3. 惩罚模式

该模式是美国在20世纪70年代之后流行的一种行刑模式。由于受20世纪70年代中期否定矫正效果的"马丁森炸弹"的影响，美国监狱行刑开始转向惩罚模式，主张将更多的人关押在监狱。坚持刑罚的严厉性和确定性，认为应当判处罪犯长期刑，使他们与社会隔离，同时告诫人们：犯罪得不偿失。但是这种模式也遭到批评，历史也已证明，惩罚模式不起作用。研究也表明，单纯使用强制不能保证被强制对象改变自己的行为，不能保证这些人遵从新的法律规范，也不能保证这些人服从自己以前曾经违反过的法律规范。

（二）人类具有代表性的改造模式

人类虽然在一个时期或一部分国家曾经或仍在对改造服刑人员提出疑问或持否定态度，但大部分时期或多数国家都在一直追求行刑的改造效果，视行刑与"改造"（矫正）同义，形成或发明了众多的改造模式。其中，具有代表性且长期被付诸实践的有以下五种。[①]

1. 基于宗教理念的改造模式

这种改造模式试图通过灌输特定的宗教理念、培养一定的宗教信仰来达到改造服刑人员的目标，靠宗教的力量改变服刑人员的人格和行为，进而使其不再犯罪。18世纪90年代至19世纪70年代的美国监狱行刑是这种模式的典型。在这种模式下，对服刑人员进行严格的隔离，除了圣书之外不得接触任何东西，迫使服刑人员每天熟读圣书，以此促进他们自我反省，养成以宗教教义约束自己行为的习惯，从而不再犯罪。时至今日，完全以宗教原理为基础的行刑已不多见，但仍有许多国家把灌输宗教信仰作为矫正的一种方法加以运用。

2. 基于文化理念的改造模式

这种改造模式以社会上的文化道德及民间习惯作为改造服刑人员的基础，试图通过教化或培养民间的文化道德观来改变服刑人员的意识和行为方式，使其像一般人一样遵纪守法、不再犯罪。这种改造模式发端于第二次世界大战后的日本。这里的"文化"特指"民间性规矩、习惯和价值"。在日本，文化构成了

---

① 王云海著：《监狱行刑的法理》，中国人民大学出版社2010年版，第75—78页。

社会的基础和最基本的社会力量，政治和法律背靠在文化之上，仅仅是文化的延长和外在化。行刑也不例外，也是以日本社会的文化为基础，利用文化手段进行矫正，将文化上的价值作为行刑的目标。除日本之外，还有一些国家也有将民间的价值观念作为培养服刑人员遵纪守法习惯的重要根据。

3.基于教育理念的改造模式

这一改造模式是指视教育原理为改造的基础，以文化教育为改造的内容，试图通过提高服刑人员的文化修养、知识水平、职业技术来实现改造服刑人员，使其顺利回归社会的改造模式。在这种改造模式下，监狱被视为与普通学校具有同质性，被视为"特殊学校"；改造被认为与教育活动相同，文化教育和职业训练构成改造活动的主要内容。

这种教育式改造模式见诸大多数国家的行刑中，它不仅受到服刑人员的欢迎，而且也容易为社会各个方面所接受。然而，监狱虽与学校有着某种同质性，但却不可能完全相同；改造虽与教育活动有着相同的一面，但却不可能完全一样。因此，这种改造模式有其局限性，试图把所有监狱都办成学校，把改造活动完全改为教育活动的想法并不现实。

4.基于医学理念的改造模式

这一改造模式是指以医学理论作为改造的基础，以医疗方法作为改造的方法和内容，试图通过医学治疗使服刑人员回归社会的改造模式。这一改造模式即前述"康复模式"。

5.基于政治理念的改造模式

这一改造模式是以特定的政治原理作为改造的基础，以此为根据确定改造的内容和方法，试图提高服刑人员的特定政治意识，通过培养服刑人员的这种政治意识，使其回归社会、不再重新犯罪。我国建国30多年来在行刑领域所实行的"劳动改造"制度，是这一改造模式的典型代表。"劳动改造"虽不是一种有关行刑的专门法律理论，但却是一种有着自己完整的体系的改造模式，与其他西方国家的改造模式一样，共同构成人类改造犯罪的理论财富。

（三）西方国家改造罪犯方法分类

当代西方国家的矫正领域中，不仅仍然奉行改造罪犯的理念，而且还采取了多种类型的方法，进行改造罪犯的实践。西方国家矫正领域中改造罪犯的方法，大体上可以分为以下五种类型。[1] 这些改造方法，从某种程度说也是一种教育矫正服刑人员的工作模式，或者说是构成监狱工作模式的重要组成部分。

[1] 吴宗宪著：《罪犯改造论——罪犯改造的犯因性差异理论初探》，中国人民公安大学出版社2007年版，第17—28页。

1.宗教型改造方法

宗教型改造方法是指利用宗教教义、宗教人员与宗教设施进行服刑人员改造的方法。

在西方国家矫正系统中,宗教发挥着极其重要的改造罪犯的作用。从一定意义上可以说,大量在中国监狱系统中进行的道德教育性质的活动,在西方国家的矫正机构中,主要是由宗教人员通过宗教活动进行的。

根据美国矫正协会的资料,监狱牧师的主要功能有:(1)提供圣礼服务,包括常规宗教服务,与洗礼、忏悔和圣餐等有关的特别宗教服务;(2)通过使用合同牧师、非专业牧师和志愿人员,协调与其他信仰群体的牧师的关系;(3)提供对服刑人员所属的教派来说十分重要的宗教指导;为其他教派的服刑人员提供指导资料;(4)提供私下的、个别的咨询。这种咨询是牧师工作的一个基本组成部分,既包括在牧师办公室的谈话,也包括在医院、禁闭单元等地方对服刑人员的探望;(5)照顾服刑人员的家庭和其他有关的成员。监狱中的许多紧张焦虑,都来源于服刑人员对自己所爱的人们的担忧,或者来自害怕被外面的人们所遗忘的恐惧。在牧师进行咨询的过程中,他们把很大一部分时间用于处理这方面的事务;(6)作为牧师、指导者和咨询员,为监狱工作人员以及服刑人员提供服务;(7)为社区提供解释性的宗教服务。牧师可以向社区的成员解释现代监狱的目的,争取社区成员对矫正事务的支持。

2.教育型改造方法

教育型改造方法是指通过提供文化教育和职业技能培训进行服刑人员改造的方法。在当代西方国家的矫正机构中,普遍向服刑人员提供文化教育和职业技能培训,而且在提供这类教育和培训时,往往以"矫正计划"的形式组织和实施。

文化教育主要包括扫盲教育与基础教育、中等教育(中学教育)、大学教育(高等教育)和特殊教育(针对学习困难与生理障碍的服刑人员)。职业技能教育一方面是组织服刑人员学习在劳动力市场上可以使用的职业技能,另一方面从宽泛的意义上理解职业技能教育,包括向服刑人员提供有意义的活动、培训技能和劳动习惯、为出狱后的就业做准备、获得报酬的方法与途径、克服懒惰思想等。

3.心理型改造方法

心理型改造方法是指利用心理学原理和技术预防和治疗服刑人员的心理和行为问题的改造方法。在当代西方国家的矫正机构中,一般称之为"心理学计划""心理学治疗计划""心理学服务""心理健康服务"等。

心理型改造方法主要包括四种类型:一是心理咨询,是通过谈话、讨论对服刑人员提供解释、指导等帮助的活动,是最基本、最常用的心理矫治方法,针对心理正常的服刑人员。二是心理治疗,是利用心理学等学科的理论和技术消除服刑人员的犯罪心理和不良行为习惯的治疗方法与治疗活动,尤其指以改变服刑人员的认知性问题为主要内容的心理治疗方法与活动。三是行为矫正,是利用行为矫正的理论和方法改变服刑人员的不良行为模式的方法与活动。四是社会疗法,是通过创立支持亲社会态度和行为的机构环境来转变服刑人员心理和行为的矫治方法,如相互作用分析、社会技能训练、心理剧、角色扮演、指导性群体互动、治疗社区等。

4.社会型改造方法

社会型改造方法是指利用社会资源改造服刑人员的方法。

社会型改造方法主要有:一是接触社会信息法。一般地,西方国家矫正机构中的服刑人员在接触社会信息方面限制很少。譬如,服刑人员可以使用收音机,可以看电视,可以从出版商那里直接购买刊物和书籍,可以和社会上的很多人通信等。通过这些途径接触社会信息,可以对服刑人员的态度和行为产生潜移默化的作用。二是外系统官员探视法,是指矫正系统外的其他官员、议员和政府工作人员等来监狱探视服刑人员。他们在帮助改善监狱条件、解决服刑人员存在的问题的同时,也对服刑人员起到改造的作用,相当于我国监狱机关所做的"向外延伸"工作。三是志愿人员探视法。西方国家矫正系统中,社会志愿人员(特别是具有宗教背景的志愿人员)在矫正服刑人员方面发挥着很大的作用。他们与服刑人员交谈,给服刑人员提供信息,疏导服刑人员的情绪,帮助服刑人员解决困难等,对服刑人员改造带来积极作用。四是参加社会活动法。譬如服刑人员参加远程学习,通过学习释放参加社会学习,通过工作释放到社会上寻找和从事工作等。

三、矫正机构中期教育矫正模式构想

我国当代矫正机构中期教育工作模式,应当借鉴西方国家矫正机构行刑模式中的有效做法,继承新中国监狱工作的成功经验,在尊重我国现阶段国情的基础上有所创新、有所发展。因此,矫正机构中期教育工作模式应当全面遵循矫正模式的内涵,以实现矫正机构教育目的为指向,建构起"个别化矫正、分类矫治与集体教育相结合"的综合矫正机制,并发挥社会帮教的应有作用,最终实现服刑人员的"积极转归",降低重新犯罪率。

(一)矫正模式的内涵与意义

1.矫正与矫正模式

关于矫正,不同学者的见解各异。有学者认为,矫正是一个社会通过系统的、有组织的努力,来实现惩罚犯罪者、保护公众利益、转变犯罪者犯罪行为、补偿受害者的功能的活动。因而,矫正包括四个重要的内容:惩罚、保护、转变、补偿,这些内容反映了矫正领域的全部活动。① 这可能是最宽泛意义上的矫正概念。

另有学者指出,改造的标准是道德,改造的目标是将坏人改变为好人。矫治的标准是健康,特别是心理健康,目标是将病人治疗为健康人。矫正在意义上既包容改造,也包容矫治,具有综合性,因而更宽泛。②

笔者赞同"矫正"的后一种定义,认为对服刑人员的矫正,既包括通过改变犯罪人原有的动机、价值观念、自我概念及态度来预防犯罪,也包括对服刑人员存在的心理问题、心理障碍的治疗与康复。它指向对服刑人员的全面改造,其最终目标是"守法公民"。

矫正模式是指矫正机构以矫正理念为内核构建起来的一整套转变服刑人员思想、心理与行为的工作模式。矫正模式以有效的惩罚为前提条件,惩罚着眼于矫正(改造),以有效的矫正(改造)作为行刑的最终目的。换言之,对服刑人员的各项行刑工作,以转变其犯罪思想使之不再重新犯罪为目标指向,同时希望在矫正机构工作人员及社会专业人员的帮助下,能够使服刑人员身心健康,平安地渡过服刑期。

当前,我国矫正机构开展了循证矫正的研究与实践工作。发端于循证医学的循证矫正活动,在西方国家的矫正机构已经得到较好开展,循证矫正工具亦得到较为广泛的应用。循证矫正与现代矫正模式相继相承,对于目前我国的矫正工作来说,循证矫正既具有理念创新的意义,同时还具有变革矫正方法与技术的意义。循证矫正的方法与技术强调实证与数据支撑,要求矫正机构所运用的矫正技术与方法是确实有效的。这也是现代矫正模式所追求的。从某种角度来说,循证矫正是现代矫正模式的主体构成部分。

不过,矫正模式的内涵构成要大于循证矫正,它包括矫正理念(指导思想)、矫正目标、矫正策略与方案、矫正结构等诸多内容。

准确理解矫正模式,还需把握好以下两点:一是矫正应当是矫正可矫正之人。大多数的矫正学研究者认为,人是可以矫正的,然而具体到某个犯罪人,由于其形成犯因性缺陷是在人生的早年以及/或者犯因性缺陷具有极其顽固性,在有限的刑期内也许无法完成矫正目标,此其一。其二,对于某个或某些犯罪人来说,由于负责矫正他们的工作人员知识与技能的局限性,可能不能够实现对他们的有效矫正。二是从行刑成本角度来说,要实现对某个或某些犯罪人的矫正,成本过于巨大,纯粹的关押模式也许更为适合,矫正可以退而求其次。这一观念目前被国外的一些矫正机构所推崇。

---

① 潘国和、罗伯特·麦尔主编:《美国矫正制度概述》,华东师范大学出版社1997年版,第1—2页。
② 翟中东著:《国际视域下的重新犯罪防治政策》,北京大学出版社2010年版,第16页。

2.矫正模式的重要意义

(1)构建矫正工作模式,是回归矫正机构本质功能的需要。目前,我国矫正机构的工作模式是在劳动改造模式影响下的监管安全模式,这脱离了矫正机构的本源,必须加以变革。惩罚与改造作为矫正机构的本质功能,应当得到全面贯彻。作为刑罚执行机关,监狱等矫正机构要体现其惩罚功能,然而,不能为了惩罚而惩罚,惩罚是为了更好地改造服刑人员。因而,改造应当成为监狱等矫正机构的核心内容与工作重心。脱离了惩罚,将不能有效地改造服刑人员,也就不能准确地执行刑罚;没有了改造,矫正机构也就迷失了方向,丧失了矫正机构的本质规定性,没有存在的价值,必然会给社会的和谐稳定带来重大损害。

(2)构建矫正工作模式,是创新矫正机构工作的需要。我国矫正机构经过60多年的发展,积累了许多成功的经验,取得了丰硕的成果。但是,不可否认的是,目前我国矫正机构也面临着诸多问题与挑战。矫正机构如何创新发展,是摆在我们面前的一个重大课题。是继续把劳动改造作为我国矫正机构的制度设计,还是在强调惩罚基础上保障监管安全作为工作指向?显然,这些都不是矫正机构的可持续发展模式。处理好惩罚与改造、监管安全与教育矫正的辩证关系,坚持以矫正犯罪人作为目标指向,是我国矫正机构的发展方向。因而,全面总结与继承我国60多年改造罪犯的成功经验,广泛汲取国际行刑领域的先进理念与技术,构建符合中国特色的矫正工作模式,是当前我国矫正机构创新发展的必然方向。

(3)构建矫正工作模式,是实现矫正机构工作科学化、专业化的内在要求。司法部提出监狱等矫正机构工作要实现科学化、专业化与社会化,这是推进我国矫正机构进一步发展的有效举措。如何实现"三化",是值得深入研究的课题。而要实现矫正机构工作的科学化、专业化,矫正工作模式成为必然选择。目前,监狱等矫正机构以劳动生产作为主要改造载体,以经济效益作为重要考核指标,是非科学的思维路径,到了非改革不可的地步。矫正机构确立矫正工作模式,要以准确有效的评估作为开展矫正工作的前提,然后设计有针对性的矫正方案,以个别化矫正、分类矫治、集体教育相结合的综合矫正方式实现对服刑人员的改造,是科学矫正之构想与路径。要实施这样的矫正模式,必然要求有专业化的矫正工作人员队伍,而矫正工作人员的专业化也需要以矫正模式作为主要的载体。

(二)矫正模式的核心结构

以个别化矫正、分类矫治与集体教育相结合的综合矫正模式,要求教育(含劳动教育)、管理、心理矫治等多手段的综合运用,并以"矫正方案"作为载体,以矫正需要评估后的分类矫治和以团体辅导理论为基础的分类矫治作为重要途径,结合集体教育方式,以社会帮教作为补充,共同指向服刑人员的"犯因性问题"这一矫正内容。

矫正过程设计如下:入监(教育)——→正常异常心理评估——→危险性评估——→犯因性评估——→制订与实施矫正方案——→矫正效果评估——→(出监教育)

上述综合矫正模式与循证矫正存在包含或重合关系。两者都重视对服刑人员的风险评估与犯因性问题的评估。完成评估后,制订综合性矫正方案时往往包含有矫正项目,但也可能是对某个或某些服刑人员的一个具体的教育矫正方案;而有的时候矫正项目的实施,能够实现对某些服刑人员的矫正,从而完成矫正机构的工作目标,此时两者合二为一,存在一致性关系。

矫正模式的核心结构有四个部分,分别是个别化矫正、分类矫治、集体教育与社会帮教。

个别化矫正是指基于刑事个别化原则,监狱等刑罚执行机关根据服刑人员产生犯罪的不同犯因性问题,采用有针对性的治疗、调适、干预和教育等技术,矫正其行为、心理以达到特定矫正目的的专门活动。[①] 个别化矫正针对的是服刑人员的个别缺陷,即造成服刑人员犯罪的个别化犯因问题,以及服刑人员在服刑过程中产生或存在的特殊性心理问题与心理障碍。个别化矫正的核心内容是设计个别化矫正方案。

分类矫治主要是指针对服刑人员的共同性犯因问题,采用分类管理与矫治的模式,以实现矫正目的的活动。它同样适用于两类问题:犯因性缺陷、心理问题或心理障碍。其矫治形式也有两类,即针对某类或某些犯罪人的共性问题,采取针对性的管理与教育矫正活动是途径之一,以团体辅导理论为基础形式进行的分类矫治是途径之二。

集体教育是指对全体服刑人员进行文化、技术与思想教育,以及心理健康教育等。对服刑人员开展的集体教育,有两个方面的内容需要给予重视。一是对心理正常服刑人员开展的价值观、人生观教育,其核心教育内容应当是人生价值与是非观念教育;[②]开展法制教育的核心内容应当是法律知识与守法意识教育;二是对初中以下文化程度的服刑人员,重点教育内容是以课堂教学形式开展的文化知识教育;初中以上文化程度的服刑人员,重点教育内容是以课堂教学与技能实践相结合的教学形式所开展的职业技能教育。

社会帮教是指利用社会力量对服刑人员进行教育矫正的活动。社会帮教的对象主要是服刑人员,但也可以是矫正工作人员。对矫正工作人员的社会帮教主要有两个方面,一是利用社会智力提高矫正工作人员的知识与技能,二是

---

① 于爱荣主编:《罪犯个案矫正实务》,化学工业出版社 2011 年版,第 1 页。
② 邵晓顺著:《犯罪个案研究与启示》,群众出版社 2013 年版,第 397－398 页。

解决矫正工作人员在矫正活动中引发的各类身心问题。对服刑人员的社会帮教活动,一个方面是引进社会智力为矫正机构服务,这主要是各类技术人员参与到矫正活动中来;另一方面,是服刑人员的关系方比如父母、亲人等参与到矫正活动中,通过亲情等天然纽带关系对服刑人员产生正性影响。医学、心理学、社会个案工作者等专业技术人员参与到矫正工作中,是矫正模式的必然要求。在越来越重视矫正工作的我国监狱,社会力量参与矫正工作已经有所开展。

矫正模式上述四个组成部分的相互关系是:个别化矫正是核心,分类矫治是重要构件,集体教育是基础,社会帮教是必要补充。而社会力量参与矫正活动,在个别化矫正、分类矫治与集体教育各矫正方式上都是需要的。

综合矫正模式突出个别化矫正,是确保矫正工作的有效性;强调分类矫治与集体教育的综合运用,是为了提高矫正工作的效率,节约人力资源,同时也有助于提高矫正工作的效果。

(三)矫正模式的重点与难点

我国矫正机构要推行矫正模式,需要重点关注以下问题。

1. 矫正理念梳正

长期以来,由于我国监狱等矫正机构以劳动改造作为教育矫正服刑人员的主要手段,而且在挺长一段时间里,监狱等矫正机构工作人员的考核及收入与服刑人员劳动效益挂钩,监狱等矫正机构的工作经费主要依靠或部分依靠服刑人员的劳动产出,直至目前,这种现状尚未得到根本扭转,"生产是硬指标,改造是软指标"的现象普遍存在,因此,要求矫正机构及其工作人员转变工作导向、以矫正效果作为工作目标是有难度的。

特别严重的是,近几年来,监狱等矫正机构出现了另外一个倾向,即唯监管安全论是从,把监管安全当作"首要工作目标",甚至把监管安全提升为"首要政治任务"。在监管安全面前,所有的工作都得让步,一向重视的劳动生产也可以抛在一边,更不用说矫正效果了。这些都使得矫正理念难以在矫正机构及其工作人员身上根植。

应当说,并非矫正工作人员都没有正确的矫正理念,许多矫正工作人员之所以轻视教育矫正,是因为我国矫正工作的制度设计存在一些问题,比如对矫正机构出现问题时的"无限"责任追究制度,造成矫正工作人员只能全神贯注于监管安全。因此,矫正机构管理制度的顶层设计尤为重要。这是矫正理念梳正的一个方面。另外,不可否认的是,部分矫正工作人员确实缺乏矫正理念或者矫正理念存在一定的偏差,这些都需要进行纠正。

因此,推行矫正模式,首要的问题是解决理念障碍,必须使矫正机构工作人员充分认识到矫正的必要性与重要性,建立行刑的矫正目标指向。矫正机构及其工作人员没有在理念上清本溯源,认识到矫正是刑罚执行机关的本质功能,矫正对服刑人员改造的重要意义,就难以真正有效地推行矫正模式。只有建立教育矫正是矫正机构本质功能的思想,认识到教育矫正是矫正工作人员的本职工作,追求矫正的有效性是矫正工作人员的分内之事;劳动只是手段,安全只是前提,矫正有效才是目标,那么矫正模式的推行才有可能。

2. 个别化矫正技术与方案

纵观我国监狱等矫正机构的教育改造工作,对服刑人员的个别教育工作在许多时间段是重视的,也因此使得我国的监狱工作取得了巨大成绩。但是,由于我国整个社会管理活动是重视定性描述而不太重视定量分析,对服刑人员的个别教育没有制订出严格的工作标准,整个监狱工作亦缺乏工作标准,使矫正工作容易陷入空泛,难以准确考核。在这样的背景之下,在评估基础上的个别化矫正工作无从谈起。

要创新我国的矫正工作,就需要变革矫正工作模式,即代之以综合矫正模式。而个别化矫正工作是这一模式的重点。然而,由于这是一个全新的工作内容,监狱等矫正机构的大多数工作人员对此并不熟悉,就成了矫正模式实施的难点。不过,近年来,有的监狱已经在逐步探索个别化矫治的方法与技术,取得了一些有价值的经验,比如提出了"以调查为基础,建立个体调查体系;分析鉴别调查情况,制定'一人一策'的矫治方案;明确过程管理,促进个别化矫治的落实"等工作体系和机制,值得总结推广。①

以(自然)科学思维和实证思想建立起来的西方国家矫正活动,在个别化矫正方面给我们以借鉴。在学习、借鉴、吸收西方国家行刑方法与技术基础上,开创符合我国国情的个别化矫正方法与技术,是矫正模式得以实施的关键所在。目前,循证矫正的理论与实践在我国矫正机构得到了重视,这一活动的深入发展,对我国矫正机构的创新发展具有重要意义。循证矫正技术与个别化矫正技术相辅相成,两者必将互相促进,共同发展。

3. 矫正队伍建设

矫正的理念、技术与矫正模式的推行与实施,都离不开一支专业化的矫正工作人员队伍。然而,正如前面所述,我国矫正机构工作人员队伍不管是思想、理念方面,还是知识与技能方面,与全面推行矫正模式的要求相比,都存在一定的差距。首先,要解决矫正队伍观念层面的问题。而这个又与矫正机构最高管理层的观念息息相关。监狱等矫正机构作为整体社会的一个组织机构,在社会组织中的作用是明确的,它要承担其自身应当承担的职责,而不能赋予矫正机构本质功能之外的职责。矫正机构的本质面目需要有清晰的认识。其次,在转

---

① 郑天明:《个别化矫治的探索与思考》,载《犯罪与改造研究》2012年第2期,第34—37页。

变观念,作好顶层设计之后,要开展对矫正工作人员教育矫正知识与技术的培训工作。许多矫正工作人员的知识陈旧、矫正技能不足,这是个客观事实。老一辈监狱工作者具有优良的传统,但是也许知识更新不够;新一代矫正工作人员知识丰富,具有鲜明的时代气息,但是可能缺乏优良的工作传统;还有一个情况是,近几年新招收的一些矫正机构工作人员缺乏与矫正相关的专业知识。凡此种种,都要求加强矫正观念、矫正专业知识与技能的培训教育工作。如果没有理念的更新,没有专业知识技能的学习,矫正模式的实施将是空中楼阁;即使强力推行了,也将是个"畸形儿"。为此,矫正机构队伍建设应当考虑专业化与职业化分工模式,在专业化发展基础上,建设起一支职业矫正师队伍。

参考文献:

[1]金鉴主编.监狱学总论[M].北京:法律出版社,1997.

[2]冯建仓、陈志海主编.中国监狱若干重点问题研究[M].长春:吉林人民出版社,2002.

[3]中国监狱学会编.中国监狱学会 20 年——1985—2005[M].北京:法律出版社,2006.

[4]于爱荣等著.矫正技术原论[M].法律出版社,2007.

[5]萧前,李秀林,汪永祥主编.辩证唯物主义原理(第三版)[M].北京:北京师范大学出版社,2012.

[6]郭明主编.监狱学基础理论[M].北京:中国政法大学出版社,2011.

[7][美]克莱门斯·巴特勒斯著.矫正导论[M].孙晓雳等译,北京:中国人民公安大学出版社,1991.

[8]中国大百科全书出版社编辑部编.中国大百科全书·自动控制与系统工程卷[M].北京:中国大百科全书出版社,1991.

[9]王云海著.监狱行刑的法理[M].北京:中国人民大学出版社,2010.

[10]潘国和、罗伯特·麦尔主编.美国矫正制度概述[M].上海:华东师范大学出版社,1997.

[11]翟中东著.国际视域下的重新犯罪防治政策[M].北京:北京大学出版社,2010.

[12]邵晓顺主编.服刑人员心理矫治:理论与实务[M].北京:群众出版社,2012.

[13]于爱荣主编.罪犯个案矫正实务[M].北京:化学工业出版社,2011.

[14]郑天明.个别化矫治的探索与思考[J].犯罪与改造研究,2012(2).

[15]李为忠,罗辉.罪犯教育基本理论专题研究之:罪犯教育功能论[J].中国监狱学刊,2012(5).

[16]邵晓顺著.犯罪个案研究与启示[M].北京:群众出版社,2013.

循证矫正评估工具编制与证据建构技术 *

开展循证矫正工作需要两个基础条件：一是有效的评估工具；二是能检索并可用以借鉴的证据库。分析当前我国的循证矫正工作，这两个基础条件都不那么具备。而开发有效的评估工具与有用的证据，都必须依赖于科学的技术与方法，否则必然事倍功半，甚至是做无用功。本文针对这两方面的技术与方法来作具体阐述。

一、评估工具编制技术

评估工具是通过观察与评价服刑人员的一些有代表性的行为，对其内在特征作出推论和数量化分析的一种手段。有效的评估工具是循证矫正工作不可或缺的，是开展循证矫正工作的前提条件与基础性工作。编制一个具有较高信效度的评估工具需要遵循一定的程序与步骤。有作者认为编制标准化测验的步骤有六个：确定测验目的并依据测验目的选取测验材料；将测验材料编成测验题，形成最初的试卷；预测并分析测验质量；选择并编排测题，并形成最终试卷；测验标准化；鉴定测验基本特征，编写测验使用说明书。[①]另有作者提出了"三阶段八步骤"的评估工具编制程序。具体包括：（1）准备阶段：确定测验目的、拟定计划；（2）正式编制阶段：产生测验题目、试测分析、合成测验；（3）完善阶段：使测验使用标准化、评鉴测验基本特征、编写指导手册。[②]下面按"三阶段八步骤"逐一讨论。

（一）评估工具编制的准备阶段

1.确定测验目的

这主要涉及三个问题：为什么测？测量什么？测量哪些个体或群体？即解决测验的用途、目标和对象的问题。

---

*　本文收录于姜金兵主编：《矫正社会化：2014 监狱矫正论坛》，法律出版社 2014 年版。

①　郭庆科编著：《心理测验的原理与应用》，人民军医出版社 2002 年版，第 132 页。

②　孙大强、郑日昌主编：《心理测量理论》，开明出版社 2012 年版，第 133—143 页。

首先,明确测验用途。所编出的测验是要对被试作描述,还是作诊断,抑或是选拔和预测,这一点在测验编制前就应明确。例如,编制的评估工具是想预测服刑人员的再犯风险,还是想诊断服刑人员的心理健康。目的不同,编制测验时的取材范围以及试题难度等也不尽相同。其次,了解测验对象。在编制测验前首先要明确测量对象,也就是该测验编成后要用于哪些服刑人员。只有对将要接受评估的服刑人员的年龄、智力水平、社会经济和文化背景以及阅读水平等心中有数,编制测验时才能有的放矢。最后,分析测验目标。所编的测验用来测量什么,是测服刑人员的再犯风险,还是其人格特征,或是他们的各种能力亦或其他,也是必须考虑的问题。不但要明确测量的目标,还要对测量目标加以分析,将此目标转换成可操作的术语,即将目标具体化。

2.制订编制计划

评估工具编制计划包括测验要测量的内容维度、题目形式及数量等。

首先,确定测量的内容维度。测验计划通常是一张双向细目表①,指出测验所包含的内容和要测量的行为目标,以及对每一个内容和目标的相对重视程度。其次,选择测验和题目形式。测验有自评与他评、笔试与口试、操作测试与电脑测试等多种形式。循证矫正评估工具最好制作成电脑软件以方便推广与应用,这个在编制计划时就要考虑到。题目形式最常见的分类是主观性试题与客观性试题。最后,规定评分方法。最后一步亦可与下一个阶段的"产生测题"同时进行。

(二)评估工具正式编制阶段

1.产生测题

产生测题就是编辑测验的项目或题目。这个过程包括写出、编辑、检查和修改等一系列过程。在获得一个满意的测题之前,这些步骤是不断重复的。测题来源可以考虑:(1)直接选自国内外优秀的相关的测验;(2)修改前人的测验中的有关测题;(3)自己编写。②

2.试测分析

将初步筛选出的项目结合成一种或几种预备测验,经过实际的试测来得到客观性资料。

试测注意事项:一是试测对象应取自将来正式测验准备应用的群体,即该评估工具欲测评的服刑人员群体。取样时应注意其代表性,人数不必太多,亦不可过少。二是试测的实施过程与情境应力求与将来正式测验时的情况相近

① 孙大强、郑日昌主编:《心理测量理论》,开明出版社 2012 年版,第 135—136 页。
② 金瑜主编:《心理测量》,华东师范大学出版社 2001 年版,第 323 页。

似。三是试测的时限可稍宽一些,最好使每个试测者都能将题目完成(对有时间限制的测验来说)。四是在试测过程中,应对受试者的反应情形随时加以记录,以备今后修改题目与测验之用。

试测通常需要再选取来自同一总体的另一样本(即再挑选一批服刑人员)再测一次,并根据其结果进行第二次项目分析,看两次分析结果是否一致。如果某个题目前后差距较大,说明该题目的性能值得怀疑。

3.合成测验

(1)项目选择和编排。根据试测分析结果,选出性能优良的题目加以适当编排,组合成测验。选择题目的指标主要是区分度与难度。区分度一般越高越好,但难度要根据测验目的来确定。测题编排形式:一是按题目的类型来组合测验;二是按题目所测量的内容排列;三是按题目难度排列。(2)等值复本的编制。为增加实际的效用,有些测验至少要有等值的两份,份数越多,使用起来愈便利。复本要具有相同的内容和形式,题目数量相等,难度和区分度大体相同等。

(三)评估工具编制的完善阶段

1.测验的标准化

测验的标准化包括测验内容标准化、施测过程标准化、评分记分标准化、分数合成和解释标准化。其中为了做到施测过程标准化,需要有给受测者的指导语和对主试者的指导语;如果有时间限制,还要规定时限。分数解释标准化则要求有常模。

2.测验性能评估

测验性能评估就是对测验的可靠性和有效性进行评估,算出信度与效度。当对一个测验进行修订或被更新时,需要再次进行效度检验。

3.编写测验手册

测验手册也称测验指导书或测验使用说明书。测验手册中要有下列问题详尽而明确的说明:本测验的目的和功用;编制测验的理论背景以及选择题目的根据;测验的实施方法、时限及注意事项;测验标准答案和评分方法;常模资料(包括常模表、常模适用的团体)及对分数作解释的有关标准;测验的信度效度资料,包括信度系数、效度系数以及这些数据是在什么情境下得到的。

经过以上八个步骤,一个评估工具便可正式交付使用了。

(四)评估工具的技术指标

正如前面所述,评估工具需要报告其信度与效度,而编制测验题目时还需要进行项目分析。这其中又涉及多个技术手段与方法,特别是在理解各概念内涵的基础上,如何进行准确的计算是个技术活。下面分述之。

1. 信度

信度是指测验结果的稳定性与一致性的程度。信度有以下几种:

(1)重测信度。又称再测信度、稳定性系数,是指用同一个量表对同一组被试施测两次所得结果的一致性程度。其大小等于同一组被试在两次测验所得分数的皮尔逊积差相关系数。公式为

$$r_{xx} = \left[\sum (x-\bar{x})(y-\bar{y}) \right] \Big/ \sqrt{\sum (x-\bar{x})^2 \sum (y-\bar{y})^2}$$

式中,x 和 $\bar{x}$ 是第一次测量的实得分及实得分的平均值,y 和 $\bar{y}$ 是第二次测量的实得分及实得分的平均值,r_{xx} 是重测信度。

重测信度适合于那些具有相对稳定性的特性或内容,比如智力、人格、攻击性、再犯风险等,而情绪类变化快,不适用重测信度。一般来说,初测与再测的间隔时间最好不超过六个月。在编制测验时应该在测验手册中报告重测信度的时间间隔以及在此间隔中被试的有关经历。

(2)复本信度。复本信度是指两个平行评估量表测量同一批被试所得结果的一致性程度,其大小等于同一批被试在两个复本测验上所得分数的皮尔逊积差相关系数。如果两个复本测验是同时连续施测的,则称这种复本信度为等值性系数。如果两个复本测验是相距一段时间分两次施测的,则称这种复本信度为稳定性与等值性系数。像再测信度一样,复本信度也应该说明测验实施的时间间隔及有关的干预情况。

由于编制真正的等值测验非常困难,因此产生了分半信度。

(3)分半信度。分半信度是指将一个测验分成对等的两半后,所有被试在这两半上所得分数的相关。有时也被称为内部一致性系数。分半信度常常按奇数题和偶数题分半,但遇到相互有牵连或一组解决统一问题的题目,应放到同一半。

分半信度的计算方法与等值复本信度的计算方法类似,只不过被试在两半测验上得分的相关系数只是半个测验的信度,所以要用"斯皮尔曼—布郎公式"[①]加以校正。

(4)同质性信度。同质性信度也称内部一致性系数。是指测验内部所有题目间的一致性程度。这个一致性是指分数的一致性,而不是题目内容或形式的一致。有些测量学家认为,因素分析是决定测验同质性的最好方法。另外,对于项目是按照"对、错"或"有、无"等二分法计分的测验,可用"库—理信度系数"[②],

① [美]Robert M. Kaplan, Dennis P. Saccuzzo 著:《心理测验》(第 5 版),赵国祥等译,陕西师范大学出版社 2005 年版,第 76 页。

② [美]Robert M. Kaplan, Dennis P. Saccuzzo 著:《心理测验》(第 5 版),赵国祥等译,陕西师范大学出版社 2005 年版,第 77—78 页。

而一些测验量表包括多重计分项目的,可以采用"克伦巴赫 α 系数"。[1][2]

(5)评分者信度。一些投射测验(如房树人测验),以及他评测验(如 HCR —20),在评分时掺杂有主观判断成分,需要估计评分者信度。它是指多个评分者给同一批人的答卷评分的一致性程度。计算方法:随机抽取相当份数的问卷,由两位或多位评分者按记分规则分别给分,然后根据每份问卷的分数考察评分的一致性。在成对的受过训练的评分者之间平均一致性达到 0.90 以上,才认为评分是客观的。

一般来说,间隔施测的复本信度,其值最低,而校正过的分半信度其值最高。能力等测验的信度应在 0.90 以上,至少不低于 0.80;再犯风险评估、人格测验的信度应在 0.80 以上,至少不低于 0.70。低于 0.60 的信度估计一般被看作不可以接受的信度水平。

2.效度

效度是指一个测验或量表实际能测出其所要测的特性的程度。效度有内容效度、构想效度与效标效度三类。

(1)内容效度。内容效度是指评估测验题目是否充分代表了所要测量的内容范围,即测验题目对有关服刑人员再犯可能性等特征的内容或行为范围取样的适当性。

内容效度的估计方法:①专家评定法。让一组独立的专家(他们不是评估工具的编制者,但都非常熟悉所测量的内容领域)判断测题对所研究的领域的取样是否具有代表性,通过这些评定资料来确定一个评估工具的内容效度。前面信度中所讲的评分者信度可作为内容效度的一个指标。②统计法。一是克伦巴赫法:编制两个取自同样内容范围的独立测验,然后计算测验的复本信度。如果相关较高,则可以把它作为评估测验内容效度的一个证据;如果相关较低,则说明两个测验中至少有一个缺乏内容效度。二是再测法:先给一组被试进行前测,然后让这组被试进行相关内容的学习与教育矫正活动,结束之后再进行后测,若后测成绩有了很大提高或有了较大的良性改变,则说明测验确实测量了所学习的内容或教育矫正的内容,即测验内容效度较好。

表面效度:是指测验使用者或被测者的主观认识上觉得有效的程度,即测验使用者或被测者直觉地认为它在测量什么,是否测到了测验所要测量的东西。因此,严格地说,表面效度不算效度,它只是表面上的东西。但是表面效度

---

① [美]Robert M. Kaplan, Dennis P. Saccuzzo 著:《心理测验》(第 5 版),赵国祥等译,陕西师范大学出版社 2005 年版,第 78 页。

② 克伦巴赫 α 系数的计算方法:打开 SPSS17.0 统计软件以及数据文件,点击"分析"项,在下拉菜单中找到"度量(S)",把鼠标放到"度量(S)"即显示出又一个菜单,点击其中的"可靠性分析",即出现一个对话框。点击对话框左边那些要计算"克伦巴赫 系数"的项目到右边的"项目"栏中,再点击"确定"按钮即可。

可以取得被测者的合作。如果被测服刑人员主观上认为测验与测验目的无关，就可能排斥这个测验，从而影响测验的效果，损害测验的实际效度。在职业兴趣、成就测验中，均应重视测验的表面效度。但在人格测验或风险评估中则不一定需要高的表面效度。

（2）构想效度。构想效度又称结构效度，是指评估工具能说明理论结构或特质的程度。构想（construct）是指用来解释人类行为的理论框架或心理特质，它是某一学科如心理学中抽象的假设性的概念，如智力、动机、攻击性、抑郁，等等，以及矫正学中的人身危险性等概念。

构想效度的评估方法：构想效度的确定是一个多方面资料长期积累的过程。收集构想效度证据的过程可以分成两种：收集理论证据和收集测量学证据。①收集理论证据。考察构想效度的第一步是建立这个构想与其他构想相关联的列表。然后，研究者要尽可能多地回顾有关该构想的研究，来建立构想与可观察和测量的行为的关系。要仔细阅读关于该构想的所有可获得的文献资料，以对所研究的构想有整体的理解。然后，研究者要着手开发一个构想模型，该模型将这个构想与其他的构想和可观察的行为联系起来。第二步，研究者用测验作为测量构想的工具并提出一个或多个实验假设，如果测验是构想真实有效的测量，测验分数就能与构想预测的行为达到统计上显著和可接受的一致。②收集测量学证据。主要有：一是内部一致性系数，即前述系数。二是与其他测验的相关，即一个新测验与类似的旧测验之间的相关。三是因素分析①，这个方法非常适用于构想效度。要做因素分析，样本量有一定的数量要求，一般是样本量与测验题目数之比不小于 5∶1，最好达到项目数的 10～25 倍。如有作者认为样本容量至少要达到 100 以上。② 四是结构方程建模方法。

循证矫正评估工具的编制总是要基于一定的理论构想，要在参考国内外相关研究与测验的基础上，提出编制某个本土化评估工具的理论构想。并由这个理论构想出发，编写测验项目，然后抽取一定数量的服刑人员进行试测。最后根据试测数据来分析构想效度以及其他信效度系数。

（3）效标效度。效标效度又称效标关联效度，是指测验分数与几个外部效标间的关联程度，即测验结果能够预测效标行为的有效性和准确性程度。因

---

① 因素分析计算方法：打开 SPSS17.0 统计软件以及数据文件，点击"分析"项，在下拉菜单中找到"降维"，把鼠标放到"降维"即显示出又一个菜单，点击其中的"因子分析"，即出现一个对话框。点击对话框左边那些要作因素分析的项目到右边的"变量"栏中。点击"描述"，在显示的对话框中选择"球形度检验"；点击"旋转"，在显示的对话框中选择"最大方差法"；点击"选项"，在显示的对话框中选择"按大小排序"；上述三个选项完成后都点"继续"按钮回到"因子分析"主对话框。最后点击"确定"按钮即可。结果解释可参阅《SPSS统计分析标准教程》，贾丽艳、杜强编著，人民邮电出版社 2010 年版，第 306—310 页。

② ［日］芝祐顺著：《因素分析法》，曹亦薇译，人民教育出版社 1999 年版，第 152—153 页。

此,效标的选取很关键。

效标效度可分为同时效度和预测效度。同时效度指测验与同时获得的效标的关联程度。比如检验一个精神病性诊断量表是否能够有效地把住院精神病人与正常人区分开来,就是一个同时效度研究。预测效度指测验结果对效标行为的预测程度。比如再犯风险评估与再因风险评估,预测的准确性程度都可称为预测效度。

计算效标效度的方法:①相关法。这是一种最常用的计算效标效度的方法,计算测验分数与效标分数之间的相关系数,这个系数又称为效度系数。由于测验分数和效标分数的数据性质不同,相关系数的计算方法也不同,主要有积差相关、点二列相关、二列相关、多列相关、φ 相关等。从相关系数的大小可直观地看出效度的高低。②分组法。把被试在效标上的表现将他们分为成功与不成功、合格与不合格、再犯与不再犯两类。如果根据效标行为将被试分成了两个组,而两组的测验分数又有显著差异,则认为测验分数能把在效标上表现好与不好的被试有效地区分开来,测验就是有效的。而如果两个组的测验分数无差异或差异不显著,则说明测验是无效的。③命中率。测验使用者根据测验分数将被试分成合格与不合格或达标与不达标、再犯风险性高与再犯风险性低两类。而被试根据实际工作表现或现实表现(即效标上的表现)也可分为合格与不合格、人身危险性高与人身危险性低两类,那么测验的效度就表现为两种分类的一致性程度。由于计算命中率时实际上是把测验分数划分为两类,因此丢掉了许多有用的数据信息,因而就没有效度系数那样全面有效。

(4)三种效度策略的恰当使用。内容效度最适合于测量具体属性的测验,如成就测验;构想效度最适合于测量抽象构想的测验,如自我效能感、攻击性、人身危险性等;效标关联效度最适合于用来预测结果的测验,如各种人事选拔测验、再犯风险评估等。

另外,一个测验还需做项目分析,这主要是计算项目的难度与区分度。

3. 项目难度

项目难度是指项目的难易程度。在最高作为测验(如能力测验)中,称为"难度",而在典型作为测验(如人格测验、再犯风险评估)中,则指"通俗性"。两者都是指在总体中,能够正确或确切回答某项目的人数比率。理论上,题目的难度接近或等于 0.50 是比较理想的,但在实操作中,一般只需使题目的平均难度接近 0.50,而各个项目的难度在 0.50 ± 0.20 之间变化就可以。

难度的计算:(1)二分法记分项目的难度计算有两种方法,一是通过率,即被试正确回答或通过题目的人数与所有被试之比:$P=R/N$,式中,P 表示题目难度,R 表示被试正确回答或通过题目的人数,N 表示参加测验的所有被试。

这种计算方法下的难度：P 值越大，表示题目越简单；P 值越小，说明题目越难。二是两端分组法，当被试人数较多时，可先将被试依照测验总分从高到低排列，分成三组，取高分组与低分组各 27%，计算高分组与低分组各自的通过率，然后取两者的平均值，即为难度系数。

（2）非二分法记分项目难度有两种情况：①对于简答题、论述题等题型，难度计算公式为 $P=\dfrac{\overline{X}}{X_{\max}}$，式中，$P$ 为难度值，$\overline{X}$ 为所有被试在该项目上的平均得分，$X_{\max}$ 为该项目的最高得分（满分）。②对于多选选择题，由于有猜测成分，要用校正公式进行修正：$C_P=(KP-1)/(K-1)$，式中，C_P 为校正后的通过率，P 为实际得到的通过率，K 为选项的数目。例如，某题有 75% 的被试通过，若该题有 5 个选项，则校正后的通过率应为：

$$C_P=(5\times0.75-1)/(5-1)=0.69$$

在循证矫正评估工具中，比如再犯风险评估测验，项目难度一般可不作要求。但有的测验如果涉及能力高低、智力水平差异等，就应当对项目进行难度分析。

4. 项目区分度

项目区分度是指测验项目对被试某个特质水平差异的区分程度，又称鉴别力。一般用 D 表示，D 值越大，区分效果越好。具体判别标准如表 3.8 所示。

表 3.8　鉴别指数用于题目评价

鉴别指数 D	题目评价
0.40 以上	很好
0.30～0.39	良好，修改会更好
0.20～0.29	尚可，仍需修改
0.19 以下	差，必须淘汰

区分度的计算有如下方法：

（1）项目鉴别指数法。当测验分数是连续变量时，可从分数分布的两端各取 27%，分别计算每道题的通过率，两者之间的差别就是项目鉴别指数 D：$D=P_H-P_L$，式中 P_H 和 P_L 分别代表高分组和低分组的通过率（通过率的含义见"项目难度"的计算）。

当样本太少（<100）时，不宜用 27% 规则，可以取 50% 作为分界点，即把上下两半被试作为高低分组。如果借助于计算机，大样本时也可以上下 50% 作为高低分组的标准。

上述方法主要用于客观性试题的区分度计算。

（2）相关法（项目—总分相关）。即以项目分数与测验总分的相关作为项目区分度的指标。相关越高，项目区分度越高。①点二列相关，适用项目是（0，1）

记分或二分变量,测验总分是连续变量的数据资料的分析。②二列相关,适用于连续的测量变量,但其中有一个变量被分成两类(如及格、不及格,高、低,对、错等)的数据资料。③积差相关,适用于非二分法记分的题目。

(3)通过因素分析,根据项目因素载荷及共通性的大小来作为项目区分度的指标。①

二、循证矫正证据建构技术

循证矫正(evidence-based correction)是以证据为基础的矫正。而循证矫正的证据可分为五个层次,具体如随机对照实验研究的系统评价分析所获得的证据级别最高、效力最大,大样本随机对照实验研究获得的证据级别排第二,非随机对照实验研究、无对照组实验研究以及准实验研究获得的证据级别次之,而专家意见、个人经验等证据级别最低,只有在高级别证据不存在的情况下才可采用。②③ 那么,如何才能产生高级别的证据? 这就是循证矫正证据建构技术所要回答的问题。在上述证据层次阐述中已涉及"随机对照""实验研究"两个技术手段。这是证据建构技术的一个方面,即研究方式的选择与设计技术。此外还涉及另一个方面的技术,即数据处理技术,因为实验研究必然产生许多数据。因此,建构高级别循证矫正证据的技术手段包括证明矫正项目有效的路径设计、数据处理方法两个方面的技术。

(一)研究方式的选择与设计

证明矫正措施有效的路径设计其实是一个研究方式的选择与设计问题。一般地,研究方式有四种:一是调查研究;二是实验研究;三是文献研究;四是实地研究。调查研究的方式是指采用自填式问卷或结构式访谈的方法,系统地、直接地从一个来自总体的样本身上收集量化资料(数据),并通过对这些资料的统计分析来认识社会现象及其规律的研究方式。文献研究是一种通过收集和分析现存的,以文字、数字、符号、画面等信息形式出现的文献资料,来探讨和分析社会现象的研究方式。实地研究是一种深入到研究现象的生活背景中,以参与观察和非结构式访谈的方式收集资料,并通过对这些资料的定性分析来理解和解释社会现象的研究方式。而建构高级别证据的研究方式主要是实验研究方式。

---

① 凌文轻、方俐洛著:《心理与行为测量》,机械工业出版社 2003 年版,第 306 页。
② 周勇:《罪犯教育矫正模式的新发展》,载《监狱工作研究》2013 年第 2 期。
③ 张崇脉:《当代美国循证矫正及其启示》,载《中国刑事法杂志》2013 年第 6 期。

实验是一种在高度控制的条件下,通过操纵某些因素来研究变量之间因果关系的方法。在实验过程中,研究者通过引入、控制或操纵某个变量,同时观察另一个变量所发生的变化,以此来探讨不同现象之间的因果关系。实验研究方式的本质特征在于对研究的控制。实验的场景、对象、操作程序、测量方法等,都需要进行控制。这与调查研究等其他研究方式不相同。

自变量与因变量、前测与后测、实验组与对照组,是构成实验研究的三组基本元素。自变量是由实验者掌握、在性质和数量上可以变化、可以操纵或测量的条件、现象或特征。研究者通过测量、操纵自变量,以决定它与所观察现象之间的关系。研究者也常把自变量称为"处理",用字母 X 表示。因变量是一个反应变量或输出。它是被观察和被测量以决定自变量效果的因素。由于因变量的变化是以自变量的变化为依据,所以人们常认为它是依附的变量,或称它是自变量的函数;并常用字母 Y 或 O 表示。[①] "前测"是实验设计中对受试者首先作为因变量在实验处理前所接受的测量。然后在接受自变量的刺激之后作为因变量再接受测量则为"后测"。因变量前后测之间的差异,被视为自变量的影响力。[②] 实验组即实施了实验处理(如矫正项目)的那个组,而控制组是没有接受实验处理的那个组。

实验研究的基本思路如下:

如果根据某种理论得到两个变量之间存在因果联系的假设,或者根据经验事实和主观判断,推测现象 X 是造成现象 Y 的原因,即: $X \longrightarrow Y$。为了证明这一假设,研究者先观察 Y 的变化情况,即先测量在没有受到 X 的影响之前,Y 的情况如何(前测),然后通过操作某些条件,引入被看作自变量和原因的实验处理,即引入 X,接着再对引入 X 以后 Y 的情况进行测量(后测),并比较前后两次测量的结果。如果前后两次测量结果有变化,那么可以初步认为 X 是导致 Y 变化的原因,即有 $X \longrightarrow Y$。这是实验研究最基本的分析逻辑(见图 3.4)。

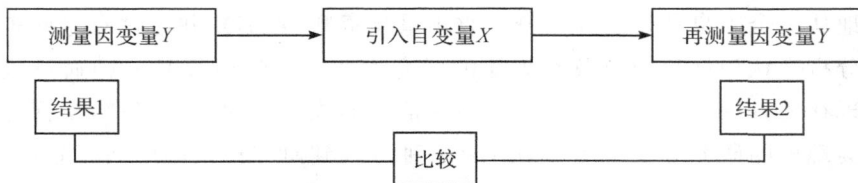

图 3.4 实验研究基本思路

上述实验研究思路举例如:监狱矫正工作者先对一组罪犯的态度倾向作测量(测量因变量 Y),然后对这些罪犯进行态度转变的教育矫正活动(X),实施

---

① 周谦主编:《心理学科方法学》,中国科学技术出版社 1994 年版,第 47 页。

② 周谦主编:《心理学科方法学》,中国科学技术出版社 1994 年版,第 47 页。

一段时间或完成该项教育活动后,再次测量该组罪犯态度情况(再测量因变量Y)。比较两次测量结果,如果发生了变化而且是符合改造要求的变化,那么可以初步认为该项教育矫正活动是罪犯态度变化的原因,即教育矫正活动对罪犯态度产生了良性矫正效果。这是开展循证矫正研究的基本思路。

然而,犯罪与罪犯现象与其他社会现象一样是非常复杂的,各因素彼此间相互联系、相互作用,因而常常并非是单一因素的联系与作用。比如上述例子中,罪犯态度的转变也许不是或不仅仅是该项教育矫正活动的结果,而是其他因素(偶然因素)的共同作用的结果。假设这些罪犯在接受该项教育矫正活动之前还长时间接受了其他教育改造项目,那么当前的态度变化也许是以往教育改造活动与目前教育矫正活动共同作用的结果,或者仅仅是以往教育改造活动的效应。因此,上述实验研究的思路,是最基本、最简化的情形,是理解更复杂的实验研究设计方式的基础。

为了控制无关变量(偶然因素)对实验研究结果与过程的影响,实验研究时需要进行多方面的控制。可以采取的措施之一是设立控制组,即与实验组相对等的一组被试,他们与实验组一样接受前测与后测,但不接受实验处理。这样,在实验组产生的变化之中,减去控制组的变化,即为实验的效果。比如上述例子中,可以再设立一组罪犯(控制组),同时作态度的前后测量,但不实施该项教育矫正活动(X),那么实验组的态度变化减去控制组罪犯的态度变化,才是该项教育矫正活动所产生的真实效果。

在实验研究中,设立了实验组与控制组,对两组被试都作前测与后测,对实验组实施实验处理,对控制组不实施实验处理。这种实验设计就是经典的实验设计(见图 3.5)。

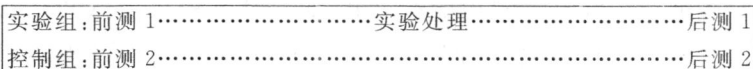

实验组:前测 1……………………实验处理…………………………后测 1
控制组:前测 2……………………………………………………………后测 2

图 3.5 经典实验设计模型

在上述经典实验设计中,对实验组和控制组都作了前测,而这个前测是有可能影响实验效果的。为此,可以设立两个控制组,"控制组 1"实施前测,"控制组 2"不实施前测,如图 3.6 所示。

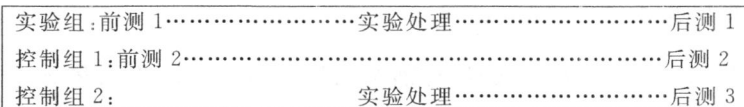

实验组:前测 1……………………实验处理…………………………后测 1
控制组 1:前测 2…………………………………………………………后测 2
控制组 2:………………………………实验处理…………………………后测 3

图 3.6 索罗门三组设计模型

在这样的实验设计中,就可以鉴别出前测的影响效应,而且还可以检测出前测与实验处理的"交互作用",即前测与实验处理一起的共同作用。为了排除更多的无关因素的影响作用,还可以采用更为复杂的实验设计。有兴趣的读者可参阅有关实验设计的书籍。

上述实验研究设计模型对于我们开展循证矫正研究有重要指导意义。一般都可以按照上述研究设计来检测某项教育改造措施或矫正项目的效应。如果获得的研究结果表明教育改造措施是有效的,那么这些教育改造措施就属于高级别的矫正证据。

然而,在犯罪与罪犯研究领域,往往存在这样的情形,首先,有的情况下研究者不能随意选择研究对象,例如,研究犯罪现象时,研究者只能选择犯罪者作为实验组,选择一些没有违法犯罪的人作为对照组(控制组),因为犯罪者才是研究关注的对象;其次,即使确定了犯罪者作为研究对象,有时也不能随机地去选择被试,比如不能为了实验研究的需要,将某地罪犯调到实验所在地来,因而有时就不能做到实验组与控制组的被试匹配,为此可以采用准实验设计或非实验设计。准实验设计、非实验设计的思路与实验设计的思路是类似的,只是在准实验设计与非实验设计中,研究者可以做得更简单,仅对实验组与对照组实施后测就可以了。例如非实验设计中的"固定组比较设计",即利用在研究之前已经形成的两个原有整组,仅对其中一组给予实验处理,然后对两组进行后测比较的一种研究设计(见图 3.7)。

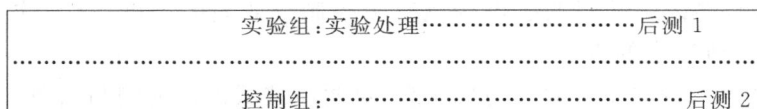

实验组:实验处理……………………………后测 1
……………………………………………………………
控制组:……………………………………………后测 2

图 3.7 固定组比较设计

图 3.7 中实验组与控制组之间用虚线隔开,表示这两组不是随机等组,即两组被试不是由研究者按随机化原则选取与分配的,他们是诸如原监狱、原监区、原分监区等整组。图中实验处理作为自变量 X,"后测 1"作为因变量 Y,"后测 2"表示控制组在未接受实验处理的条件下,与实验组接受同样后测的成绩。两组均无前测。这种固定组比较设计,在循证矫正研究中也可以作为一种研究思路来使用,但其所获得的证据级别较低。

(二)数据处理技术

循证矫正研究的实验研究方式,经过前测与后测常常会产生大量数据。这些数据不经过统计处理,常常没有任何意义。统计处理的第一步是对所得到的数据进行整理,比如数据的审核、统计分组、制作统计表与统计图等。这一步工作不复杂,大多数监狱矫正工作者基本已掌握,在此不再赘述。

数据经过第一步的整理,对其分布的类型和特点就有了一个大致的了解,比如对一个监狱所有罪犯文化程度的数据整理(统计分组),常常会发现其中初中文化占了最大比例,其次是小学文化,文盲与大学及以上文化程度的罪犯都较少。经过第一步的整理,研究者对该监狱罪犯文化程度的分布情况就有了一个大致的了解。但是对循证矫正研究中所获得的数据来说,经过第一步数据整理后我们对研究数据的了解只能说是表面的、初步的。首先,数据的数量特征就不是很清楚。例如某监狱罪犯每月生活支出,统计分组为 300 元及以下、300~400 元、400~500 元、500 元以上四组,并且知道了每组罪犯各有多少人,发现每月支出在 300 元以下与 500 元以上的罪犯都较少,300 元至 400 元最多,400 元至 500 元的次之。罪犯每月开支分布情况清楚了,那么罪犯每月支出究竟是多少呢?这就需要一个代表性的数据来表示该监狱罪犯每月的支出情况。统计学研究表明,平均数是代表一组数据的最佳选择。这样就需要计算数据的平均数,即该监狱罪犯每月支出的平均数值。如果经过计算每月支出平均数为 360 元,那么 360 元就可以代表该监狱罪犯每月支出情况。这是数据处理的第二步。不过,在数据整理的第二步中还常常要计算标准差,用以表达数据分布的离散程度,反映各数据远离中心值(平均数)的趋势。如果标准差小,表明数据分布较为集中,在上述例子中就表示大部分罪犯每月支出在 360 元左右;如果标准差大,表明数据分布较为分散,在上述例子中则表示罪犯每月支出差异较大,有的高、有的低,差异不小。其次,循证矫正研究中对不同组别(实验组、控制组)罪犯前后测所获得的数据相互间关系究竟怎样,还需要进行更多的统计分析。这是数据处理的第三步,即要进行各种统计检验。一般地,从不同组罪犯测量所得的数据总是有差异的,但是这个差异是否由实验处理(如矫正项目)产生,需要经过统计检验。只有经过统计分析达到了统计学上的显著性差异,才能作出矫正项目是否有效的结论。由于不同的实验设计所得到的测量数据以及数据分布特征有差异,所以使用的统计分析方法也会不同,下面分述之。

1.假设检验

在循证矫正研究或高级别证据建构时,常常要探讨两类事物之间的差异问题,比如财产型罪犯与非财产型罪犯各方面的差异、男性罪犯与女性罪犯的差异,成年罪犯与未成年罪犯的差异,等等;或者要讨论各种矫正措施实施前后罪犯思想、行为上的变化。探讨两类事物间的差异,是从两类事物中各抽取一定数量的样本进行调查,然后根据样本的调查结果来推论总体参数的差异情况。而探讨"实验处理"作用前后罪犯的变化,是对实验处理所作用的罪犯内在特质进行前后测量,从而来验证实验处理的效应。这些都需要运用假设检验的统计处理方法。

假设检验的思路是:先对研究总体的参数作出某种假设,然后通过对样本的观察与测量结果来决定假设是否成立。例如,对财产型罪犯的犯罪思想与非财产型罪犯有无差异不清楚,要根据样本的调查结果来推论。为此,研究者先假定财产型罪犯的犯罪思想与非财产型罪犯没有差异。在这里,财产型罪犯是一个总体,非财产型罪犯是另一个总体。两者在犯罪思想上没有差异是一个研究假设。研究者从财产型罪犯与非财产型罪犯的总体中各抽取一个样本,并调查他们的犯罪思想情况,得到两个样本有关犯罪思想情况的统计量,然后运用假设检验的统计处理方法以样本的统计量来检验假设是否成立。

又如,我们想清晰某个矫正项目对罪犯有没有作用,就先测量矫正项目实施前罪犯的内在状况,然后再测量矫正项目实施后罪犯的内在状况。以两次测量的变化情况来确定矫正项目的效用。对此也可以先设立一个假设,假定"罪犯实施矫正项目前后没有差异",然后运用假设检验的统计处理方法来检验这个假设是否成立。

对于两类事物之间差异的假设检验有两种情况:一是样本平均数与总体平均数的差异,如罪犯智力(样本平均数)与社会常人智力(总体平均数)是否有差异问题;二是两个样本平均数之间的差异,如上述关于财产型罪犯的犯罪思想与非财产型罪犯的犯罪思想的差异问题、矫正项目实施前后差异问题,等等。经过检验,如果所得差异超过了统计学规定的某一误差程度,则表明这个差异已不属于抽样误差,而是总体上确实有差异,这种情况叫差异显著。反之,如果所得差异未达到规定限度,说明该差异主要来源于抽样误差,这时称之为差异不显著。对于上述第一种情况,若样本平均数与相应总体平均数差异显著,意味着该样本已基本不属于这个总体,如罪犯智商显著低于常人智商,那么可以说罪犯是一个低智商的群体;如果样本平均数与相应总体平均数差异不显著,则意味着该样本属于同一总体,如罪犯智商与常人智商没有显著差异,那么罪犯的智力与常人智力没什么差别。对于上述第二种情况,若两个样本平均数的差异显著,则意味着各自代表的两个总体的参数之间确实存在差异。如财产型罪犯的犯罪思想与非财产型罪犯差异显著,那么可以说,财产型罪犯与非财产型罪犯是两个不同的总体,或者说是两种不同的犯罪思想类型。

循证矫正研究或高级别证据建构的假设检验主要是后一种,即样本平均数差异的显著性检验。但是根据研究设计的不同又可以分为两种情形。一是只有一组罪犯,对他们作前测,随后实施矫正措施,之后进行后测。这种情况的假设检验方法叫作"配对样本 t 检验"。另一种情形就是既有实验组,又有控制组,如经典实验设计。那么经典实验设计所获得的数据应如何进行统计分析呢?有两种分析方法。一是做两个假设检验,即实验组与控制组前测的假设检验、实验组与控制组后测的假设检验。如果两个组的前测假设检验没有显著差异,那么比较它们后测的数据是否存在显著差异就可以了。但是,如果两个组的前测有显著差异,那么就不能用两个组的后测数据直接进行比较而应该对各自的增值分数进行假设检验。另外一种分析方法是只做一个假设检验,即两个组各自前后测差值的假设检验就可以了。对实验组与控制组获得的数据进行假设检验的统计分析方法叫"独立样本 t 检验"。

如果经过假设检验,差异显著,那么表明实验组与控制组两个组分别属于两个不同的总体,即经过教育矫正措施(或矫正项目)的干预,实验组罪犯的思想发生了显著的变化,他们与控制组罪犯在某些思想方面是两个不同的总体了。如果经过假设检验差异不显著,那么两个组可能属于同一个总体,即经过教育矫正的干预,实验组罪犯的思想没有发生显著的变化,表明该项教育矫正措施无效。

SPSS 是目前社会科学研究中经常使用的一个统计软件,目前我国监狱研究工作者使用该软件进行统计分析的不少。SPSS16.0 之后有了中文版本,研究者使用起来更为方便。假设检验在 SPSS 上如何操作?具体是:在 SPSS 统计软件中建立数据文件后,点击"分析"按钮,在下拉菜单中把鼠标放到"比较均值",在随即出现的菜单中点击"独立样本 t 检验"(有实验组与控制组两个组时),即出现一个对话框(主界面)。对话框左边有一系列的项目,点击要检验的项目,再点击中间的"方向"按钮,该项目就进入到对话框右边的"检验变量"中。要检验的项目,此时可以一并把它们逐个点击到"检验变量"中。然后在对话框左边的项目中点击"实验组对照组"或"前测、后测",点击中间"方向"按钮使之进入"分组变量",然后点击"定义组"按钮,在出现的对话框中输入实验组与对照组或前测、后测的赋值,一般是 1 与 0。点击"继续"按钮回到主界面。最后点击主界面最下面的"确定"按钮。SPSS 随即输出检验结果。假设检验的详细操作及输出结果解释可参阅相关书籍。[①]

2. 方差分析

上面介绍的假设检验,是比较两个总体、两个平均数之间是否存在显著差异的过程,即假设检验是比较两个平均数或两个总体之间的差异,它只能用于判定两类事物之间的关系。但是,在循证矫正研究或建构高级别证据过程中,经常需要比较的不仅仅是两类事物之间的关系,而是要比较多类事物或现象间的关系。比如,要了解小学、中学、大学等不同文化程度的犯罪人在犯罪思想方面的差异,或者是想了解财产型犯罪、暴力型犯罪、性欲型犯罪之间的差异,又或者是想研究来自城市、县镇与农村犯罪人的差异,等等。这时,要比较的不是两类事物,而是多类事物或类型之间的差异[②]。对此,虽然研究者可以把它化

---

① 贾丽艳、杜强编著:《SPSS 统计分析标准教程》,人民邮电出版社 2010 年版,第 107－114 页。

② 准确地说,应当是一个因素多个水平之间的比较。在这里,文化程度、犯罪类型、犯罪人出生地等变量是因素,而小学、中学、大学是文化程度这个因素的三个水平,因为它们只是文化程度这一个因素的不同情况。同理,财产型犯罪、暴力型犯罪、性犯罪是犯罪类型这个因素的三个水平。

解为两两比较,比如对不同文化程度犯罪人的比较,可以做这样的两两比较:小学与中学、小学与大学、中学与大学,通过三次比较,也可以知道不同文化程度之间的差异。但是,这样会有两个问题:一是两两比较不经济,上面这个例子只是三个水平的比较,如果有更多个水平,五个、六个甚至更多,那么两两比较就会很繁琐;二是犯错误的概率会增加,比如确定显著性水平为 0.05,即一个两两比较犯错误的概率为 5%,那么进行上面所说的多个两两比较后,下结论时犯错误的概率就会超过 5%。因此,对多类事物或现象之间的差异比较,应当采取更好的统计检验方法。这就是方差分析。

方差分析(ANOVA),是对多个样本平均数差异的统计检验方法。它能解决多个平均数是否相等的检验问题,是一种应用非常广泛的变量分析方法。前面所说的索罗门三组设计模型就要用方差分析,索罗门设计中的实验组、控制组 1、控制组 2,或者其他实验研究设计如实验组 1、实验组 2、控制组 1 或两个实验组、两个控制组等三组(含)以上的测量结果的分析,或者是循证矫正的某项工作或罪犯的某个特征区分为三个(含)以上水平的,又或者循证矫正研究时除了前后测还有矫正措施实施中期测验的,其测量数据的分析都要用方差分析的统计处理方法。

方差分析可以对若干个平均值是否相等同时进行检验,看它们之间是否存在显著差异,因此,方差分析就有不同于假设检验的地方。如果方差分析的结果是差异不显著,那么说明所要考察的或说所关心的变量的作用不显著,检验就此结束。但是,如果方差分析的结果是有差异显著,那么统计分析往往不能到此就结束,因为它仅仅表明接受检验的这几个均值不全相等,换一种说法,则是指几个实验处理或说因素水平在两两比较中至少有一对平均数间的差异达到显著水平。至于是哪一对或哪几对平均值与其他均值不相等,前面所作的分析并没有告诉答案。若想找出究竟是哪一对或哪几对差异显著、哪几对不显著,则需要作进一步分析,也即需要采用一些专门的方法来做。对于这类进一步检验的问题,通常被称为方差分析中的多重比较。

方差分析的多重比较有多种方法,但手工计算都较为繁琐,一般需要通过统计软件来完成,而在 SPSS 统计软件中可以非常方便地进行方差分析的多重比较。SPSS 17.0 软件中方差分析及多重比较操作步骤如下:在 SPSS 统计软件中建立数据文件后,点击"分析"按钮,在下拉菜单中把鼠标放到"比较均值",在随即出现的菜单中点击"单因素 ANOVA",即出现一个对话框(主界面)。对话框左边有一系列的项目,单击要检验的项目如"SAS 得分",再点击从上至下第一个"方向"按钮,该项目就进入到对话框右边的"因变量列表"中。再单击要检验的项目如"地区",点击从上至下第二个"方向"按钮,该项目就进入到"因子"中。要完成多重比较,则单击"两两比较"按钮,在弹出的对话框中,单击选中"LSD"复选框,再单击"继续"按钮返回主界面。最后单击主界面"确定"按钮输出方差分析结果。方差分析详细操作及输出结果解释可参阅相关书籍。[①]

3.卡方检验

上面介绍的假设检验与方差分析,是在已知总体分布(假设为正态分布)的条件下,对样本所代表的总体参数进行的统计检验。但是,在循证矫正研究或者最佳证据建构过程中,有时研究者并不一定知道总体的分布情况,而且有许多关于犯罪或罪犯的调查内容,测查时是按照一定的标准或性质把调查项目划分为不同的类别,然后将调查资料按类计算人数或个数,得到的是计数数据。例如,调查犯罪人被捕前有工作或无工作的数据资料;询问犯罪人"你认为作案顺利吗?"把答案划分为:很顺利、较为顺利、不很顺利、很困难;或者问"你在十六岁前有没有下列行为(有几项填几项):逃学、考试作弊、撒谎、抽烟、打架斗殴、偷窃、赌博、通宵上网"等问题后的调查数据都是计数数据。对于这种定类或计数数据的统计分析,就不能使用前面介绍的统计检验方法。

计数数据的统计方法,主要是根据 χ^2 分布对数据进行分析,所以称为 χ^2 检验,又称卡方检验。又由于按性质进行分类的数据,大都以表格的形式来表示,故又可称之为交叉表分析。举例如下:

笔者调查了两种不同类型罪犯成长过程中犯错误时父母打骂情况是否存在显著性差异[②]。设置题目:父母或其中一方当你犯错误时非打即骂。两类犯罪人的卡方检验结果如表3.9所示。 $\chi^2=7.428,p<0.01$,达显著水平。

表 3.9　父母有无打骂交叉分析

有无打骂			无	有	合计
犯罪类型	暴力型	人数(人)	65	79	144
		占比(%)	45.1	54.9	100.0
	财产型	人数(人)	205	145	350
		占比(%)	58.6	41.4	100.0
合计		人数(人)	270	224	494
		占比(%)	54.7	45.3	100.0

注: $\chi^2=7.428,p=0.006$ 。

合计栏的数据显示,在全部样本中,子女犯错父母无打骂与有打骂的比例分别为54.7%与45.3%,所以犯罪人小时候犯错被打骂是较为普遍的现象。但不同类型犯罪人的情况有差异,暴力型犯罪人被打骂的比例为54.9%,显著高于平均比率45.3%,财产型犯罪人比例为41.4%,低于平均比率45.3%。此结果显示,不同类型犯罪人与父母是否打骂有关联,暴力型犯罪人成长过程中

① 贾丽艳、杜强编著:《SPSS统计分析标准教程》,人民邮电出版社2010年版,第230-241页。
② 邵晓顺:《不同类型犯罪人家庭学校教育差异性研究》,载《中国监狱学刊》2012年第6期。

犯错时被父母打骂的情况更多。

循证矫正研究中可以运用卡方检验的情形,举例如:在实施某矫正项目前,实验组与控制组经评定各有 30 人改造表现良好,30 人改造表现不良;经过矫正项目 4 周的教育矫正活动,经评定目前实验组改造表现良好的罪犯有 43 人,改造表现不良的罪犯为 17 人,控制组改造表现良好的罪犯有 39 人,改造表现不良的罪犯有 21 人。此时要检验矫正项目的有效性,可以用卡方检验的方法。

卡方检验在 SPSS 上如何操作? 下面主要介绍交叉表分析的方法。在 SPSS 统计软件中建立数据文件后,点击"分析"按钮,在下拉菜单中把鼠标放到"描述统计",在随即出现的菜单中点击"交叉表",即出现一个对话框(主界面)。对话框左边有一系列的项目,点击"实验组对照组",再点击从上至下第一个"方向"按钮,该项目就进入到对话框右边的"行"中。再点击要检验的项目,点击从上至下第二个"方向"按钮,该项目就进入到"列"中。点击"统计量"按钮,在弹出的对话框中,点击"卡方"按钮,再点击"继续"按钮返回主界面。再点击"点元格"按钮,在弹出的对话框中,选中"观察值""行"按钮,再点击"继续"按钮返回主界面。最后点击主界面"确定"按钮输出列联表分析结果。卡方检验的详细操作及输出结果解释可参阅相关书籍。[1]

最后要说明的是,循证矫正研究或高级别证据建构中运用统计分析分析,上述数据分析方法经常是综合使用的,即往往既要用到假设检验,又要用方差分析,或者再要用卡方检验。而何时该用何种数据分析方法? 简言之,一句话:两类事物比较用假设检验,两类以上比较用方差分析,计数数据用卡方检验。

三、注意事项

循证矫正评估工具编制和高级别证据建构过程中,需要注意以下事项:

(1)要注意引进量表的开发与自主研发量表程序的区别。前面讨论了自主研发评估工具的程序与相关技术。但是,如果从国外引进一个评估工具,其"本土化"程序有所区别。在购买了评估工具的版权之后,首先是把测验手册以及测验题目翻译成中文。其次是对翻译成中文的测验题目,要请另外的翻译专家再译回原来的文字,即回翻。回翻的题目要与原来的题目进行对照,如有较大差异则需要对题目再次进行准确翻译。同时注意有的测验题目要根据国情作适当的修改。第三步,对翻译好的测验量表进行试测并计算信度与效度。最后,根据试测情况对测验手册做出修改。测验手册有时还需要根据国情做出适当修改。

---

① 贾丽艳、杜强编著:《SPSS 统计分析标准教程》,人民邮电出版社 2010 年版,第 89—94 页。

（2）循证矫正研究设计中要做到：①有效选择被试。前面阐述实验研究设计时，实验组与控制组要求用"相等"的被试。如何选择相等的被试？在实际操作时，可以按一定的条件或要求选出若干被试，然后把这些符合要求的被试随机地一分为二，一半为实验组、一半为控制组。这样就能够实现实验组与控制组被试的相等。同时，根据统计分析的要求，实验组与控制组的被试数量最好都达到 30 人以上（在教育与心理统计中 30 人以上称之为大样本）。由于测量时常常会产生无效答卷，以及随时间推移会发生被试丢失（罪犯生病、刑满释放等）情形，所以每组被试最好 50 人以上。这样两个组合起来至少要挑选 100 名罪犯参加一个循证矫正研究项目。而如果要进行因素分析，样本量不应少于100，因此循证矫正研究中要运用因素分析方法时，被试最好要达到 200 人以上。这样的数量要求在我国监狱循证矫正研究中是可以做到的。②要对实验研究的无关变量进行有效控制。无关变量的存在会造成研究结果或结论无效，或者会影响研究结论的推广价值。影响研究的无关因素有许多，研究者不仅要做到心中有数，而且要进行有效的控制。比如一个长达 5 年甚至更长时间的罪犯矫正研究，矫正效果也许是年龄增长（成熟）造成的，而不一定是矫正项目的效应。其他如测试因素，后测时由于有前测的经验，服刑人员也许能更有经验、更有选择性地去完成后测。另外还有历史因素、测量手段、统计回归、选择偏差、测试效应、实验流失、多重处理的干扰以及光环效应、安慰剂效应等，研究者在确定自变量效应时要注意这些无关因素的影响作用，从而确保研究结果是来自自变量对因变量的真实影响作用。① 而控制无关变量影响作用的手段主要是随机化与匹配，具体可参阅相关书籍。②

（3）数据分析时要特别注意，应当根据数据结果本身来作出正确解释。在犯罪与罪犯研究领域，有的研究者在获得了统计分析结果后，对结果的分析与讨论常常超出数据所能说明的结论。举例如：有研究者调查了 294 名女犯人格障碍倾向，对不同文化程度女犯人格诊断问卷（PDQ－Ⅳ）评分比较后得出结论：文盲女犯在边缘型、回避型、依赖型、被动攻击型、抑郁型人格障碍评分上，均显著高于小学、初中、中专及以上文化程度的女犯。然而文章中提供的方差分析多重比较结果表明，文盲女犯与小学文化女犯在抑郁型人格障碍上没有显著差异，P 值为 0.183。③ 因此，从严格意义上说数据结果不能得出作者的结论，或者说至少作者下的结论不严谨。另有研究者用问卷调查了某单位民警的基本情况与思想状况，在列出了诸多调查数据后，分析当前队伍建设存在的问

---

① ［美］Frank E. Hagan 著：《犯罪行为研究方法》（第 7 版），刘荟侠等译，中国轻工业出版社 2009 年版，第 51—57 页。

② 周谦主编：《心理科学方法学》，中国科学技术出版社 1994 年版，第 71—84 页。

③ 徐宁、姚丹：《294 名女犯人格障碍倾向的初步研究》，载《中国监狱学刊》2012 年第 6 期。

题有:基层警力紧张、民警物质感更强、工作环境有待改善、再教育培训不足、家庭生活影响民警工作、激励机制缺乏、矫治对象管理难度增大、民警责任心有待增强、党建工作软化、职业晋升渠道狭窄 10 个方面。① 然而,从文章提供的数据来看,只能得出上述 10 个方面的部分内容,也就是说统计数据结果只能推论出其中的一部分结论,数据结果只能佐证该篇文章全部结论中的一部分。说得更严重些,少数研究者是根据自己的研究需要而不是根据数据结果来作解释与推论。这就违反了研究的基本规则。因此,研究者对数据结果所作的解释不能随意扩大,不是数据为研究者的想法服务而是要从数据中去得出准确的结论,数据表明是什么就是什么,不能为了证明矫正项目有效或实现自己的研究目的就任意解释数据结果。

四、循证矫正与矫正工作社会化

评估工具编制与证据建构技术的分析表明,循证矫正工作是一个技术含量高又需要各方协作的工作,因此循证矫正工作社会化应当被给予应有的重视。且不说循证矫正评估工具引进的本土化问题(这本身就是一个向社会购买技术的过程),就是监狱等矫正机构研发一个高质量的评估量表,常常要得到社会专业力量的支持,而且还需要全国性的协作。从现实状况看,我国矫正机构专业技术力量,特别是高层次的心理学、教育学、统计学人才较为缺乏,因此,编制高质量的评估工具离不开社会专业技术力量的支持与帮助。同时,适用于全国罪犯的评估工具,常模样本要求在全国范围监狱随机取样,因此,成立评估工具研发的全国性协作组是需要的。另外,监狱等矫正机构研究人员定量研究文章中存在的诸多错误,表明我国矫正机构在开展循证矫正研究时,或者在建构高级别证据时可能会发生一些基础性错误。从目前的研究现状推测,容易发生的问题是,明明没有矫正效果的证据却因为没有准确运用实验设计与数据分析技术而被证明是有效的。当然,明明是有效果的矫正证据,也会由于研究设计或数据处理有问题而显示不出矫正效果。因此,对循证矫正高级别证据的获取,可以考虑引进社会力量或者通过购买社会服务——借助于社会上的科研院所等研究机构来对循证矫正高级别证据建构进行准确的研究设计与数据处理;或者对监狱等矫正机构获取的高级别证据进行第三方再评估,从而确保获取高级别循证证据或者使获得的高级别证据是准确有效的。

---

① 周昌锐、任安莲:《四川省大堰劳教所 2005—2011 年民警基本情况调查》,载《犯罪与改造研究》2013 年第 6 期。

澳大利亚矫正机构学习考察记录 *

　　2011 年 8 月 5 日至 25 日,由学院安排前往澳大利亚考察矫正机构,并到查尔斯特大学作交流学习。现把考察、交流获得的资料信息记录如下,基本按讲课或交流内容直译,不作过多引申。

一、Brush Farm 矫正中心学习记

　　新南威尔士州 Brush Farm 矫正中心,研究中心主任 Alan Moran 介绍了"新南威尔士州的矫正工作范围和内容",对澳大利亚矫正工作历史与现状,特别是新南威尔士州矫正状况作了全面介绍。比如,1. 澳大利亚的矫正工作从 1895 年开始,有很长的管理监狱的历史;2. 澳大利亚犯人情况:共有监狱犯人 22000 个,社区服刑犯人 54000 个;犯人中 93% 为男性;年龄小于 30 岁的占 64%;59% 的男服刑人员或 51% 的女服刑人员是二进宫以上的;监狱工作人员有 19000 名,其中 11000 名为矫正工作人员;3. 新南威尔士州矫正工作状况:共有 9000 名犯人,其中 1900 人在社区服刑;工作人员为 6000 人;重犯率为 45%;脱逃率很低(2009 年为 0.1%);判决前和释放前都有风险评估,并根据风险评估结果决定是监狱服刑还是社区服刑,等等。关于澳大利亚对犯人逃跑的处置是:一旦犯人逃跑,则由第三方开展调查,以明确管理人员的责任;然后根据调查结果来处理。关于澳大利亚犯人教育,文化、职业技术教育都有,还有就是牧师在监狱开展的工作,而思想教育是澳大利亚所缺乏的。

二、查尔斯特大学歌本警察学院学习记

　　查尔斯特大学歌本警察学院的课程主任以新警培训为例,介绍了警察学院的教学、课程设置与培训过程。新招收的警察学员,总共学习两年。第一年教学分两段,第一段 13 周,3 个月,然后跟班观察;或 6 个月内不住校学习(指远程

　　*　本文原载于《浙江监狱》2011 年第 12 期。

学习的学员)。在这一阶段,主要是学习知识、能力以及对警察的感觉,学的课程主要是立法、枪支(原理)、处理人际关系、心情压抑人群如何处置、与民众如何交往,等等。完成这些学习后通过考试考核,再进入80小时的跟班(协助警察工作),学生必须穿警服(但帽子有点不同)。考试考核主要是知识运用。第二阶段也是知识运用,共14周,除学习外,开始戴警察用的皮带,但皮带头用一个东西盖住(表示还不是正式警察)。在这一阶段,主要是专业方面的拓展,学习如何开车,如何调查,如何犯罪调查,等等,是知识与能力的运用。还会分配到不同警局去做见习警察(协警)。第二年是在不同的警察局上岗工作,但还有一些学习科目要完成。两年学习、见习全部完成后,就成为一个独立的警察、完全的警察。新警培训(教育)过程中不发任何证书,出来后就是警察副学士学位。学校学习阶段很辛苦,如上午学术课,下午是体能训练,或者反过来。

此外参观了歌本警察学院的训练设施,有的设施给我们以启发,比如射击训练:用计算机模拟出各种场景,如犯罪人持枪袭击平民,警察如何及时将其击倒,等等,笔者觉得较为先进。

三、查尔斯特大学沃伽屋校区学习记

在查尔斯特大学沃伽屋校区学习一天时间,上午由 Bill Anscombe 教授介绍"澳洲矫正中心的私有化和司法系统再投入"。Bill 教授讲课中有这么几点:1.矫正工作坚持四个理念:一是惩罚,二是监禁,三是威慑,四是矫正;2.每个犯人花费269澳元/天,98000澳元/年(2007年的统计),不包括基建等投资,所以监狱矫正成本很高;3.关于私人监狱,运营公司不能营利,州政府下允许运营私人监狱;等等。下午由 Alex Honeykats 介绍"社区矫正中心的职能和工作范围",1.社区矫正中心的职能有:社区矫正工作、个案工作、犯罪人风险评估等。2.澳大利亚犯罪人危险性评估系统(LSI—R)包括10个方面:(1)犯罪历史;(2)金融或财政情况;(3)教育或雇用情况;(4)婚姻或家庭情况;(5)住宿情况;(6)娱乐/休闲情况;(7)同伴/交友情况;(8)酗酒/吸毒问题;(9)情绪/人格问题;(10)态度。一共有52个项目,评估结果跟常模进行对比并作出处理。

四、沃伽屋 Junee 监狱考察记

沃伽屋 Junee 监狱是一个私营监狱。在监狱的参观分两部分,首先是监狱举行的一个欢迎仪式,然后是对监狱各功能部分的参观。

在犯人艺术中心,监狱对考察团的来访举行了欢迎仪式,安排犯人们表演了节目,有土著舞蹈、舞狮子、岛民舞蹈表演、歌曲表演(土著部落表演)、传统舞

表演等。犯人们说:在做艺术中体会到生活的真谛;监狱教导他们做人的道理。

然后是参观监狱。在监狱图书馆,陪同人员介绍:(1)每个犯人每星期可来图书馆2小时;(2)有犯人协助管理,可以得到一点报酬,通过协助管理还可以拿到二级证书(相当于一种文凭);(3)图书馆经常会举办一些主题周活动,如吸毒主题周,以帮助矫正犯人;(4)图书馆管理工作人员不仅仅是对图书进行管理,还介入对犯人的指导;(5)图书馆的书大部分是捐赠的;(6)图书馆有许多免费资料供犯人们取走阅读。

从图书馆出来后是参观监房。参观监房时要经过一个长长的走廊,走廊是封闭的,用铁杆与监狱其他空间隔离开来。透过走廊铁杆,看见多名犯人在草坪上晒太阳或打牌、下棋,悠然自在。在犯人住的监房,工作人员告诉我们:(1)监房有两种隔离措施,一边严,一边松。监管宽松的犯人在规定时间(早上6点半到晚上6点半)可自由出来活动;而监管严的犯人,出来时另一边的犯人要走开。监房都分上下二层,上层一人一间,下层两人一间,一个人一间的是给表现好的犯人住;但根据表现随时调整。(2)犯人工作6天,每个人有自己的工作时间表,做什么工作由监狱与犯人双方协定。(3)统一关灯,晚上6点到第二天早上6点关灯,但房间(床头)有小灯,犯人可自己控制。(4)可以往外打电话,每次6分钟,打的电话号码要事先申报,每个犯人可申报几个经常要打的电话;每次打电话时会提醒:你的电话可能会被监听。我们参观时正有犯人在打电话。

在监狱教育中心,介绍人说:心理咨询、戒毒教育以及学历教育都放在这儿。(1)在计算机教育方面,有700多人在学习,500多人注册在TF学院,从证书2到证书3都有(翻译介绍,证书3相当于车间副主任);(2)犯人也要做各种各样的工作,他们的学习就融入工作中,边干边学,或边学边干;(3)防火教育,每个犯人进来后都要先学习,有的犯人缺乏这方面知识(感觉澳大利亚特别重视安全教育,特别如防火安全);(4)参观到一个教室时,6名犯人正在学英语,另有一名犯人协助监狱管理学习的犯人,教学的老师是一名女教师(笔者问:女教师教学,又没有监狱工作人员在旁边监督,有安全问题吗?回答:没安全问题);(5)有一间心理咨询室,有一名咨询师坐在里面,但参观时没有人在咨询,门口有3名犯人等候,经询问是在等待心理咨询,同时门口走道上有计算机,了解后说是做心理测验用的;(6)有专门的教师办公室,各种各样的教师都有,都是在监狱长期工作的;(7)有两名牧师,各种宗教的犯人来倾诉时都会倾听。

参观完教育中心,问监狱工作人员,该监狱犯人最高是判几年的?答:各种刑期都可关,各年龄段都可以关押;但在监禁等级上,从严到松有A,B,C三个等级,该监狱是B,C两个等级。

在犯人工厂,共有两名监狱工作人员,一名管安全,管安全指的是按照澳大利亚的安全生产法,对生产中的安全进行管理;另一名管技术培训,犯人做工时就在旁边指导。在里面做工的犯人有几十名,分别在做各种各样的工作,比如有做衣服的,主要是犯人的囚服;有做木工的,主要是做家具,如果是为学校做的,就需要进行设计,因为是用于出售,收入扣除成本、犯人工资后归监狱所有,也有捐赠给贫困人的,这种就不怎么设计;有做电焊的,参观时在做电器控制箱与澳大利亚的汽车专用拖斗;有车工,在加工机械零件,等等。所有做工都是有报酬的,因此服刑人员都是自愿参加在工厂的工作。另外,在我们要进去参观时,管安全的监狱工作人员要我们等一会儿,他把发出较大噪音的机器关掉,因为按照澳大利亚安全保护法规定,不能让人受到噪音的损害,噪音会影响人的耳朵,损害人的听力;还有就是有的工作,如木工,会有较大的灰尘,停下来后我们参观时就不会扬起灰尘了,而犯人做工时都戴着口罩以及耳塞。

索　引

图书在版编目(CIP)数据

犯罪心理分析与矫正 / 邵晓顺著. —杭州:浙江
大学出版社,2015.8(2021.1重印)
ISBN 978-7-308-14824-5

Ⅰ.①犯… Ⅱ.①邵… Ⅲ.①犯罪心理学—研究
Ⅳ.①D917.2

中国版本图书馆 CIP 数据核字(2015)第 149370 号

犯罪心理分析与矫正

邵晓顺　著

责任编辑	石国华	
责任校对	余梦洁	
封面设计	刘依群	
出版发行	浙江大学出版社	
	(杭州市天目山路 148 号　邮政编码 310007)	
	(网址：http://www.zjupress.com)	
排　版	杭州星云光电图文制作有限公司	
印　刷	浙江新华数码印务有限公司	
开　本	710mm×1000mm　1/16	
印　张	14.5	
字　数	274 千	
版 印 次	2015 年 8 月第 1 版　2021 年 1 月第 4 次印刷	
书　号	ISBN 978-7-308-14824-5	
定　价	45.00 元	